医事法案例教程

主　编　刘建利
副主编　刘明全　高　翔
撰稿人　刘建利　刘明全　高　翔　姜锴明
　　　　　吴　晶　袁清明　万诗琦　赵毛毛
　　　　　和亚娟　尹　灏　何敏鑫　掌博文
　　　　　杨玉洁　谢微微　曹　睿　王迪先
　　　　　廖婧文　何倍泽　晁　俊　陈　弦
　　　　　陈靖然　陆英杰　张玉玲

东南大学出版社
·南京·

图书在版编目(CIP)数据

医事法案例教程/刘建利主编. —南京:东南大学出版社,2019.3
 ISBN 978-7-5641-8254-0

Ⅰ.①医… Ⅱ.①刘… Ⅲ.①医药卫生管理-卫生法-案例-中国 Ⅳ.①D922.165

中国版本图书馆 CIP 数据核字(2019)第 024811 号

* 江苏高校"青蓝工程"项目
* 中国博士后科学基金特别资助项目(2018T110419)
* 司法部法治建设与法学理论研究资助项目(16SFB3019)

医事法案例教程
Yishifa Anli Jiaocheng

主　　编:	刘建利
出版发行:	东南大学出版社
社　　址:	南京四牌楼 2 号　邮编:210096
出 版 人:	江建中
网　　址:	http://www.seupress.com
照　　排:	南京星光测绘科技有限公司
经　　销:	全国各地新华书店
印　　刷:	兴化印刷有限责任公司
开　　本:	787mm×1092mm　1/16
印　　张:	16.25
字　　数:	406 千字
版　　次:	2019 年 3 月第 1 版
印　　次:	2019 年 3 月第 1 次印刷
书　　号:	ISBN 978-7-5641-8254-0
定　　价:	52.00 元

本社图书若有印装质量问题,请直接与营销部联系。电话(传真):025-83791830

序　言

医事法学是一门涉及医学、法学(宪法、行政法、民法、刑法等)、伦理、公共卫生、行政管理等多个领域的新兴交叉性学科,主要是指用宪法学、民法学、行政法学以及刑法学的观点来审视当前医疗领域中出现的侵犯人权的违法及犯罪行为,并讨论如何对其进行合理法律规制的研究领域。其主要任务在于为了保护国民的生命、健康、隐私等权益而对相关医疗问题进行法律分析与探讨,并提出相关的立法、司法以及行政建议。

医事法主要起源发展于"二战"后的德国和日本,在部分发达国家现已发展成为独立的学科,已经成为众多世界知名法学院的正规课程。医事法学在我国多被称为卫生法学或生命法学,其研究主要集中于卫生行政法领域。近年来,随着社会的发展,患者的权利意识不断增强,由医疗的客体逐渐变为主体;经济的高速发展、人口的老龄化让人们增大了对医疗和社会保障的期待。这些都导致当下医患关系空前紧张。如何合理解决医患纠纷,维护患者和医务人员双方的正当权益,如何实现医疗资源的效率最大化,如何实现医疗的公平与正义,这些问题仅仅依靠民法、卫生法、刑法等传统单一法学学科其实难以解决,需通过大视野的统合医事法学去研究和解决。正因如此,我国医事法学与欧美相比,虽然起步较晚,但进入 21 世纪以来得以逐渐普及,受到了前所未有的关注与期待,呈现出快速发展的趋势。

东南大学法学院早在 20 世纪 90 年代即已起步打造发展医事法学科,在全国率先设立医事法学本科专业,2003 年成为全国第一家招收医事法硕士研究生的学校。近年来,东南大学法学院秉承"交叉性、团队式、实务型"的办学理念,借助东南大学医学、生命科学等强势学科优势,进一步大力发展医事法学学科,医事法学现已被列入东南大学重点支持发展的特色学科,医事法成为法学院中与工程法、交通法、大数据司法并列的四大跨学科专业。

法学院医事法学团队一直重视人才培养,致力于加强医事法课程教材与教法的建设。学习医事法不仅需要掌握相关的医事法律法规,还需要掌握这些法律法规在司法实务中是如何发挥作用的。而通过案例学习就可以较好地掌握医事法在司法实务中的运用状态。案例中的案情故事性强,裁判结论和理由逻辑性强,通过对案例的思考与学习,学生可以较为深刻地掌握相关医事法学的知识与原理。随着我国案例指导制度的建立与完善,案例将会成为法源之一,必将在司法实务中发挥重要作用。因此,案例教学必将在法学教育中占有重要地位。但遗憾的是,目前我国还十分欠缺医事法领域的案例教程,鉴于此,我们在法学院的支持之下,合作编写了本教程。

本书所选案例先由编者所指导的本科生收集整理,再由医事法专业的研究生参与编写,最后由编者进行全面修改而成,属于师生团队共同努力合作的结晶。本书能够为医事法、卫生法专业的本科生提供最新的医事法案例学习素材。对医事法律工作者以及爱好医事法的普通大众也具有很好的参考价值。期望本教程能够抛砖引玉,助推我国医事法学教育的发展。本书在编写过程中参考了众多学者的研究成果,在此致以诚挚的谢意。

本书得以立项并出版,要特别感谢刘艳红院长等法学院领导所给予的大力支持和帮助。同时,本书的出版得到了东南大学研究生院以及江苏高校"青蓝工程"的资助,在此表示感谢!

刘建利　刘明全　高　翔
2018.7.18

目 录

序言
第一章　医事侵权　/1
　第一节　损害　/1
　　案例1　吴某某诉镇康县人民医院医疗损害责任纠纷案　/1
　　案例2　上诉人杜某诉辽宁医学院附属第一医院医疗侵权纠纷案　/4
　　案例3　上诉人运城市中心医院与被上诉人杨某某、曹某雪、曹某优、原审被告临猗县人民医院医疗损害责任纠纷案　/7
　　案例4　王某与邳州市人民医院医疗损害责任纠纷案　/10
　　案例5　高某、周某某诉青岛山大齐鲁医院、青岛市市北区医院、青岛浮新医院医疗损害责任纠纷案　/12
　　案例6　饶某某诉厦门市第二医院医疗损害赔偿纠纷案　/15
　　案例7　郑某某诉厦门大学附属第一医院医疗损害赔偿纠纷案　/18
　　案例8　原告王某诉被告孙某离婚案　/21
　第二节　行为　/24
　　案例9　孙某诉北京伯华中医诊所有限公司医疗损害责任纠纷案　/24
　　案例10　中国人民武装警察部队总医院诉赵某某等医疗损害责任纠纷案　/28
　　案例11　杜某诉宜昌市第三人民医院医疗服务合同案　/31
　　案例12　内乡县中医院与范某生、王某某、张某、范某含医疗损害赔偿纠纷案　/33
　　案例13　王某某诉华中科技大学同济医学院附属协和医院、上海铠唏尔医疗器械贸易有限公司医疗产品责任纠纷案　/36
　　案例14　陈某诉罗某1监护权纠纷一案　/39
　　案例15　韦某1、韦某某等诉广西医科大学第一附属医院医疗损害责任纠纷案　/41

第三节 过错 /44

案例16 郝某某诉杨某建医疗损害责任纠纷案 /44
案例17 巴某某诉白求恩医学院黄骅利仁医院医疗损害责任纠纷案 /47
案例18 黄某某诉上海市胸科医院医疗损害责任纠纷案 /49
案例19 朱某某、董某钱等诉南京市秦淮区石门坎社区卫生服务中心、南京市急救中心等医疗损害责任纠纷案 /52
案例20 叶某某与桐庐骨伤科医院医疗损害责任纠纷案 /55
案例21 王某某诉南京鼓楼医院医疗损害责任纠纷案 /58
案例22 岳某某、胡某1诉深圳市南山区人民医院医疗损害责任纠纷案 /60
案例23 王某、张某诉深圳某医院医疗侵权责任纠纷案 /64
案例24 徐某峰等与中国人民解放军总医院第一附属医院医疗损害责任纠纷案 /66
案例25 张某1、张某芝等诉中国人民解放军第四军医大学第一附属医院医疗损害责任纠纷案 /69
案例26 周某1等与昆山市第一人民医院医疗损害责任纠纷案 /71
案例27 上诉人汤某元、汤某珍、汤某1、汤某2与被上诉人蕉岭县妇幼保健院医疗损害责任纠纷案 /73
案例28 巴某、贺某梅等与首都医科大学附属北京安贞医院医疗损害责任纠纷案 /78

第四节 因果关系 /80

案例29 邓某某诉新疆生产建设兵团第一师医院医疗产品责任纠纷案 /80
案例30 胡某某诉首都医科大学附属北京安贞医院医疗损害责任案 /83
案例31 王某波、何某某与十堰友好医院医疗损害责任纠纷案 /86
案例32 成都市东区医院与张某英医疗损害责任纠纷案 /89
案例33 高某某与邳州市人民医院医疗损害责任纠纷案 /91
案例34 李某信、李某祥等六人诉重庆市黔江中心医院医疗损害责任纠纷案 /94
案例35 向某某与宜宾市翠屏区妇幼保健院医疗损害责任纠纷案 /97
案例36 叶某乙、叶某丙等诉武汉大学中南医院医疗损害责任纠纷案 /99

第五节 诉讼时效 /102

案例37 唐某某诉霍邱县第二人民医院侵害患者知情同意权责任纠纷案 /102
案例38 福建医科大学附属协和医院与张某巢、叶某某医疗损害责任纠纷案 /105

案例39　张某某与通化市第五人民医院生命权纠纷案　/109

第二章　医事合同　/112

第一节　医疗服务合同的一般问题　/112

案例40　郑某某、陈某某诉江苏省人民医院医疗服务合同纠纷案　/112
案例41　重庆医科大学附属儿童医院诉庞某某等医疗服务合同纠纷案　/115
案例42　江苏省人民医院与沈某某等医疗服务合同纠纷上诉案　/117
案例43　张某某与曲某某医疗服务合同纠纷上诉案　/120

第二节　医疗服务合同的特殊问题　/123

案例44　李某等诉当涂县大陇医院医疗服务合同纠纷案　/123
案例45　沈某某、邵某某诉刘某某、胡某某监管、处置权纠纷案　/126
案例46　傅某某等诉某某大学附属医院医疗服务合同纠纷案　/129
案例47　广州市越秀区博仕整形外科门诊部与王某医疗服务合同纠纷上诉案　/132

第三章　医事行政　/136

第一节　医疗鉴定　/136

案例48　张某某同卵双胞胎的DNA鉴定　/136
案例49　王某医疗损害责任纠纷鉴定　/138
案例50　马某法医精神病鉴定　/140

第二节　精神卫生　/143

案例51　吴某某"被精神病"案　/143
案例52　精神障碍患者徐某诉监护人、医院案　/145

第三节　其他行政管理和监督　/147

案例53　贾某某诉晋城市卫生和计划生育委员会卫生行政管理案　/147
案例54　越南某公司诉国家食药总局案　/150
案例55　全国首例医生状告警察和官员对医闹伤医不作为案　/154
案例56　王某某诉深圳市市场监督管理局　/156
案例57　金某某、金某等与苏州市卫生局行政监督案　/160

第四章　医事犯罪　/163

第一节　非法行医　/163

案例58　胡某某非法行医案　/163
案例59　何某某非法行医案　/164
案例60　秦某某非法行医案　/167
案例61　彭某某非法行医案　/169
案例62　赖某某非法行医案　/171

第二节 人类辅助生殖技术 /173

案例63 赖某与邓某甲非法行医案 /173
案例64 马某非法进行节育手术案 /175
案例65 郭某某、徐某某非法进行节育手术案 /177
案例66 朱某某非法进行节育手术案 /179
案例67 汪某、郝某非法进行节育手术案 /180
案例68 王某某过失致人死亡一案 /182

第三节 医疗事故 /184

案例69 李某某医疗事故案 /184
案例70 南京市儿童医院医生医疗事故案 /186
案例71 张某某医疗事故案 /188
案例72 整容昏迷九年案 /189
案例73 孙某某医疗事故案 /191
案例74 孙某医疗事故案 /193

第四节 安乐死与尊严死 /194

案例75 王某某杀母案 /194
案例76 何某某杀妻案 /197
案例77 冯某故意杀人案 /199
案例78 深圳"拔管杀妻"案 /201
案例79 吗啡案 /204

第五节 医疗产品 /207

案例80 山东疫苗案 /207
案例81 郭某甲等生产、销售不符合标准的医用器材案 /210
案例82 熊某与王某生产、销售网红减肥药案 /211
案例83 李某某非法经营案 /213
案例84 张某甲生产、销售不符合卫生标准的化妆品案 /215
案例85 钱某某、李某某等非法组织卖血案 /217
案例86 输血感染艾滋病案 /219
案例87 虚假广告罪——投放虚假医药广告罪首案 /221

第六节 医疗暴力犯罪 /222

案例88 连某某故意杀人案 /222
案例89 李某某杀医案 /225
案例90 王某寻衅滋事案 /227
案例91 陈某某聚众扰乱社会秩序案 /230

第七节　人体由来物质的利用　/233
　　　案例92　李某某出卖人体器官案　/233
　　　案例93　高某某摘取眼角膜案　/235
　第八节　其他　/237
　　　案例94　周某故意传播艾滋病案　/237
　　　案例95　周某某传染病防治失职案　/239
　　　案例96　杨某等非法提供公民个人信息案　/242
附录　/245

large
第一章 医事侵权*

第一节 损 害

案例1 吴某某诉镇康县人民医院医疗损害责任纠纷案①

一、基本案情

2015年1月23日16时54分,吴某某以"双眼视力逐渐模糊两年余"入住镇康县人民医院。既往病史否认高血压、糖尿病、传染病史,无手术、外伤、过敏史。入院专科检查:VOD 4.5光感,VOS数指30 cm,左眼结膜无充血,角膜透明,前房中深,瞳孔圆;晶体浑浊(+++),右眼未见异常。初步诊断:左眼白内障。入院后经眼科超声影像检查:眼底检查未见异常。同年1月24日,镇康县人民医院与吴某某签订手术同意书,行"左眼白内障摘除术+人工晶体植入术"。术后,吴某某出现左眼异物感及梗疼,放射至头部,左眼视力无光感。经治疗后左眼病情发展,诊断:术后眼内炎。经处理后于2015年1月27日出院转上级医院治疗。2015年1月28日16时04分,吴某某以"左眼白内障术后疼痛伴视力下降五天"转入昆明医科大学第二附属人民医院住院治疗,入院诊断:左眼眼内炎。左眼白内障术后,于2015年2月2日在局麻下行左眼眼内容物剜除,2015年2月9日出院。

二、诉讼过程及裁判理由

吴某某因与镇康县人民医院有医疗损害责任纠纷提起诉讼,一审法院判决:镇康县人民医院自本判决生效后五日内赔偿吴某某各项经济损失合计88 159.80元;驳回吴某某的其他诉讼请求。吴某某不服,提起上诉。2017年7月7日,二审法院判决:驳回上诉,维持原判。

---

* 医疗侵权部分案例搜集整理工作由王迪先、廖婧文、何倍泽、晁俊、和亚娟、陈弦、陈靖然、陆英杰、张玉玲等东南大学法学院本科学生在老师指导下完成。东南大学法学院研究生袁清明、和亚娟在本部分内容编写过程中提供了校对等协助工作。

① 裁判法院:云南省临沧市中级人民法院。案号:(2016)云09民终字第259号。

三、关联法条*

《中华人民共和国侵权责任法》

第六条第一款　行为人因过错侵害他人民事权益,应当承担侵权责任。

第十六条　侵害他人造成人身损害的,应当赔偿医疗费、护理费、交通费等为治疗和康复支出的合理费用,以及因误工减少的收入。造成残疾的,还应当赔偿残疾生活辅助具费和残疾赔偿金。造成死亡的,还应当赔偿丧葬费和死亡赔偿金。

第五十四条　患者在诊疗活动中受到损害,医疗机构及其医务人员有过错的,由医疗机构承担赔偿责任。

第五十七条　医务人员在诊疗活动中未尽到与当时的医疗水平相应的诊疗义务,造成患者损害的,医疗机构应当承担赔偿责任。

《最高人民法院关于民事诉讼证据的若干规定》

第四条第一款第(八)项　下列侵权诉讼,按照以下规定承担举证责任:

(八)因医疗行为引起的侵权诉讼,由医疗机构就医疗行为与损害结果之间不存在因果关系及不存在医疗过错承担举证责任。**

《中华人民共和国民事诉讼法》

第一百七十条第一款第(一)项　第二审人民法院对上诉案件,经过审理,按照下列情形,分别处理:

(一)原判决、裁定认定事实清楚,适用法律正确的,以判决、裁定方式驳回上诉,维持原判决、裁定。

第二百五十三条　被执行人未按判决、裁定和其他法律文书指定的期间履行给付金钱义务的,应当加倍支付迟延履行期间的债务利息。被执行人未按判决、裁定和其他法律文书指定的期间履行其他义务的,应当支付迟延履行金。

《中华人民共和国民法通则》

第一百零六条　公民、法人违反合同或者不履行其他义务的,应当承担民事责任。

公民、法人由于过错侵害国家的、集体的财产,侵害他人财产、人身的,应当承担民事责任。

没有过错,但法律规定应当承担民事责任的,应当承担民事责任。

四、争议问题

1. 一审法院依据云南鼎丰司法鉴定中心法医鉴定意见书认定镇康县人民医院承担的责任比例、确定其应承担的民事赔偿责任比例是否恰当?

---

* 此处的"关联法条"系对现行法律、法规的梳理,如现在出现相同或类似的案例,则应当适用现行法。本书案例中适用的法条,应依当时法律法规的规定。书后"附录"详列了常见法律、法规以及行政规章的颁布和修订情况,可供参考。全书同。

** 对于法条列举式事项或规定,此处只陈述与案例相"关联"者。全书一并处理,不另注。

2. 上诉人主张支持精神损害抚慰金 50 000 元、交通费 8 000 元、护理费 5 684 元的请求是否应得到支持？

五、简要评析

1. 责任构成

损害 本案中，吴某某术后得了术后眼内炎，最终导致左眼眼内容物被剜除，存在身体健康遭受损害的事实。上述损害首先有司法鉴定意见印证，在云南鼎丰司法鉴定中心出具的鉴定意见书中评定为伤残五级；其次，吴某某眼睛失明属于较为严重的身体损害，不仅影响其之后的正常生活，而且导致其精神遭受严重创伤，存在精神损害的事实。

行为 首先，镇康县人民医院与吴某某签订了手术同意书，镇康县人民医院给吴某某行"左眼白内障摘除术＋人工晶体植入术"，并存在术后治疗和护理，两者之间存在合法的医疗关系；其次，根据案情，医院的手术准备不足，手术过程中存在违反医疗规范，存在侵权行为；最后，在术后的护理过程中，医院未全面履行治疗和护理义务，护理不符合标准、术后记录不符合规范，存在不作为。因此，医院在护理和医疗过程中都存在侵权行为。

过错 根据司法鉴定意见书，本案中镇康县人民医院存在以下过错：① 对吴某某行"左眼白内障摘除术＋人工晶体植入术"手术前对手术眼局部的准备不充分，手术时机选择不当；② 术后病情观察、记录不仔细；③ 对术后发生的病情处理不够及时、充分。根据《手术记录》中"手术过程"第 2 步骤"开睑、左角膜缘 11 点处切开约 3 mm，隧道式进入前房"实施后的第 4 步骤"扩大切口约 7 mm"，该手术技术方式已严重违反人工晶体前房植入法中对角膜切口的大小规范，以及医院在本案原告术后留院期间也没有依照分级护理中的"二级护理"标准给予术后护理。本案的被告是从事医疗行业的专业人士，明知且应当知道医疗规范，但其行为存在诸多违规之处，不符合医疗行业的基本标准，主观上存在重大过失。

因果关系 由于医院的违规行为以及术后的不作为，导致本案原告眼部发炎，最终恶化。如果医院的诊疗行为符合规范，患者可能不会遭受损害，两者之间存在条件关系，即医院的侵权行为与原告的损害之间存在因果关系。鉴定意见也予以佐证，其指出"医院存在的过错与吴某某'左眼白内障摘除术＋人工晶体植入术'手术后发生左眼眼内炎需行左眼眼内容物剜除存在一定因果关系，建议承担主要责任"。

小结 本案的事实和证据较为清楚，争议较少。但存在以下两个核心问题：第一是承担责任的比例问题。法院判决医院承担 70% 的赔偿责任，很大程度上是根据鉴定意见书确定的主要责任，一般情况下，主要责任承担 60%—90% 的赔偿。根据案情，鉴定意见指出了三个过错将医院责任定为主要责任，而法院又根据事实找到了另外的过错，而且与吴某某手术后左眼失明和左眼球切除的两次损害后果有直接关系，因此法院让医院承担了 70% 的赔偿责任，应当说法院的判决是相对妥当的，于法有据。第二是鉴定意见在司法判决中发挥的作用。本案上诉人在上诉请求中提到了这样一段话："虽然云南鼎丰司法鉴定中心〔2015〕医鉴字第1602号《法医学鉴定意见书》建议被上诉人承担主要责任,但该鉴定书对被上诉人承担主要责任的结论并非是其承担医疗侵权赔偿责任比例的法定条件。根据《中华人民共和国民法通则》(以下简称《民法通则》)第一百零六条第二款的规定"公民、法人由于过错侵害国家的、集体的财产,侵害他人财产、人身的,应当承担民事责任"及《中华人民共和国侵权责任法》(以下简称《侵权责任法》)第六条"行为人因过错侵害他人民事权益,应当承担侵权责任"的规定,损害结果与侵权行为间是否具有因果关系以及损害行为人是否有过错是确定损害行为人是否应承担民事责任以及承担民事责任范围的法定要件。回到之前提出的第一个问题,不难发现:法官在对承担责任的判决上十分依赖鉴定意见书,那么在鉴定意见书有漏洞的情况下,这样做是否具有正当性呢?根据《中华人民共和国民事诉讼法》(以下简称《民事诉讼法》)第六十三条的规定,"鉴定意见"属于法定证据种类,法官依据鉴定意见认定事实符合法律规定,而且鉴定意见只是确定侵权人过错、因果关系的证据之一,法院认定侵权责任还必须符合其他法定构成要件。因此,法院采用鉴定意见具有正当性,即使存在缺陷,法院还可以通过其他证据进行印证,只有形成完整的证据链,才能确定责任,并非仅仅依赖鉴定意见。

2. 责任方式

镇康县人民医院赔偿吴某某各项经济损失合计88 159.80元。

案例2 上诉人杜某诉辽宁医学院附属第一医院医疗侵权纠纷案[①]

一、基本案情

上诉人杜某于2000年8月22日出生后,因患缺氧、缺血性脑病、颅内出血,在辽宁医学院附属第一医院(下称"辽大医院")医治。住院期间,杜某于2000年8月31日,应该院医生要求到被告处做头部CT检查,被告做出的CT诊断为:① 脑乏氧水肿;② 蛛网膜下腔出血。后杜某又应医生要求于2000年9月25日到被告处做MRI检查,诊断结论为"头部MRI扫描未见异常"。原告家属提出质疑,要求被告对该片予以会诊,被告放射线科于2000年11月28日做出会诊,结合头颅CT和头颅MRI扫描,诊断结论为"脑水肿、脑乏氧、蛛网膜下腔出血,现已吸收好转"。后原告家属先后到沈阳中国医科大学附属第二医院、北京儿童医院、北京医科大学人民医院检查,均被诊断为脑软化、萎缩。

二、诉讼过程及裁判理由

杜某以辽宁医学院附属第一医院的错误诊断结论造成原告贻误治疗,并花费许多冤枉钱为由向法院诉请赔偿。2003年6月5日,一审法院判决:辽宁医学院附属第一医院赔偿给付杜某经济损失580元。杜某、辽宁医学院附属第一医院均不服。2003年10月

[①] 裁判法院:辽宁省锦州市中级人民法院。案号:(2015)锦审二民终字第00085号。

10日,二审法院判决:撤销锦州市古塔区人民法院(2002)古民一初字第688号民事判决;驳回原审原告杜某的诉讼请求。杜某仍不服,向锦州市中级人民法院申请再审。2016年2月17日,再审法院判决:撤销本院(2003)锦民一权终字第316号民事判决及辽宁省锦州市古塔区人民法院(2002)古民一初字第688号民事判决;被申诉人辽宁医学院附属第一医院于本判决生效后10日内赔偿给付申诉人杜某经济损失800元;驳回申诉人杜某其他诉讼请求。

三、关联法条

《中华人民共和国合同法》

第六十条　当事人应当按照约定全面履行自己的义务。

当事人应当遵循诚实信用原则,根据合同的性质、目的和交易习惯履行通知、协助、保密等义务。

第一百零七条　当事人一方不履行合同义务或者履行合同义务不符合约定的,应当承担继续履行、采取补救措施或者赔偿损失等违约责任。

四、争议问题

由于医院诊断错误导致患者诊疗延迟,患者是否有权请求其返还诊疗费并赔偿额外支出的检查费用?

五、简要评析

1. 责任构成

本案可能存在违约责任和侵权责任的竞合。

(1) 违约责任

本案中,患者杜某到辽大医院治疗,医院接诊并进行检查,双方之间形成了医疗服务合同关系,医院是服务提供者,杜某是服务受益者,医院应当忠实、全面履行其义务。但事后鉴定,医院的诊疗存在错误,医疗服务存在缺陷,属于合同义务未全面履行,导致患者贻误治疗时机,并因此遭受损失。

由于违约责任属于无过错责任,医院的行为已经符合违约责任的构成要件,而患者一方并无过错,医院应当承担全部违约责任,赔偿患者因此遭受的损失。一方面,患者进行诊疗的目的落空,其支出的诊疗费属于其损失部分,医院应当赔偿;另一方面,患者前往别的医疗机构进行重新检查属于医疗合同订立之时可以预见的损失,医院应当承担责任,但对于其他的医疗支出,医院无法预见,对该部分医院可以不承担赔偿责任。

(2) 侵权责任

损害　辽大医院诊疗错误致使杜某没有得到及时、有效的治疗,存在贻误治疗时间的客观情况,但证据表明其间的耽搁并未导致患者病情加剧,也并未因此而错过治疗时机,只是延缓了治疗的进行,不存在人身损害的事实。但因为辽大医院的错误诊疗,患者不得不辗转多家医院,重新进行检查,这增加了因转院治疗而产生的经济支出,存在财产损害。

行为 辽大医院的诊疗行为存在错误,对 MRI 扫描结论的界定存在瑕疵,不符合医疗规范,属于医疗侵权行为。

过错 辽大医院属于医疗专业机构,具备医疗专业知识,但其对 MRI 扫描的分析存在明显错误,主观上存在过错。

因果关系 由于辽大医院的诊疗与患者情况明显不符合,患者及其家属在交涉无果后,自行前往其他医疗机构进行检查,因此支出额外的交通费以及诊疗检查费。两者之间存在一定的相关性,应当认定存在因果关系。综上,辽大医院的行为也符合侵权行为的构成要件。

小结 本案属于医疗侵权和医疗服务违约的竞合。从合同违约角度来看,MRI 的错误结论表明医院提供的服务存在严重瑕疵,患者的就诊目的完全落空,已经构成根本违约,应承担违约责任,患者还可以因此解除合同。违约责任的承担以赔偿损失为主,损失赔偿额应当相当于因违约所造成的损失,但不得超过违反合同一方订立合同时预见到或者应当预见到的因违反合同可能造成的损失。申诉人支付了较高额的照相诊断费用却没有获得相应的服务质量,因此辽大医院收取的磁共振照相费用 800 元为申诉人的损失,应当由被申诉人承担。至于杜某在其他医院治疗所产生的费用是否应由辽宁医学院附属第一医院承担的问题,杜某及其家属在确信原 MRI 结论不正确的前提下,到其他医院不仅仅是为了重新做 MRI 鉴定,而是重在寻找治疗的方法,该部分医院可以不承担责任。此外,申诉人主张的到被申诉人处上访支出的费用与本案并无关联,而且医院在订立合同时无法预见,不应当由其承担责任。关于侵权责任,辽大医院存在诊疗瑕疵的侵权行为,并因此导致患者经济损失,其主观上存在过错,符合侵权责任的构成要件。就赔偿的内容而言,本案当中,侵权责任和违约责任赔偿数额相差较少,但由于侵权责任的证明要求较高,违约责任证明标准较低,权利人从经济效益角度出发可以主张违约责任。最后,本案还涉及一个核心问题,即医疗机构诊断失误,贻误诊疗时机的责任归属问题。由于本案不涉及患者人身损害,对该议题并未深入讨论。一般而言,诊疗失误导致患者受损属于医疗机构违约和侵权的竞合,在造成人身损害的情形下,患者可以主张侵权责任。此处的关键并不在于案件定性,而在于因果关系,即如何证明医疗失误与最终损害存在因果关系。对此,我们认为,医疗机构作为专业机构,肩负着拯救生命的神圣责任,而且其对患者病情判断具备专业优势。在医院贻误患者诊疗时机的情况下,如果要求患者证明因果关系,无疑加重了其举证责任,不利于保护受害人权益。而且医疗领域专业性较强,普通民众一般难以举证,我们认为应当放宽患者对此的证明标准,在医疗机构存在重大过失的情况下,患者只需要证明医疗机构存在过错,对因果关系可以实行举证责任倒置。

2. 责任方式

辽宁医学院附属第一医院赔偿给付杜某经济损失 800 元;一、二审案件受理费及其他诉讼费1 260元,鉴定费2 200元,共计3 460元,由辽宁医学院附属第一医院负担。

案例3　上诉人运城市中心医院与被上诉人杨某某、曹某雪、曹某优、原审被告临猗县人民医院医疗损害责任纠纷案①

一、基本案情

2015年2月6日20时许,原告亲属曹某政在临猗县双塔南路由东向西横过道路时被荆兵驾驶甲车撞伤,曹某政于事发当日入住临猗县人民医院,诊断为左踝关节骨折,右侧口腔内黏膜撕裂伤,当天实施石膏绷带外固定处理;2月9日实施踝关节正侧位处理;2月14日出现休克、心慌、气短、呼吸困难、面色苍白,会诊诊断为突发肺栓塞。2月15日其转至运城市中心医院重病医学科,诊断为气短待查,肺动脉血栓栓塞,在踝关节骨折固定术后,双下肢腘静脉栓塞。同年4月24日,曹某政出院,出院诊断为:肺动脉血栓栓塞,缺血缺氧性脑病,四肢功能障碍,意识功能障碍,肺部感染,泌尿道感染,心肺复苏后,肺功能受损,心肌受损。在两医院共计住院78天,临猗县人民医院住院8天花去医疗费8万元,运城市中心医院住院70天,花去医疗费203 346.73元,外购药5 954.4元,合计医疗费为289 301.13元。2015年8月22日曹某政死亡。

二、诉讼过程及裁判理由

原告认为2被告具有医疗过错,与曹某政的死亡具有直接的因果关系,向一审法院提起民事诉讼。一审法院判决:被告临猗县人民医院于本判决生效后三日内赔偿原告各项损失85 432元;被告运城市中心医院于本判决生效后三日内赔偿原告各项损失203 473元;驳回原告其他诉讼请求。上诉人运城市中心医院不服,提起上诉。2017年8月4日,二审法院判决:驳回上诉,维持原判。

三、关联法条

《中华人民共和国侵权责任法》

第二条　侵害民事权益,应当依照本法承担侵权责任。

本法所称民事权益,包括生命权、健康权、姓名权、名誉权、荣誉权、肖像权、隐私权、婚姻自主权、监护权、所有权、用益物权、担保物权、著作权、专利权、商标专用权、发现权、股权、继承权等人身、财产权益。

第六条　行为人因过错侵害他人民事权益,应当承担侵权责任。

根据法律规定推定行为人有过错,行为人不能证明自己没有过错的,应当承担侵权责任。

---

① 裁判法院:山西省运城市中级人民法院。案号:(2017)晋08民终字第1464号。

第十六条 侵害他人造成人身损害的,应当赔偿医疗费、护理费、交通费等为治疗和康复支出的合理费用,以及因误工减少的收入。造成残疾的,还应当赔偿残疾生活辅助具费和残疾赔偿金。造成死亡的,还应当赔偿丧葬费和死亡赔偿金。

第十八条 被侵权人死亡的,其近亲属有权请求侵权人承担侵权责任。被侵权人为单位,该单位分立、合并的,承继权利的单位有权请求侵权人承担侵权责任。

被侵权人死亡的,支付被侵权人医疗费、丧葬费等合理费用的人有权请求侵权人赔偿费用,但侵权人已支付该费用的除外。

第二十二条 侵害他人人身权益,造成他人严重精神损害的,被侵权人可以请求精神损害赔偿。

第五十四条 患者在诊疗活动中受到损害,医疗机构及其医务人员有过错的,由医疗机构承担赔偿责任。

第五十七条 医务人员在诊疗活动中未尽到与当时的医疗水平相应的诊疗义务,造成患者损害的,医疗机构应当承担赔偿责任。

《中华人民共和国民事诉讼法》

第一百四十四条 被告经传票传唤,无正当理由拒不到庭的,或者未经法庭许可中途退庭的,可以缺席判决。

第一百七十条第一款第(一)项 第二审人民法院对上诉案件,经过审理,按照下列情形,分别处理:

(一)原判决、裁定认定事实清楚,适用法律正确的,以判决、裁定方式驳回上诉,维持原判决、裁定。

四、争议问题

1. 本案被告两医院是否构成侵权以及应当如何确定各自的责任比例?
2. 本案具体的赔偿数额如何认定?

五、简要评析

本案当中,原告先后在两家医院进行诊疗,但在出院后死亡,具体侵权人的确定和因果关系成为本案的核心争议点,需要考虑是否属于多因一果的情形。

1. 责任构成

损害 本案当中,患者先后在两家医院治疗,出院之时,其还存在一系列的并发症,在出院之后死亡,客观上存在生命权受到损害的事实。

行为 原告在事故之后,先在临猗县人民医院(以下简称"县医院")进行诊疗,医院对其骨折及其可能引发的并发症诊断存在疏忽,导致之后并发症的发作,存在侵权行为。但在并发症发作时,县医院的紧急处置得当,并未造成新的损害,不存在侵权行为。在转院到运城市中心医院之后,运城市中心医院存在滤器置入时间选择欠妥的侵权行为,导致原告出现器官衰竭,最终死亡。

过错 医疗过错判断的标准是医疗行为是否达到应当达到的注意程度,或者是医疗行为是否达到法律法规、操作规程等所明确要求的注意义务。如果医疗行为达到了应当达到的注意程度就没有过错,反之则有过错。县医院在骨折的诊断过程中,未完全达到医疗行业规范要求的注意义务,存在过错。而运城市中心医院在非紧急情况下,对滤器置入的时间判断存在错误,违反了一般的医疗操作规范,存在过错。运城市中心医院对山西医科大学司法鉴定中心〔2016〕文鉴定第3号结论意见"运城市中心医院对曹某政诊疗过程中滤器置入时间选择欠妥,存在一定过错"不持异议,故应认定运城市中心医院存在医疗过错。

因果关系 县医院的诊断失误与原告的并发症存在一定的关联,具有一定的因果关系。而运城市中心医院的医疗处理行为失误导致原告出现器官衰竭,最终死亡,其行为与原告的死亡之间存在相关性,具有因果关系。山西医科大学司法鉴定中心〔2016〕文鉴字第3号分析意见,"运城市中心医院对曹某政诊疗过程中滤器置入时间选择欠妥,存在一定过错,与其继发性缺血缺氧性脑病存在一定因果关系,参与度为20%"。综上所述,县医院与运城市中心医院的行为均符合侵权行为的构成要件,应当承担侵权责任。

小结 在确定本案被告两医院应当承担侵权责任之后,本案的争议焦点之一是医院对受害人的损失应承担的比例。运城市中心医院认为鉴定意见书中参与度20%应作为过错程度标准,上诉人应对曹某政诊疗过程中过错部分损失承担20%;受害人家属认为参与度不能作为认定医院承担责任的唯一依据,应结合过错程度、法律规定、在事故中的作用等因素具体认定应承担的责任比例。二审法院认为,医院存在医疗过错,造成曹某政进一步发生缺血缺氧性脑病及心、肝、肾功能损害,最终导致呼吸循环功能衰竭而死亡的后果。鉴于受害人曹某政在运城市中心医院住院时正值中年,身体健康,是家庭的主要劳动力,过早去世给其家庭带来重大打击,损害后果严重。虽然鉴定机构认定上诉人的过错参与度为20%,但一审法院结合本案实际情况,在作出判决时,综合考虑案件整体情况,在鉴定意见的基础上适当加重医院的责任承担比例,体现了法律对弱势群体权益的保护。司法鉴定意见是确定医疗机构侵权责任以及责任比例的重要依据之一,也属于法定证据种类。但是医疗机构在医疗事故中因果关系参与程度的判定条件和标准上只是认定侵权人侵权责任的依据之一,侵权责任的确定应当综合判断侵权人的行为、过错、因果关系以及受害人的特殊体质、过错等多重因素。司法鉴定意见更多是从医学角度对医疗机构方责任比例的认定,侵权责任比例认定的立足点是从法律角度,并且考虑到社会效果,结合案件情况,综合双方诉讼地位等多方面因素,最终确定赔偿责任比例,实现法律效果、社会效果的统一。

2. 责任方式

本案的责任方式为赔偿损失,由运城市中心医院赔偿原告各项损失203 473元并负担二审案件受理费1 180元。其中:① 医疗费289 301.13元。② 误工费41 729元(山西农、林、牧、渔业从业人员标准)÷365天×196天=22 407元。③住院伙食补助费：50元/天×78天=3 900元。④营养费：30元/天×78天=2 340元。⑤护理费：114元/天×78天=8 892元。⑥死亡赔偿金：山西农村居民人均可支配收入9 454元×20年=189 080元。⑦丧葬费：全省非私营单位从业人员年平均工资48 969元÷12个月×6个月=24 484元。⑧精神抚慰金30 000元。⑨被扶养人生活费（女儿）：7 421元/年×2年÷2人=7 421元。⑩交通费：原告主张6 000元，酌定3 000元。⑪食宿费：原告主张3 000元，酌定1 500元。⑫鉴定费：原告支付医科大5 000元（3号鉴定书），北京法源鉴定费15 000元，共计20 000元；另外，被告临猗县医院支付山西医科大鉴定费5 000元；河津司法鉴定费2 200元，系原告实际支出费用，但不属本案必须支出的费用。⑬复印、打印票据：原告主张1 000元，酌定500元。原告总计损失为610 025元，扣减原告已从交通事故案中获得的157 000元，即为453 025元。运城市中心医院应赔付原告损失为453 025×45%=203 861元。

案例4　王某与邳州市人民医院医疗损害责任纠纷案[①]

一、基本案情

2015年5月28日1时左右，王某在铁路立交桥上行走时不慎跌落，致右踝、双膝等多处肿胀、疼痛，活动受限1小时后入住被告市人民医院，经检查诊断为："右胫骨远端粉碎性骨折、左股骨外踝粉碎性骨折、右腓骨小头骨折、右距骨骨折。"王某在该院行"右胫骨远端粉碎性骨折、左股骨外踝粉碎性骨折切复植骨内固定术"，术后予以预防感染、血栓等输液治疗。后原告右小腿切口中下段有少量坏死组织及渗液，部分钢板及骨皮质外露。王某于2015年7月12日出院，在该院住院46天，支出医疗费66 839.3元，其中2015年6月5日行"右胫骨远端粉碎性骨折、左股骨外踝粉碎性骨折切复植骨内固定术"，2015年6月5日账面费用总额40 381.43元。2015年7月13日，王某因"右胫骨骨折内固定术后伤口不愈合一月余"入住中国人民解放军南京军区南京总医院，在该院行"右胫骨感染清创内固定取出术+外固定架固定术"，术后予以抗感染等对症治疗，住院24天，于同年8月6日出院，支付医疗费64 965.2元。至此，王某共计住院70天，累计支付医疗费131 804.5元。

二、诉讼过程及裁判理由

一审法院判决：邳州市人民医院赔偿王某上述各项损失计23 192.03元，该款项可在王某赊欠邳州市人民医院的医疗费中予以扣减。剩余损失由王某自行负担；驳回王某的其他诉讼请求。上诉人王某因与被上诉人邳州市人民医院医疗损害赔偿纠纷一案，不

[①] 裁判法院：江苏省徐州市中级人民法院。案号：（2016）苏03民终字第6455号。

服江苏省邳州市人民法院(2015)邳民初字第 5182 号民事判决,提起上诉。2017 年 9 月 29 日,二审法院判决:维持江苏省邳州市人民法院(2015)邳民初字第 5182 号民事判决第(2)项;变更江苏省邳州市人民法院(2015)邳民初字第 5182 号民事判决第(1)项为邳州市人民医院于本判决生效之日起 10 日内向王某赔偿各项损失共计 44 735.7 元。

三、关联法条

《中华人民共和国侵权责任法》

第五十四条　患者在诊疗活动中受到损害,医疗机构及其医务人员有过错的,由医疗机构承担赔偿责任。

《中华人民共和国民事诉讼法》

第一百七十条第一款第(二)项　第二审人民法院对上诉案件,经过审理,按照下列情形,分别处理:

(二)原判决、裁定认定事实错误或者适用法律错误的,以判决、裁定方式依法改判、撤销或者变更。

四、争议问题

1. 邳州市人民医院对王某术后第一天拔除切口内半管引流,王某骨质外露,切口感染不愈合,应承担的责任比例为多少?

2. 邳州市人民医院给王某使用的钢板是否符合规定的标准,钢板外露与邳州市人民医院医疗行为之间有无因果关系及原因力为多少?

五、简要评析

1. 责任构成

损害　王某在邳州市人民医院进行了"右胫骨远端粉碎性骨折、左股骨外踝粉碎性骨折切复植骨内固定术"后,出现了切口内张力过大,切口裂开,切口出现感染等情况,右小腿切口中下段有少量坏死组织及渗液,部分钢板及骨皮质外露,并导致伤口难以愈合,引发了伤口感染,属于健康权受到损害。

行为　邳州市人民医院在诊疗之后,拔除了伤口引流管,不符合医疗行为规范,并且导致原告伤口感染,属于侵权行为;此外,原告体内的钢板存在外露,医院的钢板安装违反了手术操作规范,侵害了患者健康权。

过错　邳州市人民医院在患者手术之后第一天即拔除切口内半管引流,已经违法了医疗规范,而且未尽到与当时医疗水平相应的诊疗义务,违反了作为谨慎、专业医疗医护人员注意义务,存在过错。而钢板安装本身不符合医疗规范,也不符合一般公众的认知,属于重大过失。

因果关系　在医院拔除引流管之后,原告的伤口因引流不充分而难以愈合,并发生感染等并发症,两者之间存在条件关系。根据徐州医学会的专家意见,邳州市人民医院在其对王某术后第一天即拔除切口内半管引流,致引流不充分,存在过错,王某术后切口感染与医方的这一过错医疗行为有一定因果关系。综上所述,邳州市人民医院的诊疗行为符合侵权行为的构成要件,应当对患者的损害承担赔偿责任。

小结 本案的争议焦点在于医院承担侵权责任的比例。一审法院酌定由邳州市人民医院向王某承担涉案损失的15%,而二审法院认定由邳州市人民医院向王某承担涉案损失40%的民事赔偿责任。造成如此大的比例差距在于二审法院充分考虑到了医方过错行为的损害后果程度。虽然徐州市医学会的专家意见认为,"王某术后切口感染与医方的过错医疗行为有一定因果关系,其原因力大小为轻微因素",但这只是对其行为在医学层面的认定,而且属于确定责任的依据之一,并非只能根据鉴定意见确定责任。而本案中,医院的行为违反医疗规范,存在重大过错,客观上增加了王某伤口愈合的难度,增大了王某术后并发症的可能性。二审法院在确定责任分配时,考虑到了其行为和主观过错的严重程度,综合确定医院的责任,判决结果较为合理。通过该案也可以看出,医疗侵权过程中的鉴定意见虽然对于认定案件事实至关重要,但并非法院确定侵权人责任的唯一依据,责任比例的确定是在综合案情基础之上,参考鉴定意见。

2. 责任方式

本案的责任方式为赔偿损失,由邳州市人民医院于判决生效之日起10日内向王某赔偿各项损失共计44 735.7元。医疗费91 423元(131 804.5元−40 381.43元)、住院伙食补助费2 074元(61天×34元)、营养费3 050元(61天×50元)、误工费6 212.4元(37 173元/年×61天)、护理费4 880元(80元×61天)、交通费2 000元、鉴定费2 200元,合计111 839.4元。邳州市人民医院向王某承担涉案损失的40%,即44 735.7元(111 839.4元×40%)。

案例5 高某、周某某诉青岛山大齐鲁医院、青岛市市北区医院、青岛浮新医院医疗损害责任纠纷案[①]

一、基本案情

高某顺(上诉人高某之父、周某某之夫)因"咳嗽、喘息三天",自行到青岛市市北区医院、青岛浮新医院内科门诊就诊,2013年6月6日下午4时转入外科门诊,外科门诊诊断为"自发性气胸(张力型)"。下午4时30分急症住院,初步诊断为"1. 自发性气胸(右) 2. 重度肺炎 3. 右胸胸腔积液 4. 右肺脓疡",下午5时行"右胸腔闭式引流"手术,后于2013年6月6日下午7时50分死亡。

---

① 裁判法院:山东省青岛市中级人民法院。案号:(2016)鲁02民终字第1560号。

二、诉讼过程及裁判理由

原告认为被告为高某顺实施的医疗行为存在过错,其过错医疗行为与高某顺的死亡存在因果关系,构成医疗侵权,理应承担损害赔偿责任,故提起诉讼。一审法院判决:被告青岛浮新医院、被告青岛市市北区医院、被告青岛山大齐鲁医院赔偿原告高某、原告周某某死亡赔偿金、丧葬费、尸体冷冻费、寿衣寿冠费、尸体检验费、尸体火化费、住院伙食补助费、护理费、交通费以及精神损害抚慰金,驳回原告高某、原告周某某的其他诉讼请求。高某、周某某不服,向青岛市中级人民法院提出上诉。二审法院判决:被上诉人青岛山大齐鲁医院、青岛市市北区医院、青岛浮新医院赔偿上诉人死亡赔偿金 525 382 元(38 294×20×70%－10 734)、丧葬费 16 959 元(48 453÷12×6×70%)、尸体冷冻费 2 156 元(3 080×70%)、寿衣寿冠费 2 602 元(3 717×70%)、尸体检验费 2 380 元(3 400×70%)、尸体火化费 497 元(710×70%)、住院伙食补助费 28 元(40×70%)、护理费 186 元(265×70%)、交通费 14 元(20×70%)、精神损害抚慰金 50 000 元,驳回上诉人的其他诉讼请求。

三、关联法条

《中华人民共和国民法通则》

第一百零六条　公民、法人违反合同或者不履行其他义务的,应当承担民事责任。

公民、法人由于过错侵害国家的、集体的财产,侵害他人财产、人身的,应当承担民事责任。

没有过错,但法律规定应当承担民事责任的,应当承担民事责任。

第一百一十九条　侵害公民身体造成伤害的,应当赔偿医疗费、因误工减少的收入、残废者生活补助费等费用;造成死亡的,并应当支付丧葬费、死者生前扶养的人必要的生活费等费用。

第一百三十四条　承担民事责任的方式主要有:

(一) 停止侵害;

(二) 排除妨碍;

(三) 消除危险;

(四) 返还财产;

(五) 恢复原状;

(六) 修理、重作、更换;

(七) 赔偿损失;

(八) 支付违约金;

(九) 消除影响、恢复名誉;

(十) 赔礼道歉。

以上承担民事责任的方式,可以单独适用,也可以合并适用。

人民法院审理民事案件,除适用上述规定外,还可以予以训诫、责令具结悔过、收缴进行非法活动的财物和非法所得,并可以依照法律规定处以罚款、拘留。

《中华人民共和国民事诉讼法》

第一百七十条第一款第(一)、(二)项　第二审人民法院对上诉案件,经过审理,按照下列情形,分别处理:

(一)原判决、裁定认定事实清楚,适用法律正确的,以判决、裁定方式驳回上诉,维持原判决、裁定;

(二)原判决、裁定认定事实错误或者适用法律错误的,以判决、裁定方式依法改判、撤销或者变更。

第一百七十五条　第二审人民法院的判决、裁定,是终审的判决、裁定。

四、争议问题

依据鉴定意见中医疗机构对患者损害的过错参与度,认定医疗机构承担的责任份额,确定医疗机构赔偿责任是否适当?

五、简要评析

1. 责任构成

损害　本案中,患者自行到被告医院接受治疗,在医院诊疗过程之中,原告因病死亡,属于生命权受到损害,存在损害结果。

行为　本案中,患者到医院之后,医方对患者实施了诊疗行为,并且存在紧急医疗行为。在初步诊疗行为中,医院存在违反医疗规范的行为,在一定程度上引发了患者之后出现的病情,属于医疗侵权行为。上述侵权行为被鉴定意见所确认。而在紧急医疗过程中,医院的处理、操作符合急诊规范,尽到了合理诊疗义务,不存在侵权行为。

过错　医生具备较为专业的知识和判断能力,应当具有谨慎、注意义务,而医院的初步诊疗行为违反了医疗行为规范,违反了注意义务,存在过错。鉴定意见也印证了上述过错,青岛正源司法鉴定所出具的鉴定意见表明,医方在针对被鉴定人的医疗活动中存在过失行为,尽管医方对鉴定结论提出质疑,但并未提供相反的证据予以推翻,故而可以确认医方的诊疗行为存在过错。

因果关系　医院的诊疗行为存在过错,导致患者后续病症的出现,最终出现死亡的结果,医院的侵权行为与原告死亡之间存在关联性,具备因果关系。青岛正源司法鉴定所的鉴定意见表明医方的过错行为与被鉴定人死亡之间存在一定的因果关系,参与度拟为60%—80%为宜。综上分析,本案医疗机构的行为符合侵权行为的构成要件,应当承担侵权责任。

小结　本案的事实相对清楚,侵权人的责任确定争议较小,鉴定机构出具的鉴定意见为损害、行为、过错、因果关系的认定提供了专业依据。由于医疗行为本身具有高度的专业性,医疗侵权案件的裁判需要以司法鉴定为基础,司法鉴定对医疗机构过错参与度的认定影响医疗机构承担责任的份额以及赔偿患者家属经济损失的比例,因此法院采纳鉴定意见具有正当性。但是鉴定意见不是确定责任的唯一依据,只是法院确定侵权人责任的证据之一,法院确定责任时应当综合全案事实,结合侵权行为、过错、因果关系以及双方当事人情况予以综合确定。一般而言,医疗侵权赔偿的比例以鉴定意见中医疗机构对患者损害的过错参与度为基础,结合患者、医疗机构的经济状况,平衡双方利益,以期定纷止争,认定医疗机构承担的责任份额,确定医疗机构赔偿患者家属经济损失的比例。本案医疗机构对患者损害的过错参与度为60%—80%,两审法院均认定医疗机构应当承担70%的责任,判决相对合理。此外,二审法院纠正了一审法院的错误。根据《最高人民法院关于审理人身损害赔偿案件适用法律若干问题的解释》第二十七条,丧葬费按照受诉法院所在地上一年度职工月平均工资标准,以六个月总额计算;第二十九条,死亡赔偿金按照受诉法院所在地上一年度城镇居民人均可支配收入或者农村居民人均纯收入标准,按二十年计算。二审法院依据上述规范,重新确定了本案的丧葬费等赔偿数额。在精神损害抚慰金方面,上诉法院考虑到上诉人家庭的特殊情况,高某顺的去世不仅给上诉人带来精神痛苦,也给这个三口之家造成巨大变故,上诉人高某不得不牺牲自己的就业和发展机会,承担原来由父亲担负的对上诉人周某某的监护责任,该事件给这个特殊家庭的成员在精神上、经济上造成的损害远甚于普通家庭。二审法院认定的精神损害抚慰金数额为50 000元。综合家庭成员的精神痛苦、监护、就业及家庭经济状况,适当增加精神损害抚慰金数额,以期更好地保障家庭成员的后续生活与发展,平衡医疗机构与患者家属的利益,定纷止争。

2. 责任方式

本案的责任承担方式为侵权损害赔偿和精神损害赔偿。

案例6 饶某某诉厦门市第二医院医疗损害赔偿纠纷案[①]

一、基本案情

2014年10月27日,饶某某因左腰疼痛及发热已持续两天求诊于厦门市第二医院(以下简称"第二医院"),即收入医院泌尿科住院治疗。11月4日中午,医院为患者进行手术。手术后当天下午患者出现感染性休克症状,虽经紧急处理,患者病情仍然持续恶化,并于5日又转入ICU病房,后转入泌尿科病房。患者住院23天后,医院以患者病情平稳为由为其办理了出院手续。患者在出院后数天又出现发烧、左腰胀痛等多种症状,于27日再次入住第二医院,入院后医院给患者用抗感染药治疗,于12月10日为患者进

---

① 裁判法院:福建省厦门市中级人民法院。案号:(2016)闽02民终字第1164号。

行手术,12日患者再次转入ICU病房,24日,医院为患者进行第二次手术。患者住院64天后,于2015年1月30日办理了出院手续。患者自第二医院出院后未痊愈,继续前往厦门大学附属中山医院进行后续治疗。

二、诉讼过程及裁判理由

一审法院判决:厦门市第二医院应于判决生效之日起10日内赔偿饶某某各项损失共计223 876.68元;驳回饶某某其他诉讼请求。饶某某不服,提起上诉。2016年7月15日,二审法院判决:撤销厦门市集美区人民法院(2015)集民初字第1153号民事判决的第2项,即"驳回饶某某的其他诉讼请求"。变更厦门市集美区人民法院(2015)集民初字第1153号民事判决的第1项为:厦门市第二医院于本判决生效之日起10日内赔偿饶某某各项损失共计284 441.34元;驳回饶某某的其他上诉请求和原审的其他诉讼请求。

三、关联法条

《最高人民法院关于审理人身损害赔偿案件适用法律若干问题的解释》

第十九条第一款 医疗费根据医疗机构出具的医药费、住院费等收款凭证,结合病历和诊断证明等相关证据确定。赔偿义务人对治疗的必要性和合理性有异议的,应当承担相应的举证责任。

《中华人民共和国侵权责任法》

第五十四条 患者在诊疗活动中受到损害,医疗机构及其医务人员有过错的,由医疗机构承担赔偿责任。

《中华人民共和国社会保险法》

第二十九条 参保人员医疗费用中应当由基本医疗保险基金支付的部分,由社会保险经办机构与医疗机构、药品经营单位直接结算。

社会保险行政部门和卫生行政部门应当建立异地就医医疗费用结算制度,方便参保人员享受基本医疗保险待遇。

第三十条 下列医疗费用不纳入基本医疗保险基金支付范围:

(一)应当从工伤保险基金中支付的;

(二)应当由第三人负担的;

(三)应当由公共卫生负担的;

(四)在境外就医的。

医疗费用依法应当由第三人负担,第三人不支付或者无法确定第三人的,由基本医疗保险基金先行支付。基本医疗保险基金先行支付后,有权向第三人追偿。

《中华人民共和国民事诉讼法》

第一百七十条第一款第二项 第二审人民法院对上诉案件,经过审理,按照以下情

形,分别处理:

(二)原判决、裁定认定事实错误或者适用法律错误的,以判决、裁定方式依法改判、撤销或者变更。

四、争议问题

1. 医疗保险垫付费用是否要从饶某某向第二医院主张的医疗费损失中扣除?
2. 精神损害赔偿金额如何确定?

五、简要评析

1. **责任构成**

损害 本案中患者饶某某两次入住厦门市第二医院,前后经过多次手术,因手术方式选择不够恰当,未及时正确处理患者的疾病,造成患者疾病恶化,导致身体伤残。饶某某的伤残程度经福建鼎力司法鉴定中心厦门分所鉴定为八级伤残,患者的健康权受到了损害,同时给饶某某及其家庭带去精神痛苦,精神受到了损害。

行为 厦门市第二医院诊疗行为主要包括对患者饶某某的病情的确定以及在两次住院期间为其进行的三次手术。

过错 厦门市第二医院在进行诊疗时存在医疗过错。首先,在患者第一次住院期间,对于患者的病情诊断过轻,导致医院采取的首次手术方式选择不够恰当,患者的病症感染延续到其第二次住院,医院未及时正确处理患者的实际病情,延误了对患者的正确诊断及治疗。其次,医院采取的手术方式属于相对禁忌证,导致患者从第一次住院到第二次住院经历三次手术均没有改善发烧、寒战、休克等感染导致的全身症状,延误了最佳治疗时机。这最终导致患者的全身感染症状不可控,只能采取肾脓肿切除(左肾切除)的极端治疗方式,来解决全身感染的问题。

因果关系 本案因果关系明确,患者不存在转院等行为,其八级伤残的损害事实均是由厦门市第二医院进行的三次手术造成的,因果关系明确,原被告双方均无异议。

小结 本案的争议焦点在于由患者饶某某缴纳的医疗保险垫付费用是否要从患者向第二医院主张的医疗费损失中扣除。现在医疗保险基本上实现了全国的覆盖,为解决人民的看病难、看病贵的问题提供了良好途径。本案中出现的关于医疗保险费用的抵扣问题近年来逐渐增多,但法律规范并不完善。《中华人民共和国社会保险法》第三十条第二款规定,医疗费用依法应当由第三人负担,第三人不支付或者无法确定第三人的,由基本医疗保险基金先行支付。基本医疗保险基金先行支付后,有权向第三人追偿。本案中,原告的医疗保险基金并未行使追偿权。此外,医疗侵权与医疗保险历来分别由侵权法和社会保险法调整,而侵权法和社会保险法分属不同的部门法,系从不同的角度对同一事实作出规制,具有不同的立法目的,两者在效力上不存在竞合。因此,受害人的损害赔偿请求权不因其已获得社保基金而消灭。一审法院判决医疗保险垫付费用要从饶某某向第二医院主张的医疗费损失中扣除属于明显的法律适用错误。今后为应对此类事件,应在立法层面对不同体系的法律之间的竞合,出台相关解释,做到有法可依。在计算赔偿金额时,精神损害赔偿难以确定,精神损害并不像人身损害那样可以进行分级鉴定,在举证环节也存在障碍,因此最高人民法院在《最高人民法院关于确定民事侵权精神损害赔偿责任若干问题的解释》第十条规定,精神损害的赔偿数额根据侵权人的过错程度,侵害的手段、场合、行为方式,侵权行为所造成的后果,侵权人的获利情况,侵权人承担责任的经济能力,受诉法院所在地平均生活水平等具体情节予以确定。但这在司法实践中还是存在诸多问题。在我国,精神损害赔偿是以客观上造成严重后果为要件,如果侵权行为人没有在客观上造成所谓的严重后果,则即使其实施了侵权行为,也不要求其对受害人的精神损害承担赔偿责任,而对于"严重"的程度也难以界定。此外,法官的自由裁量权也缺乏相应的参照依据。这些问题不利于我国精神损害赔偿制度的有效运用,因此关于精神损害赔偿的立法还应当进一步完善。

2. 责任方式

饶某某应获得的赔偿数额为 284 441.34 元。

案例 7　郑某某诉厦门大学附属第一医院医疗损害赔偿纠纷案[①]

一、基本案情

患者郑某某生于 2008 年 12 月 14 日。2008 年 12 月 28 日,患者入厦门大学附属第一医院接受治疗,被诊断为先天性无肛患儿,因年龄过小不能直接做肛门成形术,同日接受了横结肠造瘘术,于 2009 年 1 月 9 日出院。同年 10 月 10 日患者入住被告医院小儿外科,并在 10 月 28 日接受手术。11 月 10 日出院后患者因反复高热多次入院治疗,经被告诊断存在尿路感染。2010 年 3 月 6 日,患者入住儿外科,于 3 月 10 日接受多个手术,在 3 月 16 日、17 日又进行了两次手术。2010 年 4 月 13 日,患者转院到山东大学第二医院儿外科,4 月 29 日出院。此后患者多次因发热入住被告医院进行治疗,在 12 月 6 日出院,患者出院诊断为复杂性尿路感染、呼吸道感染等多种疾病。

二、诉讼过程及裁判理由

一审法院判决:被告厦门大学附属第一医院应在本判决生效之日起十日内赔偿原告郑某某 103 471 元;驳回原告郑某某的其他诉讼请求。原告郑某某不服,提出上诉。二审法院裁定:将本案发回重新审理。再审判决:被告厦门大学附属第一医院应于本判决生效之日起十日内赔偿原告郑某某 140 019.21 元。原告郑某某不服,提出上诉。二审法院判决:变更厦门市思明区人民法院(2012)思民初字第 5349 号民事判决为,厦门

[①] 裁判法院:福建省厦门市中级人民法院。案号:(2014)厦民终字第 776 号。

大学附属第一医院应于本判决生效之日起 10 日内赔偿郑某某 177 321.06 元;驳回上诉人郑某某其他上诉请求。

三、关联法条

《中华人民共和国民法通则》

第一百零六条第二款 公民、法人由于过错侵害国家的、集体的财产,侵害他人财产、人身的,应当承担民事责任。

《医疗事故处理条例》

第四十九条 医疗事故赔偿,应当考虑下列因素,确定具体赔偿数额:

(一)医疗事故等级;

(二)医疗过失行为在医疗事故损害后果中的责任程度;

(三)医疗事故损害后果与患者原有疾病状况之间的关系。

不属于医疗事故的,医疗机构不承担赔偿责任。

第五十条 医疗事故赔偿,按照下列项目和标准计算:

(一)医疗费:按照医疗事故对患者造成的人身损害进行治疗所发生的医疗费用计算,凭据支付,但不包括原发病医疗费用。结案后确实需要继续治疗的,按照基本医疗费用支付。

(二)误工费:患者有固定收入的,按照本人因误工减少的固定收入计算,对收入高于医疗事故发生地上一年度职工年平均工资 3 倍以上的,按照 3 倍计算;无固定收入的,按照医疗事故发生地上一年度职工年平均工资计算。

(三)住院伙食补助费:按照医疗事故发生地国家机关一般工作人员的出差伙食补助标准计算。

(四)陪护费:患者住院期间需要专人陪护的,按照医疗事故发生地上一年度职工年平均工资计算。

(五)残疾生活补助费:根据伤残等级,按照医疗事故发生地居民年平均生活费计算,自定残之月起最长赔偿 30 年;但是,60 周岁以上的,不超过 15 年;70 周岁以上的,不超过 5 年。

(六)残疾用具费:因残疾需要配置补偿功能器具的,凭医疗机构证明,按照普及型器具的费用计算。

(七)丧葬费:按照医疗事故发生地规定的丧葬费补助标准计算。

(八)被扶养人生活费:以死者生前或者残疾者丧失劳动能力前实际扶养且没有劳动能力的人为限,按照其户籍所在地或者居所地居民最低生活保障标准计算。对不满 16 周岁的,扶养到 16 周岁。对年满 16 周岁但无劳动能力的,扶养 20 年;但是,60 周岁以上的,不超过 15 年;70 周岁以上的,不超过 5 年。

(九)交通费:按照患者实际必需的交通费用计算,凭据支付。

（十）住宿费：按照医疗事故发生地国家机关一般工作人员的出差住宿补助标准计算，凭据支付。

（十一）精神损害抚慰金：按照医疗事故发生地居民年平均生活费计算。造成患者死亡的，赔偿年限最长不超过 6 年；造成患者残疾的，赔偿年限最长不超过 3 年。

第五十一条　参加医疗事故处理的患者近亲属所需交通费、误工费、住宿费，参照本条例第五十条的有关规定计算，计算费用的人数不超过 2 人。

医疗事故造成患者死亡的，参加丧葬活动的患者的配偶和直系亲属所需交通费、误工费、住宿费，参照本条例第五十条的有关规定计算，计算费用的人数不超过 2 人。

第五十二条　医疗事故赔偿费用，实行一次性结算，由承担医疗事故责任的医疗机构支付。

《中华人民共和国民事诉讼法》

第六十四条第一款　当事人对自己提出的主张，有责任提供证据。

《最高人民法院关于民事诉讼证据的若干规定》

第二条　当事人对自己提出的诉讼请求所依据的事实或者反驳对方诉讼请求所依据的事实有责任提供证据加以证明。

没有证据或者证据不足以证明当事人的事实主张的，由负有举证责任的当事人承担不利后果。

四、争议问题

1. 如何认定"损害后果出现"时间，本案如何适用法律规定？

2. 哪方应承担客观举证责任？原、被告分别申请鉴定，应进行何种鉴定？如何认定已进行的鉴定的效力？

3. 如被告应承担责任，原告诉请的项目与金额是否成立？

五、简要评析

1. 责任构成

损害　本案中，原告郑某某的健康权受到损害，承受了较大痛苦，原告代理人作为原告的父母，因其子女健康权受损而承担较大的精神损害。

行为　厦门市附属第一医院对患者进行诊断，诊断结果为"先天性高位无肛"，并进行"横结肠造瘘术"对患者治疗，并在后期治疗中先后为患者进行了 4 次手术。

过错　厦门市附属第一医院第 1 次手术术前诊断明确，选择的手术方式也未违反诊疗常规，但医院忽视了手术前患者已存在"腰骶椎改变"的症状，同时医院对患者的泌尿系统畸形症状的认识存在不足，手术前安排的检查不完善，手术告知家属不到位。在第 3 次针对"泌尿系统的手术"中，同样存在手术前检查不全面的问题，选择手术适应证及手术时机均不恰当，进行的手术方式欠妥，直接导致患者不得不进行第 4 次手术，给患者造成了一定伤害。

因果关系 本案医院的过错与损害结果存在因果关系。首先,医院的第3次手术存在的过错,直接导致患者进行了第4次手术,给患者造成人身伤害和痛苦。其次,福建省医学会和厦门市医学会所出具的两份医疗鉴定报告中均认定医院的第3次手术中的过错与患者损害的发生存在因果关系,且被告并未提出异议。

小结 本案中的争议焦点在于如何对"损害后果出现"时间进行认定。在医疗侵权案件中损害结果出现的时间跨度不同。有的医疗侵权损害的发生有及时性和显著性特征,但有的侵权案件中,损害结果具有隐藏性和长期性,其损害后果会逐步加重,新的损害后果今后可能会继续出现,时间跨度较大。我们认为,认定"损害后果出现"时间首先要依据专业鉴定机构出具的鉴定书,在鉴定书未涉及时要根据患者的病历或双方提供的材料。尤其要注意的是不能够依据检查数值的不断变化来说明损害结果的发生,原因在于部分检查数值的变化,是手术后身体机能的正常反应,但损害事实并无变化。如果以患者之后病情加重的时间作为损害后果出现的时间,那么随着病情一再加重,则损害后果出现的时间也会不断变化,将无法确定损害后果何时出现。现在的法律法规中对于"损害后果出现"时间的认定没有明确规定,在认定时多依赖法官依证据的自主裁量。因此,相关机构可以出台相应的指导案例或相关法律法规加以规定。关于进行何种鉴定及其效力认定,应依照《最高人民法院关于参照〈医疗事故处理条例〉审理医疗纠纷民事案件的通知》第二条的规定:根据当事人的申请或者依职权决定进行医疗事故司法鉴定的,交由条例所规定的医学会组织鉴定。本案中的精神损害赔偿参考了伤残等级鉴定,伤残等级越高,精神损害赔偿越高。但医院的医疗行为只构成了四级医疗事故,参照《医疗事故分级标准(试行)》,四级医疗事故没有对应伤残等级。另外,根据《医疗事故处理条例》的规定,只有造成死亡和伤残结果的才有精神损害抚慰金的赔付,故法院驳回了原告关于精神损害赔偿的主张。但是,本案中的患者为婴儿,本身较之其他患者具有较弱的抵抗力和痛苦承受力,其代理人在面对婴儿健康权受损时感情损害较大,法院在审理时应适当考虑这一实际情况,对精神损害赔偿请求应适当支持。

2. 责任方式

本案的责任承担方式为医疗损害赔偿和精神损害赔偿。其中医疗费用为133 601.6元;住院伙食补助费应为177天×60元/天=10 620元;住院陪护费应相应调整,即177天×154元/天×2人=54 516元;精神损害抚慰金为3 000元。

案例8 原告王某诉被告孙某离婚案[①]

一、基本案情

王某主张夫妻感情破裂要求与孙某离婚,孙某主张王某以停止续费方式废弃人体冷

---

① 裁判法院:江苏省南京市玄武区人民法院。案号:(2017)苏0102民初字第4549号。

冻胚胎行为为侵权行为请求精神损害赔偿。2014年年底,夫妻双方合意在美国某州立医院做了辅助生殖手术,从被告身上提取了13个卵子,经人工授精6个胚胎存活,对其中的1个胚胎进行了移植,因女方流产而未能怀孕成功。另外5个胚胎,双方委托美国某州立医院储存保管。2015年2月,女方离开美国回到国内工作,双方开始分居。2016年7月,男方起诉离婚未获法院准许。2017年6月男方再次起诉要求离婚。原告对婚姻感到失望而对在美国医院保管的双方的人体冷冻胚胎停止续费,被告得知冷冻胚胎因男方未续费而遭医院废弃,认为男方构成侵权,要求男方支付精神损害抚慰金5万元。法院经审理准予双方离婚。①

二、诉讼过程及裁判理由

一审判决:原、被告感情确已破裂,准予双方离婚;对夫妻共同财产进行了分割;原告需支付被告精神损害抚慰金3万元。

三、关联法条

《中华人民共和国人口与计划生育法》

第十七条 公民有生育的权利,也有依法实行计划生育的义务,夫妻双方在实行计划生育中负有共同的责任。

《中华人民共和国侵权责任法》

第六条 行为人因过错侵害他人民事权益,应当承担侵权责任。

根据法律规定推定行为人有过错,行为人不能证明自己没有过错的,应当承担侵权责任。

《最高人民法院关于确定民事侵权精神损害赔偿责任若干问题的解释》

第十条 精神损害的赔偿数额根据以下因素确定:

(一)侵权人的过错程度,法律另有规定的除外;

(二)侵害的手段、场合、行为方式等具体情节;

(三)侵权行为所造成的后果;

(四)侵权人的获利情况;

(五)侵权人承担责任的经济能力;

(六)受诉法院所在地平均生活水平。

法律、行政法规对残疾赔偿金、死亡赔偿金等有明确规定的,适用法律、行政法规的规定。

四、争议问题

1. 胚胎的法律定性如何确定?

---

① 杨立新:《单方废弃夫妻共有的人体胚胎之侵权责任认定》,《法律适用》(微信公众号)2018年第9期。

2. 被告能否以原告废弃胚胎而主张精神损害赔偿?

五、简要评析

1. 责任构成

损害 被告对婚姻的珍视程度很高。2016年第1次离婚诉讼中,原告表示被告如同意离婚,夫妻共同房产可归被告所有。但被告不为所动,表示多年的感情不容易,希望法院判不离,哪怕下次真要离婚了财产少分些也不后悔。一般地说,对婚姻越留恋,对胚胎也越在意。此外,被告已36周岁,做母亲的愿望强烈,对胚胎也寄予了更多的希望。从中可以看出,被告因原告废弃胚胎所导致的痛苦程度之深。

行为 原告两次向法院起诉离婚,并在审判期间对在美国医院保管的双方的人体冷冻胚胎停止续费,导致冷冻胚胎因男方未续费而遭医院废弃。

过错 因生育行为需要具备一定的生理、健康条件并存在生育风险,生育任务主要由妇女承担,妇女承担了更多的生理风险及心理压力。所以,当夫妻生育权发生冲突时,侧重于对妇女权益的特殊保护,女方可以自行决定是否终止妊娠,但男方不能单方处置冷冻胚胎。男方不当处置胚胎的行为,构成了对被告身体权、健康权和生育知情权的侵害。

因果关系 男方在未通知女方的情况下终止交费,等同于单方废弃胚胎,冷冻胚胎的废弃,构成了对被告身体权、健康权和生育知情权的侵害,行为与结果之间存在因果关系。

小结 本案涉及两个争议焦点:其一为胚胎的法律定性,其二为被告能否以原告废弃胚胎为由主张精神损害赔偿。首先,关于胚胎的法律定性。随着科技的发展,出现了越来越多关于生育方面的问题,比如克隆问题、代孕问题、冷冻胚胎问题等。由于这些新领域不止涉及法律问题,还涉及伦理、道德、情感等,这对法院和法官提出了挑战。关于冷冻胚胎的法律属性,我国法律对此并未有明确规定。理论上的观点有主体说、客体说和折中说。主体说认为胚胎是人,客体说认为胚胎属物,而折中说认为冷冻胚胎是介于人和物之间特殊之物。[①] 不同于胎儿利益的保护,胚胎未成为生命体,不具有生命的体征,故而对冷冻胚胎的保护程度与保护范围未曾达成共识。本案中,法院依法理确认胚胎是带有情感因素的特殊的物。[②] 法院首次将冷冻胚胎定性为物,属于一大创举,解决了长期以来胚胎定性不明的问题,将有利于确立冷冻胚胎法律地位及完善保护措施。此外,法院认为原告单方废弃胚胎,构成了对被告身体权、健康权和生育知情权的侵害,并将被告为形成胚胎所作的努力视为原告废弃冷冻胚胎所造成的损害,男方单方废弃胚胎,使女方在服药促排卵以及取卵过程中的痛苦和损害不能得到回报。法院的判决理由

---

① 陈文军:《丈夫废弃冷冻胚胎案件中的侵权责任认定》,《法律适用》(微信公众号)2018年第9期。
② 杨立新:《单方废弃夫妻共有的人体胚胎之侵权责任认定》,《法律适用》(微信公众号)2018年第9期。

为具体损害的确定提供了事实依据,具有明显的进步意义。其次,关于被告能否以原告废弃胚胎而主张精神损害赔偿。根据《中华人民共和国婚姻法》(以下简称《婚姻法》)第四十六条:"有下列情形之一,导致离婚的,无过错方有权请求损害赔偿:(一)重婚的;(二)有配偶者与他人同居的;(三)实施家庭暴力的;(四)虐待、遗弃家庭成员的。"法律实务中因该第四十六条规定的范围较窄,故一些理论损害赔偿无法实现,而本案中原告废弃冷冻胚胎的情形并不属于可以主张离婚损害赔偿的情形之一。根据《最高人民法院关于确定民事侵权精神损害赔偿责任若干问题的解释》第四条:"具有人格象征意义的特定纪念物品,因侵权行为而永久性灭失或者毁损,物品所有人以侵权为由,向人民法院起诉请求赔偿精神损害的,人民法院应当依法予以受理。"冷冻胚胎其中就包含着重要的人格象征意义,因而可以据此主张精神损害赔偿。那么,问题在于法院在支持被告对于精神损害赔偿的诉请时能否突破《婚姻法》第四十六条的限制呢?① 《婚姻法》第四十六条适用的四种情形,必须是导致夫妻双方离婚的理由。本案中,原告废弃胚胎发生在夫妻关系确已破裂之后,因此被告请求损害赔偿不受该条限制。被告的精神损害赔偿请求符合《最高人民法院关于确定民事侵权精神损害赔偿责任若干问题的解释》第四条的规定,因此法院支持原告对于精神损害的诉请并未突破《婚姻法》第四十六条的限制。

2. 责任方式

本案主要为精神损害赔偿。关于损害赔偿,因双方在辅助生殖手术中投入不对等,被告处于弱势地位,基于公平正义观念和照顾妇女权益的原则,一审判决酌定赔偿数额为3万元。

第二节 行 为

案例9 孙某诉北京伯华中医诊所有限公司医疗损害责任纠纷案②

一、基本案情

患者孙某于2010年1月3日起到北京佰华中医诊所有限公司(以下简称"伯华诊所")治疗,根据原告就诊处方记载,病症包括患类风湿关节炎15年,今年夏季疼痛加重,膝肿,脾胃不和,小关节游走性疼痛等,接诊医生阮某某以中药内服汤剂、药酒及外敷等方式为原告进行治疗至2011年4月(未建立门诊病历),其间已有明显成效。2011年二三月份,阮某某通过口头方式,以及在伯华诊所就诊过程中建议孙某练习太极拳以治疗其类风湿关节炎(未告知练习注意事项),并为其推荐所熟识的道生堂太极馆。后在

---

① 陈文军:《丈夫废弃冷冻胚胎案件中的侵权责任认定》,《法律适用》(微信公众号)2018年第9期。
② 裁判法院:北京市西城区人民法院。案号:(2014)西民初字第23795号。

2011年9月22日,孙某在中国中医科学院望京医院门诊治疗类风湿性关节炎时,被告知其右膝关节损伤与练习太极拳有关,并被要求立刻停止练习太极拳。

二、诉讼过程及裁判理由

孙某以医生阮某某诊疗存在过错将其诉至北京市西城区人民法院。法院认为,患者在诊疗活动中受到损害,医疗机构及其医务人员有过错的,由医疗机构承担赔偿责任。法院委托进行的司法鉴定,当事人对于鉴定意见没有足以反驳的相关证据和理由的,可以认定其证明力。法院认定,原告练习太极拳的行为属于诊疗活动,且发生于伯华诊所的诊疗活动中。原告孙某及伯华诊所不服,均提出上诉。2014年7月30日,北京市第二中级人民法院作出裁定:撤销一审判决,发回重审。2016年12月30日,法院重审判决如下:本判决生效之日起10日内,被告北京伯华中医诊所有限公司赔偿原告孙某医疗费、残疾辅助器具费、误工费、护理费、住院伙食补助费、营养费、交通费、诉讼相关费用、残疾赔偿金、道生堂太极馆的会员费等共计150 178.82元,精神损害抚慰金10 000元;驳回原告孙某的其他诉讼请求。

三、关联法条

《中华人民共和国侵权责任法》

第五十四条 患者在诊疗活动中受到损害,医疗机构及其医务人员有过错的,由医疗机构承担赔偿责任。

《最高人民法院关于审理人身损害赔偿案件适用法律若干问题的解释》

第十七条 受害人遭受人身损害,因就医治疗支出的各项费用以及因误工减少的收入,包括医疗费、误工费、护理费、交通费、住宿费、住院伙食补助费、必要的营养费,赔偿义务人应当予以赔偿。

受害人因伤致残的,其因增加生活上需要所支出的必要费用以及因丧失劳动能力导致的收入损失,包括残疾赔偿金、残疾辅助器具费、被扶养人生活费,以及因康复护理、继续治疗实际发生的必要的康复费、护理费、后续治疗费,赔偿义务人也应当予以赔偿。

受害人死亡的,赔偿义务人除应当根据抢救治疗情况赔偿本条第一款规定的相关费用外,还应当赔偿丧葬费、被扶养人生活费、死亡补偿费以及受害人亲属办理丧葬事宜支出的交通费、住宿费和误工损失等其他合理费用。

第十八条 受害人或者死者近亲属遭受精神损害,赔偿权利人向人民法院请求赔偿精神损害抚慰金的,适用《最高人民法院关于确定民事侵权精神损害赔偿责任若干问题的解释》予以确定。

精神损害抚慰金的请求权,不得让与或者继承。但赔偿义务人已经以书面方式承诺给予金钱赔偿,或者赔偿权利人已经向人民法院起诉的除外。

第十九条 医疗费根据医疗机构出具的医药费、住院费等收款凭证,结合病历和诊断证明等相关证据确定。赔偿义务人对治疗的必要性和合理性有异议的,应当承担相应的举证责任。

医疗费的赔偿数额,按照一审法庭辩论终结前实际发生的数额确定。器官功能恢复训练所必要的康复费、适当的整容费以及其他后续治疗费,赔偿权利人可以待实际发生后另行起诉。但根据医疗证明或者鉴定结论确定必然发生的费用,可以与已经发生的医疗费一并予以赔偿。

第二十条 误工费根据受害人的误工时间和收入状况确定。

误工时间根据受害人接受治疗的医疗机构出具的证明确定。受害人因伤致残持续误工的,误工时间可以计算至定残日前一天。

受害人有固定收入的,误工费按照实际减少的收入计算。受害人无固定收入的,按照其最近三年的平均收入计算;受害人不能举证证明其最近三年的平均收入状况的,可以参照受诉法院所在地相同或者相近行业上一年度职工的平均工资计算。

第二十一条 护理费根据护理人员的收入状况和护理人数、护理期限确定。

护理人员有收入的,参照误工费的规定计算;护理人员没有收入或者雇佣护工的,参照当地护工从事同等级别护理的劳务报酬标准计算。护理人员原则上为一人,但医疗机构或者鉴定机构有明确意见的,可以参照确定护理人员人数。

护理期限应计算至受害人恢复生活自理能力时止。受害人因残疾不能恢复生活自理能力的,可以根据其年龄、健康状况等因素确定合理的护理期限,但最长不超过二十年。

受害人定残后的护理,应当根据其护理依赖程度并结合配制残疾辅助器具的情况确定护理级别。

第二十二条 交通费根据受害人及其必要的陪护人员因就医或者转院治疗实际发生的费用计算。交通费应当以正式票据为凭;有关凭据应当与就医地点、时间、人数、次数相符合。

第二十三条 住院伙食补助费可以参照当地国家机关一般工作人员的出差伙食补助标准予以确定。

受害人确有必要到外地治疗,因客观原因不能住院,受害人本人及其陪护人员实际发生的住宿费和伙食费,其合理部分应予赔偿。

第二十四条 营养费根据受害人伤残情况参照医疗机构的意见确定。

第二十五条 残疾赔偿金根据受害人丧失劳动能力程度或者伤残等级,按照受诉法院所在地上一年度城镇居民人均可支配收入或者农村居民人均纯收入标准,自定残之日起按二十年计算。但六十周岁以上的,年龄每增加一岁减少一年;七十五周岁以上的,按五年计算。

受害人因伤致残但实际收入没有减少,或者伤残等级较轻但造成职业妨害严重影响其劳动就业的,可以对残疾赔偿金作相应调整。

第二十六条　残疾辅助器具费按照普通适用器具的合理费用标准计算。伤情有特殊需要的,可以参照辅助器具配制机构的意见确定相应的合理费用标准。

辅助器具的更换周期和赔偿期限参照配制机构的意见确定。

《最高人民法院关于确定民事侵权精神损害赔偿责任若干问题的解释》

第八条　因侵权致人精神损害,但未造成严重后果,受害人请求赔偿精神损害的,一般不予支持,人民法院可以根据情形判令侵权人停止侵害、恢复名誉、消除影响、赔礼道歉。

因侵权致人精神损害,造成严重后果的,人民法院除判令侵权人承担停止侵害、恢复名誉、消除影响、赔礼道歉等民事责任外,可以根据受害人一方的请求判令其赔偿相应的精神损害抚慰金。

第十条　精神损害的赔偿数额根据以下因素确定:

(一)侵权人的过错程度,法律另有规定的除外;
(二)侵害的手段、场合、行为方式等具体情节;
(三)侵权行为所造成的后果;
(四)侵权人的获利情况;
(五)侵权人承担责任的经济能力;
(六)受诉法院所在地平均生活水平。

法律、行政法规对残疾赔偿金、死亡赔偿金等有明确规定的,适用法律、行政法规的规定。

四、争议问题

1. 原告练习太极拳的行为是否属于诊疗活动?
2. 上述诊疗行为是否存在过错?
3. 医疗过错行为是否与损害后果相关以及关联程度如何?

五、简要评析

1. 责任构成

损害　原告在太极拳练习后,出现了右膝关节类风湿性关节炎:大量滑膜增生,关节软骨破坏伴骨髓水肿、双侧半月板碎裂、右膝关节中等量积液等损害事实。

行为　2010年1月3日起到原告到被告伯华诊所处对类风湿关节炎进行治疗,接诊医生阮某某以中药内服汤剂、药酒及外敷等方式为原告进行治疗。二三月份,阮某某医生通过口头方式,以及在伯华诊所就诊过程中对原告予以练习太极拳的建议,并将其推荐到其所熟识的道生堂太极馆。

过错　首先,伯华诊所的医生在对原告的诊疗过程中未在建议原告练习太极拳的同时辅以规范和整体治疗以及充分的风险告知,属于告知不充分的过错。其次,练习太极拳时使用双膝屈曲用力活动较多,对原告原有膝部病变不利。最后,伯华诊所在对原告进行诊疗的过程中未形成门诊病历,违反了诊疗规范。

因果关系 原告在其膝部病症经治疗后缓解时,较为长期的在固定培训机构练习太极拳,在练习太极拳时使用双膝屈曲用力活动较多,增加了滑液的数量,对原有破坏性病变产生了促进和加重作用,医方对患者提出的练习太极拳的建议与患者的损害后果之间存在一定的因果关系。

小结 关于练习太极拳的行为是否属于诊疗活动,国家中医药管理局以及原卫生部曾经在多个涉及中医医师、护理人员培训等方面的文件中,将太极拳纳入中医养生保健范畴。此外,根据《医疗机构管理条例实施细则》第八十八条规定,诊疗活动是指通过各种检查,使用药物、器械及手术等方法,对疾病作出判断和消除疾病、缓解病情、减轻痛苦、改善功能、延长生命、帮助患者恢复健康的活动。据此可以认定,医生指导患者练习太极拳的行为为"恢复健康的活动"。本案中,伯华诊所的医生虽然未亲自指导、教授原告练习太极拳,但根据原告的病情将其推荐至该医生熟识的太极拳培训机构学习、练习太极拳,并经常与原告沟通练习情况,该行为应当属于诊疗行为。

2. 责任方式

赔偿损失:被告北京伯华中医诊所有限公司赔偿原告孙某医疗费、残疾辅助器具费、误工费、护理费、住院伙食补助费、营养费、交通费、诉讼相关费用、残疾赔偿金、道生堂太极馆的会员费等共计 150 178.82 元,精神损害抚慰金 10 000 元。

案例 10 中国人民武装警察部队总医院诉赵某某等医疗损害责任纠纷案[①]

一、基本案情

2012 年 5 月 9 日,患者李某某因"头痛头晕 1 月,步态不稳、反应迟钝 10 余天"入中国人民武装警察部队总医院(以下简称"武警医院")治疗。[②] 2012 年 5 月 9 日患者入武警医院神经创伤外科治疗,初步诊断为鞍区占位、脑积水,经武警医院向患者家属交代病情和诊疗方案并告知手术治疗术中术后患者可能心脑意外,严重可死亡等手术治疗的相关风险及并发症,经知情同意后于 2012 年 5 月 17 日在全麻下行"冠状切口右额开颅纵裂入路鞍区肿瘤切除术"(术前医方未行脑血管造影检查,术中存在大出血症状),术后转入 ICU 病房,给予脱水降颅压、营养脑细胞、促醒抗感染等治疗。2012 年 5 月 18 日患者神志仍然昏迷,直至 5 月 24 日患者病情发生变化,于 4 时死亡。

---

① 裁判法院:北京市第一中级人民法院。案号:(2015)一中民终字第 04746 号。
② 患者 2002 年、2007 年、2009 年因"鞍区占位"行伽马刀治疗;2004 年行"甲状腺肿瘤切除术",术后病理为恶性;2011 年行"经鼻蝶鞍区占位切除术",术后病理为"脊索瘤"。

二、诉讼过程及裁判理由

患者家属以武警医院"术前未经过脑血管造影检查,以简单粗暴的手术对患者进行治疗,导致术中大出血"为由将之诉至北京市海淀区人民法院。法院认为,因医疗机构的医疗行为而构成侵权的,患者要求医疗机构承担民事责任必须满足如下条件:患者受到损害,患者受到的损害是由医疗行为引起或者两者之间存在因果关系,医疗机构在实施医疗行为时主观上存在过错,行为具有违法性。本案中,经过合法鉴定,结论为:武警医院在对李某某的诊疗行为中存在过失行为,行为与损害后果之间存在因果关系,医疗过失的参与度考虑为C级。因此一审法院判决:中国人民武装警察部队总医院于本判决生效后7日内赔偿赵某成、赵某、李某莹丧葬费、住宿费、交通费、必要的营养费、快递费、复印费、医疗费、误工费、住院伙食补助费、死亡赔偿金、尸检费、鉴定费、被扶养人生活费共计254 320元、精神损失费50 000元。武警医院不服此判决,于2015年6月向北京市第一中级人民法院提起上诉。2015年12月11日,二审法院认为,无法确定武警医院存在医疗过错、侵权行为及侵权行为与损害后果之间的因果关系,因此判决:撤销北京市海淀区人民法院(2012)海民初字第17648号民事判决;驳回赵某成、李某莹的全部诉讼请求。

三、关联法条

《中华人民共和国侵权责任法》

第五十四条　患者在诊疗活动中受到损害,医疗机构及其医务人员有过错的,由医疗机构承担赔偿责任。

第五十七条　医务人员在诊疗活动中未尽到与当时的医疗水平相应的诊疗义务,造成患者损害的,医疗机构应当承担赔偿责任。

《司法鉴定程序通则》

第二十二条　司法鉴定人进行鉴定,应当依下列顺序遵守和采用该专业领域的技术标准和技术规范:

(一)国家标准和技术规范;

(二)司法鉴定主管部门、司法鉴定行业组织或者相关行业主管部门制定的行业标准和技术规范;

(三)该专业领域多数专家认可的技术标准和技术规范。

不具备前款规定的技术标准和技术规范的,可以采用所属司法鉴定机构自行制定的有关技术规范。

四、争议问题

鉴定意见中关于武警医院的诊疗过失行为、该行为与损害之间的因果关系及过错的认定是否存在相应的依据?

五、简要评析

1. 责任构成

损害 2012年5月9日,患者李某某因"头痛头晕1月,步态不稳、反应迟钝10余天"入武警医院治疗,5月18日以后患者神志昏迷,中间又经过多次治疗,直至5月24日凌晨4时死亡。

行为 2012年5月17日患者在全麻下行"冠状切口右额开颅纵裂入路鞍区肿瘤切除术",术后转入ICU病房,给予脱水降颅压、营养脑细胞、促醒抗感染等治疗。5月18日患者神志昏迷,在患者死亡之前经过了多次治疗。

过错 首先,本案中患者李某某在进入武警医院时已有脑积水、视觉功能障碍等症状,且其已经经过三次伽马刀及一次手术均未治好,病情已十分危重,如不进行手术,预后凶险;如进行手术,术中术后的风险、并发症亦危及生存,故是否手术只能是两害相权取其轻的选择,而不是全无风险的选择。虽术后李某某不幸离世,但医方已尽到相应的告知义务及规范要求的治疗检查义务,患者死亡系其自身疾病及目前医疗水平发展的局限所致,不能仅以此结果推定医方存在过错。其次,关于医方是否有未尽到术前脑血管造影检查而致使大出血后果的过错,本案中,鉴定意见已经明确关于脊索瘤手术,目前尚无临床技术操作规范,手术操作尚无专家共识,而本案鉴定机构以个别临床医生的意见作为衡量武警医院注意义务的标准,不具有法律依据,过错的评判不能以个别医生的标准作为依据。

因果关系 患者李某某的死亡与脊索瘤术中出血有关,故在审查因果关系时需要明确鉴定意见认定的武警医院未进行脑血管造影检查与患者李某某术中出血、术后死亡之间的关联性。在二审对鉴定中心人员进行询问的过程中,鉴定中心人员认为:"不能肯定判断行脑血管造影是否能避免出血或多大程度上能避免出血,未行脑血管造影可能增加手术出血的风险,鉴定机构不能肯定判断术前行脑血管造影是否能避免死亡。"鉴定意见所作"不能判断""增加风险""不能肯定判断"的表述都不属于侵权责任法对存在因果关系的认定。

小结 患者家属指出医疗机构因未在开颅手术前对患者进行脑血管造影检查,致使医生对大出血情况的预知不明,医方存在不作为的医疗过失侵权。确定不作为侵权行为的前提是行为人负有特定的作为义务,这种特定的作为义务是法律所要求的具体义务。特定的作为义务的来源为法律的直接规定、来自业务上或者职务上的要求和来自行为人先前的行为。具体到医疗侵权领域,应以医疗卫生管理法律、行政法规、部门规章和诊疗护理规范作为判断法定作为义务的来源。法律规定的医务人员的义务包括:执业医疗义务、不加重患者病情义务、说明告知义务、转诊义务、紧急治疗义务、医疗危险注意义务等。另外,根据《司法鉴定程序通则》第二十二条规定:"司法鉴定人进行鉴定,应当依下列顺序遵守和采用该专业领域的技术标准和技术规范:(一)国家标准和技术规范;(二)司法鉴定主管部门、司法鉴定行业组织或者相关行业主管部门制定的行业标准和技术规范;(三)该专业领域多数专家认可的技术标准和技术规范。不具备前款规定的技术标准和技术规范的,可以采用所属司法鉴定机构自行制定的有关技术规范。"本案中的脊索瘤手术尚未形成该领域内专家共识,亦无相应诊疗规范依据,鉴定机构以个别医生的临床经验作为评判标准,显然不具有可信力,若以此作为判断法定作为义务的来源,将会有损法律的可预见性和稳定性。

2. 责任方式

本案无法确定武警医院存在医疗过错、侵权行为及侵权行为与损害后果之间的因果关系,故原审原告赵某成、赵某、李某莹提出的诉讼请求无事实和法律依据,武警医院不需要承担侵权责任。

案例 11 杜某诉宜昌市第三人民医院医疗服务合同案[①]

一、基本案情

原告因医院未对其提供产前诊断的有关指导和建议,致使其产下缺陷婴儿诉请医院承担精神损害赔偿责任。2003 年 10 月 6 日,原告到被告处进行孕期初诊,被告为原告建立了《宜昌市孕产妇系统保健手册》(以下简称《保健手册》)。对《保健手册》上孕期检查记录的项目,被告基本作了检查,但对尿蛋白未作检查,亦未进行高危评分。《保健手册》第 13 页印制了孕期危险因素评分表。根据该表,原告年龄超过 35 岁应评 15 分,体重超过 70 公斤应评 15 分。《保健手册》第 26 页印制了如何及早知道宝宝是否患有先天愚型(即 21 三体综合征)的内容,但未列明五种应做产前诊断的孕妇情形。在宜昌市卫生局制作的《保健手册》第 26 页上,印有关于先天愚型筛查的普及宣传资料。原告身为孕妇,未按要求仔细阅读《保健手册》上的内容。2004 年 3 月 4 日,原告在被告处住院并剖宫产下其子姚某。分娩记录上记载手术指征为羊水过少,生产时症状为早破水。2005 年 7 月 7 日,姚某经宜昌市妇幼保健院检查,初步诊断为 21 三体综合征。杜某遂于 2005 年 7 月诉至一审法院,请求判令被告赔偿抚养费、教育费、医疗费等共计 49.54 万元。[②]

二、诉讼过程及裁判理由

一审法院认为,在宜昌市卫生局制作的《保健手册》第 26 页上,印有关于先天愚型筛查的普及宣传资料。原告身为孕妇,未按要求仔细阅读《保健手册》上的内容,自身存在疏忽大意的过失。原告在被告处进行孕产保健,被告为原告建立了《保健手册》,原、被告

[①] 裁判法院:湖北省宜昌市中级人民法院。案号:(2006)宜中民一终字第 118 号。
[②] 转引自《最高法观点:医生检查过失导致缺陷婴儿出生,可否主张侵权损害赔偿》,《法信》第 784 期。

即建立了以《保健手册》上载明的医疗保健项目为主要内容的服务合同关系。被告未按《保健手册》上规定的项目给原告做尿蛋白等检查和高危评分虽然属于未完全履行合同义务的违约行为,但该行为与筛查先天愚型胎儿没有因果关系,且《保健手册》记载原告未接触过可能导致胎儿先天缺陷的物质。故一审判决:驳回原告杜某的诉讼请求。杜某不服,提起上诉。二审法院认为,虽然上诉人杜某提出宜昌市第三人民医院(以下简称"三医院")在对其进行产前检查时,存在违反《保健手册》的约定属实,但三医院未按《保健手册》中规定的项目对杜某进行全面检查与其产下先天愚型的患儿没有因果关系。而三医院没有书面对杜某进行产前诊断的有关指导和建议,对于杜某产下21三体综合征的姚某存在一定的过错,应承担相应的责任。另外,杜某疏于阅读、了解《保健手册》中所附筛查先天愚型的宣传资料和进行产前诊断咨询,亦有责任。故二审判决:撤销宜昌市三峡坝区人民法院(2005)三民初字第171号民事判决;宜昌市第三人民医院补偿杜某50 000元。

三、关联法条

《中华人民共和国民事诉讼法》

第一百五十三条第一款第(二)项　第二审人民法院对上诉案件,经过审理,按照下列情形,分别处理:

(二)原判决适用法律错误的,依法改判。

《中华人民共和国合同法》

第六十条第一款　当事人应当按照约定全面履行自己的义务。

第一百零七条　当事人一方不履行合同义务或者履行合同义务不符合约定的,应当承担继续履行、采取补救措施或者赔偿损失等违约责任。

四、争议问题

医院是否侵犯了患者的知情权与选择权?

五、简要评析[①]

1. 责任构成

损害　杜某产下先天愚型的患儿。2005年7月7日,姚某经宜昌市妇幼保健院检查,初步诊断为21三体综合征。缺陷婴儿将会给父母带来内心的压力以及使其成长面临各种痛楚。

行为　因为医生检查中的过失,孕妇没有选择实施堕胎手术而生下缺陷婴儿。医院未给予相关指导和建议,侵犯了患者的生育选择权。

---

① 转引自《最高法观点:医生检查过失导致缺陷婴儿出生,可否主张侵权损害赔偿》,《法信》第784期。

过错 三医院没有书面对杜某进行产前诊断的有关指导和建议,对于杜某产下患有21三体综合征的姚某存在一定的过错,应承担相应的责任。

因果关系 虽然上诉人杜某提出三医院在对其进行产前检查时,存在违反《保健手册》的约定属实,但三医院未按《保健手册》中规定的项目对杜某进行全面检查与其产下先天愚型的患儿没有因果关系。

小结 本案的主要争议焦点为医院是否侵犯了患者的知情权与选择权。根据一项研究结果,已知可预防的出生缺陷根据其发生原因可分为三类:第一类是遗传因素,多基因缺陷如先天性心脏病、神经管畸形和唇腭裂等。第二类是孕期微量营养素的缺乏,主要指碘缺乏和叶酸缺乏,碘缺乏造成地方性克汀病,叶酸缺乏造成神经管畸形。第三类是致畸因素,重要的有孕期感染,许多病毒感染在孕前3个月到孕初3个月可导致卵子畸变,胎儿畸形,发生越早对胎儿损害越大。缺陷婴儿的出生目前来说我们是无法杜绝的,但是可以做好相应的预防工作,比如说孕期检查,就是其中一项重要措施。此外,孕妇依法享有婴儿身体健康状况的知情权以及选择权,因此医院必须将婴儿的健康状况以及相关的注意事项告知患者。而本案中,宜昌市第三人民医院没有书面对杜某进行产前指导和建议,对于杜某产下21三体综合征的姚某存在一定的过错。缺陷婴儿的出生,无论是对婴儿家庭还是对整个社会,都将带来很大的负担,而且对婴儿本身的成长也会产生巨大的影响。因此法院基于基本案件事实,判定医院承担相应的精神损害赔偿,是合情合理合法的。

2. 责任方式

本案主要为精神损害赔偿,宜昌市第三人民医院补偿杜某50 000元。

案例12 内乡县中医院与范某生、王某某、张某、范某含医疗损害赔偿纠纷案①

一、基本案情

范某生、王某某、张某、范某含因内乡县中医院存在医疗损害行为告内乡县中医院。2008年5月5日22时15分,范某岳因交通事故受伤而入住内乡县中医院治疗,因家属要求,内乡县中医院同意,患者范某岳于2008年5月5日23时45分转至内乡县第二人民医院治疗,经抢救无效,范某岳于24时45分临床死亡。2009年7月1日,南阳市医学会作出了〔2009〕044号医疗事故技术鉴定书,其结论为:医方存在一定医疗过失行为,医方的医疗过失行为与患者的死亡有因果关系,故医方负次要责任。对于该鉴定结论,被告内乡县中医院不服,提出再次鉴定申请。2009年9月25日,河南省医学会作出了〔2009〕067号医疗事故技术鉴定书,其结论为医院存在过失行为,医疗的过失行为与患

---

① 裁判法院:河南省高级人民法院。案号:(2011)豫法民申字第00680号。

者最终死亡有一定的因果关系,医方承担次要责任。

二、诉讼过程及裁判理由

一审法院判决:被告内乡县中医院于判决生效后五日内赔偿给4原告因范某岳死亡的丧葬费、死亡赔偿金、被扶养人生活费等共计 224 207 元;被告内乡县中医院于判决生效后五日内赔偿给4原告因范某岳死亡的精神损害抚慰金 35 348 元。内乡县中医院不服,提起上诉。2010 年 12 月 17 日,二审法院判决:撤销内乡县人民法院(2009)内法民初字第 150 号民事判决;上诉人内乡县中医院于本判决生效后五日内赔偿四被上诉人因范某岳死亡的丧葬费、死亡赔偿金、被扶养人生活费等共计 149 472 元;上诉人内乡县中医院于本判决生效后五日内赔偿四被上诉人因范某岳死亡的精神损害抚慰金 17 674 元。内乡县中医院不服,申请再审。2011 年 9 月 28 日,再审法院裁定:驳回内乡县中医院的再审申请。

三、关联法条

《中华人民共和国民法通则》

第一百一十九条　侵害公民身体造成伤害的,应当赔偿医疗费、因误工减少的收入、残废者生活补助费等费用;造成死亡的,并应当支付丧葬费、死者生前扶养的人必要的生活费等费用。

《医疗事故处理条例》

第五十条　医疗事故赔偿,按照下列项目和标准计算:

(一) 医疗费:按照医疗事故对患者造成的人身损害进行治疗所发生的医疗费用计算,凭据支付,但不包括原发病医疗费用。结案后确实需要继续治疗的,按照基本医疗费用支付。

(二) 误工费:患者有固定收入的,按照本人因误工减少的固定收入计算,对收入高于医疗事故发生地上一年度职工年平均工资 3 倍以上的,按照 3 倍计算;无固定收入的,按照医疗事故发生地上一年度职工年平均工资计算。

(三) 住院伙食补助费:按照医疗事故发生地国家机关一般工作人员的出差伙食补助标准计算。

(四) 陪护费:患者住院期间需要专人陪护的,按照医疗事故发生地上一年度职工年平均工资计算。

(五) 残疾生活补助费:根据伤残等级,按照医疗事故发生地居民年平均生活费计算,自定残之月起最长赔偿 30 年;但是,60 周岁以上的,不超过 15 年;70 周岁以上的,不超过 5 年。

(六) 残疾用具费:因残疾需要配置补偿功能器具的,凭医疗机构证明,按照普及型器具的费用计算。

（七）丧葬费：按照医疗事故发生地规定的丧葬费补助标准计算。

（八）被扶养人生活费：以死者生前或者残疾者丧失劳动能力前实际扶养且没有劳动能力的人为限，按照其户籍所在地或者居所地居民最低生活保障标准计算。对不满16周岁的，扶养到16周岁。对年满16周岁但无劳动能力的，扶养20年；但是，60周岁以上的，不超过15年；70周岁以上的，不超过5年。

（九）交通费：按照患者实际必需的交通费用计算，凭据支付。

（十）住宿费：按照医疗事故发生地国家机关一般工作人员的出差住宿补助标准计算，凭据支付。

（十一）精神损害抚慰金：按照医疗事故发生地居民年平均生活费计算。造成患者死亡的，赔偿年限最长不超过6年；造成患者残疾的，赔偿年限最长不超过3年。

《最高人民法院关于审理人身损害赔偿案件适用法律若干问题的解释》

第三条　二人以上共同故意或者共同过失致人损害，或者虽无共同故意、共同过失，但其侵害行为直接结合发生同一损害后果的，构成共同侵权，应当依照民法通则第一百三十条规定承担连带责任。

二人以上没有共同故意或者共同过失，但其分别实施的数个行为间接结合发生同一损害后果的，应当根据过失大小或者原因力比例各自承担相应的赔偿责任。

四、争议问题

1. 医院的医疗行为是否存在过错？
2. 过错责任比例如何分配？
3. 是否应当追加内乡县第二人民医院为共同被告？
4. 肇事司机的赔偿是否可以免除医院的赔偿责任？

五、简要评析

1. 责任构成

损害　患者范某岳因交通事故在上诉人内乡县中医院接受救治，后转院至内乡县第二人民医院，经抢救无效死亡。

行为　2009年9月25日，河南省医学会（下称"省医学会"）作出〔2009〕067号医疗事故技术鉴定书，结论为：医方对严重复合组织损伤认识不足，对创伤的救治措施不力，如未能充分补充血容量，在B超提供腹腔有大量气体、液体暗区，疑诊腹部闭合性损伤时未及时行剖腹探查术等，与患者家属沟通不充分。该鉴定符合程序，鉴定意见经法院审查，得到认定，可以作为定案依据。故可认定本案医院过失行为有二：一是对患者病情认识不足，二是治疗措施不力。

过错　上诉人由于对患者病情认识不足，采取的治疗措施不力，导致患者死亡，其行为存在过错。

因果关系 河南省医学会的医疗事故鉴定分析意见为"医方的过失行为与患者最终死亡有一定的因果关系,医方承担次要责任",由此可以明确,上诉人对范某岳的治疗行为和范某岳的死亡结果存在因果关系,交通事故是造成范某岳受伤的前因,范某岳的死亡结果与上诉人的过失行为有因果关系,肇事方自愿超额赔偿并不能免除上诉人的过错赔偿责任。根据省医学会对该医疗事故作出的责任认定,医方负次要责任,同时考虑到患者的伤情对于死亡结果也有一定的原因力,上诉人按40%承担责任较为适中。

小结 对于多因一果的侵权行为,适用《最高人民法院关于审理人身损害赔偿案件适用法律若干问题的解释》第三条规定:"二人以上共同故意或者共同过失致人损害,或者虽无共同故意、共同过失,但其侵害行为直接结合发生同一损害后果的,构成共同侵权,应当依照民法通则第一百三十条规定承担连带责任。二人以上没有共同故意或者共同过失,但其分别实施的数个行为间接结合发生同一损害后果的,应当根据过失大小或者原因力比例各自承担相应的赔偿责任。"本案适用上述第三款的规定,但如何鉴定过失大小或原因力比例?这里我们可以借鉴刑法中因果关系的判定方式,即相当因果关系说。相当因果关系说用"介入因素三标准"来判断先前行为与结果之间的因果关系。首先判断肇事者的行为对受害人的死亡所起作用的大小,然后判断医院的治疗行为这个介入因素异常性的大小,最后判断介入因素本身对结果发生所起的作用大小。由此可以得出各方的过失大小或者原因力比例。另外,本案中肇事方自愿超额赔偿并不能免除上诉人的过错赔偿责任。肇事方和上诉人按照各自的比例承担相应的赔偿责任,其中肇事方自愿超额赔偿,并不意味着在为上诉人承担责任,更不意味着上诉人的赔偿责任因此而减轻。因此,上诉人仍应按照比例承担自己的赔偿责任。

2. 责任方式

本案主要为侵权损害赔偿,以及精神损害赔偿,共计 149 472 元。死亡赔偿金 264 620 元,丧葬费 12 270 元,被扶养人生活费 92 789 元(范某含 53 022 元、王某某 39 767 元),差旅、食宿及文件费为 4 000 元,上述费用共计 373 679 元,由内乡县中医院承担40%的赔偿责任即 149 472 元。精神损害抚慰金,根据医疗过失行为的责任程度、所在地平均生活水平等因素酌情按 2 年计算,为 8 837 元×2 年=17 674 元。

案例 13　王某某诉华中科技大学同济医学院附属协和医院、上海铠唏尔医疗器械贸易有限公司医疗产品责任纠纷案[①]

一、基本案情

上诉人王某某(原审原告)为与被上诉人(原审被告)华中科技大学同济医学院附属协和医院(以下简称"协和医院")、上海铠唏尔医疗器械贸易有限公司(以下简称"铠唏尔

---

① 裁判法院:湖北省武汉市中级人民法院。案号:(2015)鄂武汉中民二终字第 00768 号。

公司")医疗产品责任纠纷一案,不服(2013)鄂江汉民一初字第00434号民事判决,向武汉市中级人民法院提起上诉。2013年1月21日,王某某因左足溃烂入住协和医院,采用人工皮辅料后续治疗。同年2月8日,协和医院向王某某告知相应病情及治疗方案,王某某同意后,协和医院使用铠唏尔公司销售的KCI人工辅料负压吸引治疗,后王某某对治疗效果不满意,产生医疗产品责任纠纷,起诉至法院。

二、诉讼过程及裁判理由

一审法院判决:驳回原告的全部诉讼请求。王某某不服,提起上诉。2015年9月10日,二审法院判决:驳回上诉,维持原判。

三、关联法条

《中华人民共和国民事诉讼法》
第六十四条第一款　当事人对自己提出的主张,有责任提供证据。

第一百四十二条　法庭辩论终结,应当依法作出判决。判决前能够调解的,还可以进行调解,调解不成的,应当及时判决。

第一百七十条第一款　第二审人民法院对上诉案件,经过审理,按照下列情形,分别处理:

(一)原判决、裁定认定事实清楚,适用法律正确的,以判决、裁定方式驳回上诉,维持原判决、裁定;

(二)原判决、裁定认定事实错误或者适用法律错误的,以判决、裁定方式依法改判、撤销或者变更;

(三)原判决认定基本事实不清的,裁定撤销原判决,发回原审人民法院重审,或者查清事实后改判;

(四)原判决遗漏当事人或者违法缺席判决等严重违反法定程序的,裁定撤销原判决,发回原审人民法院重审。

《最高人民法院关于民事诉讼证据的若干规定》
第二条　当事人对自己提出的诉讼请求所依据的事实或者反驳对方诉讼请求所依据的事实有责任提供证据加以证明。

没有证据或者证据不足以证明当事人的事实主张的,由负有举证责任的当事人承担不利后果。

《中华人民共和国侵权责任法》
第四十一条　因产品存在缺陷造成他人损害的,生产者应当承担侵权责任。

四、争议问题

举证责任如何具体分配?

五、简要评析

1. 责任构成

损害 2013年1月21日患者王某某因左足溃烂入住协和医院,2月1日手术切除坏死的脚趾后,采用人工皮辅料后续治疗。同年2月8日,经协和医院向王某某告知相应病情及治疗方案,王某某同意后,协和医院使用铠唏尔公司销售的KCI人工辅料负压吸引治疗,使用三天后,因负压吸引仪器报警,王某某对治疗效果不满意。但究竟是否有具体的损害无法从裁判文书中清楚得知。

产品 诊疗过程中医方使用了铠唏尔公司销售的KCI人工辅料,负压吸引治疗。

过错 根据《侵权责任法》第五十九条"因药品、消毒药剂、医疗器械的缺陷,或者输入不合格的血液造成患者损害的,患者可以向生产者或者血液提供机构请求赔偿,也可以向医疗机构请求赔偿。患者向医疗机构请求赔偿的,医疗机构赔偿后,有权向负有责任的生产者或者血液提供机构追偿。"综合《侵权责任法》第四十一、四十二、四十三条,医疗产品责任为无过错责任,也即只要存在缺陷产品,不论医疗机构和产品生产者是否有过错,对患者损害均需承担责任。鉴于本案医疗产品并不存在缺陷,不涉及无过错责任的适用。

因果关系 首先,本案医疗产品并不存在缺陷。其次,鉴定机构退回鉴定,是否存在因果关系无从认定。

小结 认定医疗产品责任首先要认定诉争产品是否为缺陷产品,本案中患方应承担举证不能的法律后果,不能认定铠唏尔公司销售的KCI人工辅料为缺陷产品。根据《侵权责任法》第四十一条"因产品存在缺陷造成他人损害的,生产者应当承担侵权责任",承担产品责任的前提是产品存在缺陷。但究竟是原告承担举证责任还是被告承担举证责任,一直存在争议。有人认为,应当由被告承担举证责任,如果被告不能证明其生产的产品合格,则认定为缺陷产品,其依据是《最高人民法院关于民事诉讼证据的若干规定》。但是实际上,该规定并没有规定产品质量侵权案件中应由涉案产品的生产者或者销售者就其生产或销售的产品不存在缺陷承担举证责任,只是规定了产品的生产者应就法律规定的免责事由承担举证责任。我国《最高人民法院关于民事诉讼证据的若干规定》第二条规定,当事人对自己提出的诉讼请求所依据的事实或者反驳对方诉讼请求所依据的事实有责任提供证据加以证明。没有证据或者证据不足以证明当事人的事实主张的,由负有举证责任的当事人承担不利后果。该法第四条规定,因缺陷产品致人损害的侵权诉讼,由产品的生产者就法律规定的免责事由承担举证责任。根据这两条可以看出,产品质量侵权案件中举证责任的倒置,并不是真正意义上的倒置,产品生产者或者销售者并非完全承担产品合格的举证责任。因此,在产品侵权案件中,首先应当由原告就侵权行为的构成要件进行举证,在原告完成举证的前提下,由被告就法定的免责事由进行举证。如果原告连基本的举证义务都没有完成,即使被告没有证明法定的免责事由,也不用承担法律责任。本案中,第一,湖北省科学技术咨询服务中心技术鉴定部以其没有对此次涉案设备的检测仪器为由退回鉴定;第二,患方未能提供有效证据证明铠唏尔公司提供的该型号辅料不符合质量要求;第三,医方及产品生产方提供所使用医疗产品的医疗器械注册证及同种类产品的检验报告证明患者所使用的产品符合医疗器械产品市场准入规定,提供证据证明诉争医疗产品进口、销售、检疫、检测符合国家强制性规定并经权威机构发放相关证照。故而,患方应承担举证不能的法律后果。不能认定铠唏尔公司销售的 KCI 人工辅料为缺陷产品。

2. 责任方式

经过上述分析,本案中协和医院、铠唏尔公司未实施医疗侵权行为,不承担侵权责任,故没有责任方式。

案例 14　陈某诉罗某 1 监护权纠纷一案[①]

一、基本案情

陈某与罗某父母因代孕儿女的监护权问题产生纠纷。陈某与罗某均系再婚。陈某患有不孕不育疾病,两人商量通过体外授精及代孕方式生育子女。其后,两人非法购买卵子,由罗某提供精子,并委托另一女性代孕,前后共支出约 80 万元。2011 年 2 月,异卵双胞胎罗某 2(男)、罗某 3(女)出生。陈某通过非法手段办理了出生医学证明,登记的生父母分别为陈某、罗某,并据此办理户籍申报。2014 年 2 月,罗某因病去世后,罗某的父母罗某 1、谢某某将儿媳陈某诉至法院,要求取得两个孩子的监护权。[②]

二、诉讼过程及裁判理由

2015 年 7 月 29 日,一审判决:罗某 2、罗某 3 由罗某 1、谢某某监护;陈某于判决生效之日将罗某 2、罗某 3 交由罗某 1、谢某某抚养。陈某不服,提起上诉。2016 年 6 月 17 日,二审判决:撤销上海市闵行区人民法院(2015)闵少民初字第 2 号民事判决;驳回被上诉人罗某 1、谢某某的原审诉讼请求。

三、关联法条

《中华人民共和国民法通则》

第十六条第一款、第二款及第三款　未成年人的父母是未成年人的监护人。

未成年人的父母已经死亡或者没有监护能力的,由下列人员中有监护能力的人担任监护人:

[①] 裁判法院:上海市第一中级人民法院。案号:(2015)沪一中少民终字第 56 号。

[②] 杨鹏宇:《"全国首例代孕案"为何能写进最高法院报告? 代孕所生子女应给予一体同等保护》,"律新社"(微信公众号)2017 年 3 月 13 日。

（一）祖父母、外祖父母；

（二）兄、姐；

（三）关系密切的其他亲属、朋友愿意承担监护责任，经未成年人的父、母的所在单位或者未成年人住所地的居民委员会、村民委员会同意的。

对担任监护人有争议的，由未成年人的父、母的所在单位或者未成年人住所地的居民委员会、村民委员会在近亲属中指定。对指定不服提起诉讼的，由人民法院裁决。

《中华人民共和国婚姻法》

第二十七条 继父母与继子女间，不得虐待或歧视。

继父或继母和受其抚养教育的继子女间的权利和义务，适用本法对父母子女关系的有关规定。

《中华人民共和国民事诉讼法》

第一百七十条第一款第(二)项 第二审人民法院对上诉案件，经过审理，按照下列情形分别处理：

(二)原判决、裁定认定事实错误或者适用法律错误的，以判决、裁定方式依法改判、撤销或者变更。

四、争议问题

1. 代孕子女法律地位的确定。
2. 监护权的归属。

五、简要评析[①]

本案争议焦点由两个：其一为代孕子女法律地位的确定，其二为监护权的归属。首先，关于代孕子女法律地位的确定问题。二审法院审理后认为，罗某2、罗某3是陈某与罗某结婚后，由罗某与其他女性以代孕方式生育的子女，属于缔结婚姻关系后夫妻一方的非婚生子女。该案主审法官侯卫清说，代孕所生子女的亲子关系认定具有一定的复杂性，关系到代孕目的的实现、各方当事人的利益、代孕所生子女的权益保护等，更需考虑到公众对基于传统的伦理观念、文化背景等的接受程度。侯卫清强调，无论对非法代孕行为如何否定与谴责，代孕所生子女当属无辜，其合法权益理应得到法律保护。因此，不管是婚生子女还是非婚生子女，是自然生育子女抑或是以人工生殖方式包括代孕方式所生子女，均应给予一体同等保护。毋庸置疑，我国禁止非法代孕。但是由于夫妇双方或一方生育能力欠缺，而又有强烈的生育意愿，有买便有卖，相对方往往抵挡不住金钱的诱惑，因而代孕市场的大门便被打开了。我们需要明确的是，法律的确可以规制代孕这种

---

① 杨鹏宇：《"全国首例代孕案"为何能写进最高法院报告？代孕所生子女应给予一体同等保护》，"律新社"（微信公众号）2017年3月13日。

违法行为本身,但是因代孕而出生的子女的法律地位应当予以明确。因代孕而出生的子女的合法权益应受到同等保护。二审法院明确了代孕子女属非婚生子女,但其合法权益理应得到法律的同等保护。此等判决,合法合理。其次,关于监护权的归属问题。原审法院经审理后认为,陈某与两名子女不存在自然血亲关系,亦不存在拟制血亲关系,陈某称其为两名子女的法定监护人之理由不予采信。在生父死亡、生母不明的情况下,祖父母要求抚养两名孩子,并作为其法定监护人之诉请,合法有效。二审法院主张,两名孩子出生后,一直随陈某、罗某夫妇共同生活近三年之久,罗某去世后又随陈某共同生活达两年,陈某与罗某2、罗某3已形成有抚养关系的继父母子女关系,其权利义务适用《婚姻法》关于父母子女关系的规定。而作为祖父母的罗某、谢某某夫妇,监护顺序在陈某之后,故其提起监护权主张不符合法律规定的条件,同时,从儿童最大利益原则考虑,由陈某取得监护权亦更有利于孩子的健康成长。一审法院仅根据血亲关系来确定代孕所生子女的监护权归属,并未充分考虑相关因素,相较之下,二审法院便合理考虑了相关因素。根据儿童最大利益原则,从双方的监护能力、孩子对生活环境及情感的需求、家庭结构完整性对孩子的影响等各方面考虑,监护权归陈某所有更有利于孩子的健康成长。此外,有关人士指出,孩子监护权归属的考虑因素中,应该纳入孩子自身的意见,应有儿童专家来帮助其表达其诉求,不失为一个合情合理的建议。

案例 15　韦某1、韦某某等诉广西医科大学第一附属医院医疗损害责任纠纷案[①]

一、基本案情

患者韦某权由于出现呕吐于2009年4月4日8时50分到广西医科大学第一附属医院急诊科就诊。急诊过程中,患者腹痛明显加重,于2009年4月4日13时50分入住广西医科大学第一附属医院肝移植科。2009年4月9日,患者血氧饱和度呈进行性下降,并于5时心跳停止,经抢救无效于5时34分临床死亡。患者家属认为广西医科大学第一附属医院在患者治疗的过程中存在过错,双方遂起争议。经南宁市卫生局委托,南宁市医学会于2009年10月28日对本案病例作出南宁医鉴〔2009〕64号《医疗事故技术鉴定书》。家属不服南宁市医学会的结论,经南宁市卫生局再次委托,广西医学会于2010年4月22日对本案病例作出广西医鉴〔2010〕17号《医疗事故技术鉴定书》。两份鉴定书均认为医方无责任。

二、诉讼过程及裁判理由

一审法院判决:驳回韦某1、韦某某、韦某2的诉讼请求。二审法院判决:驳回上

[①] 裁判法院:广西壮族自治区南宁市中级人民法院。案号:(2016)桂01民终字第2480号。

诉,维持原判。

三、关联法条

《最高人民法院关于审理民事案件适用诉讼时效制度若干问题的规定》

第十四条 权利人向人民调解委员会以及其他依法有权解决相关民事纠纷的国家机关、事业单位、社会团体等社会组织提出保护相应民事权利的请求,诉讼时效从提出请求之日起中断。

《最高人民法院关于参照〈医疗事故处理条例〉审理医疗纠纷民事案件的通知》

第二条 人民法院在民事审判中,根据当事人的申请或者依职权决定进行医疗事故司法鉴定的,交由条例所规定的医学会组织鉴定。因医疗事故以外的原因引起的其他医疗赔偿纠纷需要进行司法鉴定的,按照《人民法院对外委托司法鉴定管理规定》组织鉴定。

人民法院对司法鉴定申请和司法鉴定结论的审查按照《最高人民法院关于民事诉讼证据的若干规定》的有关规定处理。

《医疗事故处理条例》

第三十一条 专家鉴定组应当在事实清楚、证据确凿的基础上,综合分析患者的病情和个体差异,作出鉴定结论,并制作医疗事故技术鉴定书。鉴定结论以专家鉴定组成员的过半数通过。鉴定过程应当如实记载。

医疗事故技术鉴定书应当包括下列主要内容:

(一)双方当事人的基本情况及要求;

(二)当事人提交的材料和负责组织医疗事故技术鉴定工作的医学会的调查材料;

(三)对鉴定过程的说明;

(四)医疗行为是否违反医疗卫生管理法律、行政法规、部门规章和诊疗护理规范、常规;

(五)医疗过失行为与人身损害后果之间是否存在因果关系;

(六)医疗过失行为在医疗事故损害后果中的责任程度;

(七)医疗事故等级;

(八)对医疗事故患者的医疗护理医学建议。

《中华人民共和国民法通则》

第五条 公民、法人的合法的民事权益受法律保护,任何组织和个人不得侵犯。

第一百零六条 公民、法人违反合同或者不履行其他义务的,应当承担民事责任。

公民、法人由于过错侵害国家的、集体的财产,侵害他人财产、人身的,应当承担民事责任。

没有过错,但法律规定应当承担民事责任的,应当承担民事责任。

《最高人民法院关于民事诉讼证据的若干规定》

第二条 当事人对自己提出的诉讼请求所依据的事实或者反驳对方诉讼请求所依

据的事实有责任提供证据加以证明。

没有证据或者证据不足以证明当事人的事实主张的,由负有举证责任的当事人承担不利后果。

第二十八条 一方当事人自行委托有关部门作出的鉴定结论,另一方当事人有证据足以反驳并申请重新鉴定的,人民法院应予准许。

第七十一条 人民法院委托鉴定部门作出的鉴定结论,当事人没有足以反驳的相反证据和理由的,可以认定其证明力。

四、争议问题

1. 南宁市医学会、广西医学会出具的鉴定意见是否具有证明力?

2. 被告是否存在过错,与患者死亡间是否具有因果关系?如果有,被告过错对患者死亡结果的参与度如何认定?

五、简要评析

1. 责任构成

损害 患者因抢救无效而死亡。

行为 在医疗侵权的案件中,行为是指医疗机构及其医务人员实施了医疗行为。具体到本案:医院及其医务人员对患者实施了抢救行为。

过错 医疗机构在诊疗过程中负担一定的义务。没有尽到这些义务,则构成过错。根据广西医学会的鉴定意见:患者入院时医方的诊断正确,处理措施符合诊疗原则;对患者导尿符合治疗原则,数次导尿中出现血尿是导尿的并发症;医方的会诊行为未违反会诊原则。因此医方在诊疗过程中不存在过错。

因果关系 本案中一共有两份鉴定意见,均表示被告医疗行为与患者的死亡没有因果关系。因此本案的焦点便在于两份鉴定意见是否有证明力。南宁市医学会作出的鉴定意见的细节并未在判决书中提到,但广西医学会的鉴定有重点提到。广西医学会的鉴定是在公平、对等的原则下,由医患双方及医学会在专家库中随机抽取专家组成鉴定人员,且广西医科大学第一附属医院的专家依韦某1、韦某某、韦某2的申请进行了回避。在鉴定过程中,双方当事人均进行了陈述、答辩并回答了专家的提问,再由专家组对当事人提供的材料、陈述及答辩进行讨论合议,最终形成鉴定结论。韦某1、韦某某、韦某2虽对鉴定结论持有异议,但未能提供足以反驳的相反证据和理由,根据《最高人民法院关于民事诉讼证据的若干规定》第七十一条"人民法院委托鉴定部门作出的鉴定结论,当事人没有足以反驳的相反证据和理由的,可以认定其证明力"。

小结 本案的主要争议焦点是鉴定意见书的证明力问题。鉴定意见书的证明力主要取决于以下两个方面:

(1) 程序方面：

A. 鉴定专家组组成是在公平、对等的原则下由双方当事人和鉴定机构在专家库中随机抽取生成，且被告院方专家应回避。

B. 鉴定过程需要原、被告双方参加，不可剥夺任一方申诉答辩意见的权利。医患双方充分表达自己的意见和观点。

(2) 实体方面：

取材需完整，需包含全部病历及其他相关证明材料，并对其进行专业、公正认证。

据《最高人民法院关于民事诉讼证据的若干规定》第二十七条、第二十八条和第七十一条，本案上诉人需有证据足以反驳并申请重新鉴定，可从程序瑕疵、结论明显依据不足入手。本案中的第二次鉴定，无论是程序还是实体都做得比较到位，上诉方（原告）虽对鉴定结论持有异议，但未能提供足以反驳的相反证据和理由证明存在鉴定程序违法、鉴定结论依据不足等情形，即使向法院提出重新鉴定的申请，结果也是依据不足，不被认可。

我国《最高人民法院关于民事诉讼证据的若干规定》第七十七条第（二）项规定，人民法院就数个证据对同一事实的证明力，可以依照下列原则认定：（二）物证、档案、鉴定结论、勘验笔录或者经过公证、登记的书证，其证明力一般大于其他书证、视听资料和证人证言。在现实案件中，有些当事人甚至法官都因为该条的规定而认为鉴定结论是优势证据，具有预定的证明力，为"证据之王"。实际上，鉴定结论是一种特殊的证据，和一般的言词证据不同，多数的司法鉴定属于物证，它的目的是确认物证的真实性和证明力。但是大部分的鉴定结论，是有鉴定资质的人以自身专业技能，运用专业知识和法律，对某种状态发表判断，同时加入其语言描述，属于言词证据。因此，针对鉴定结论的言词证据的本性，仍应重视对其进行质证的必要。

2. 责任方式

本案医院的诊疗行为不符合侵权构成要件，不承担责任。

第三节 过　　错

案例 16　郄某某诉杨某建医疗损害责任纠纷案[①]

一、基本案情

2014 年 9 月 30 日原告在肃宁县窝北镇冯村卫生室就诊，杨某建为原告开了中药处方，杨某德、杨某行负责抓药、煎药，原告服药后出现眼球发黄的症状。2014 年 12 月 31 日住进北京朝阳医院，之前在当地医院第三○二医院治疗，在北京朝阳医院进行肝移植手术。

---

① 裁判法院：河北省沧州市中级人民法院。案号：（2017）冀 09 民终字第 3097 号。

二、诉讼过程及裁判理由

原告郗某某以杨某建、杨某德、杨某行、肃宁县窝北镇冯村卫生室为被告起诉至原审法院。一审法院判决：被告肃宁县窝北镇冯村卫生室自判决生效之日起 10 日内给付原告郗某某 83 015 元；驳回原告其他诉讼请求。上诉人郗某某不服，提起上诉。2017 年 2 月 22 日，二审法院判决：撤销河北省肃宁县人民法院（2015）肃民初字第 00256 号民事判决；被上诉人杨某建、杨某德、杨某行、肃宁县窝北镇冯村卫生室于本判决生效之日起 10 日内共同赔偿上诉人郗某某 777 987.9 元，四被上诉人互负连带责任。

三、关联法条

《最高人民法院关于审理人身损害赔偿案件适用法律若干问题的解释》

第十九条　医疗费根据医疗机构出具的医药费、住院费等收款凭证，结合病历和诊断证明等相关证据确定。赔偿义务人对治疗的必要性和合理性有异议的，应当承担相应的举证责任。

医疗费的赔偿数额，按照一审法庭辩论终结前实际发生的数额确定。器官功能恢复训练所必要的康复费、适当的整容费以及其他后续治疗费，赔偿权利人可以待实际发生后另行起诉。但根据医疗证明或者鉴定结论确定必然发生的费用，可以与已经发生的医疗费一并予以赔偿。

《中华人民共和国侵权责任法》

第五十四条　患者在诊疗活动中受到损害，医疗机构及其医务人员有过错的，由医疗机构承担赔偿责任。

《中华人民共和国民事诉讼法》

第一百四十四条　被告经传票传唤，无正当理由拒不到庭的，或者未经法庭许可中途退庭的，可以缺席判决。

四、争议问题

1. 杨某建对郗某某的诊疗行为是否存在过错，该过错与郗某某受到的损害是否有因果关系？
2. 过错参与度如何确定？
3. 责任主体应如何认定？
4. 郗某某的损失数额应如何确定？

五、简要评析

1. 责任构成

损害　郗某某进行肝移植手术后，北京法源司法科学证据鉴定中心评定为一级伤残。

行为 郗某某 2014 年 9 月 30 日至 11 月 19 日,先后五次到冯村卫生室就诊。

过错 本案被上诉人杨某建在与上诉人郗某某发生医患纠纷后,肃宁县卫生局执法过程中不能当场提供所用中药的购进单据,不能明确说明中药药品的合法来源,其行为本身违反了相关法律法规规定。同时在对上诉人郗某某的诊疗过程中,指派没有取得药学专业技术职务任职资格的杨某行负责抓药、煎药,也违反了相关法律法规的规定。本案依照法律规定,不需要通过鉴定部门的鉴定,人民法院应当直接推定被上诉人杨某建、被上诉人肃宁县窝北镇冯村卫生室对上诉人郗某某的诊疗行为有过错。

因果关系 根据本案所查明的证据显示,郗某某在肃宁县窝北镇冯村卫生室就诊时间为 2014 年 9 月 30 日—11 月 28 日。2014 年 12 月 9 日,郗某某于沧州市中心医院入院,被诊断为"急性肝功能异常",12 月 19 日出院,并于当日转诊于解放军第三○二医院急诊,被诊断为"肝损害待查:药物性肝损害可能性大",12 月 31 日出院,并于当日转诊于北京朝阳医院,确定诊断为"药物性肝损害等"并进行了"改良背驼式同种异体原位肝移植术"。上述证据能够证明:上诉人郗某某于被上诉人杨某建处诊疗前肝功能正常;上诉人郗某某于被上诉人杨某建处诊疗开始至出现肝损害临床表现之前,主要服用被上诉人杨某建提供的药物;上诉人郗某某于被上诉人杨某建处开始服药至肝移植过程,在时间上存在连续性;无证据证明上诉人郗某某自身存在特异性体质。

小结 根据本案所查明的事实,被上诉人杨某建对上诉人郗某某的诊疗行为违反相关法律法规的规定,并且对上诉人郗某某的身体造成了严重损害,故推定其有过错。虽然北京天目司法鉴定所的鉴定结论认为"医方对被鉴定人郗某某的诊疗过程中存在医疗过失行为,该医疗过失行为与被鉴定人损害后果〈如肝移植等〉之间存在一定因果关系","考虑到当时、当地(乡村诊所)医疗条件及医疗水平",认为"其医疗过失责任程度建议拟轻微~次要责任(B级~C级)为宜",但此结论是建立在所用药品购进途径合法、从事中药调剂工作的人员具备相应的资质、抓药和煎药工作完全符合要求的前提下得出的,而事实上,诊疗过程中的药物购进途径不明、从事中药调剂工作的人员被上诉人杨某行不具备相应资质,鉴定结论的基础也就不存在。被上诉人杨某建应当对上诉人郗某某承担主要责任,而一审法院直接采信《回函》中的建议并判令杨某建承担 10% 的责任适用法律错误,二审法院酌定被上诉人杨某建承担 70%。依照相关法律法规规定,结合本案事实,肃宁县窝北镇冯村卫生室的人员构成为:负责人杨某建,工作人员系其儿子杨某德、杨某行,儿媳王某某。根据当时经营的状况,该卫生室应该被认定为家庭经营。而一审法院认为"原告要求杨某德、杨某行承担责任而没有提交证据表明二人在医疗过程中存在医疗过错,原告的该主张本院不予支持。肃宁县窝北镇冯村卫生室的负责人系杨某建,肃宁县窝北镇冯村卫生室不是法人单位,原告不应再列杨某建为被告"的论述法律依据不足。上诉人郗某某请求被上诉人杨某建、杨某德、杨某行、肃宁县窝北镇冯村卫生室共同对其承担侵权责任的诉讼请求依法应该予以支持。对于赔偿数额认定的争议主要是上诉人郗某某请求赔偿的 490 000 元肝源费是否应予以支持,一审法院认为此肝源费"没有证据,且被告不认可"。而根据《最高人民法院关于适用〈中华人民共和国民事诉讼法〉的解释》第一百零八条第一款规定:"对负有举证证明责任的当事人提供的证据,人民法院经审查并结合相关事实,确信待证事实的存在具有高度可能性的,应当认定该事实存在。"由此二审法院认定该肝源费事实存在,予以支持。

2. 责任方式

杨某建、杨某德、杨某行、肃宁县窝北镇冯村卫生室承担赔偿责任 70%,赔偿各项损失合计 924 106.6 元,鉴于上诉人郗某某只起诉了 777 987.9 元,法院对其诉讼请求予以支持,未起诉的部分,及此后发生的必然费用,可依法另行解决。

案例 17 巴某某诉白求恩医学院黄骅利仁医院医疗损害责任纠纷案①

一、基本案情

原告巴某某于 2013 年 8 月 7 日住进黄骅利仁医院,黄骅利仁医院初步诊断为:① 高血压症;② 植物神经功能紊乱。治疗 7 日后,于 2013 年 8 月 14 日 18 时左右,原告家属告知医院护理部,原告跳楼。此时原告巴某某抱在空调室外机上,随时都有坠落的危险。被告黄骅利仁医院得知上述情况后,组织医护人员施救,但原告最终因无力支撑从三楼掉落,严重摔伤。事故发生后,被告及时将原告送往黄骅市人民医院进行治疗。经市医院检查,原告多处骨折,后与被告协商赔偿事宜未果,原告以医疗损害赔偿纠纷诉至法院。原审认为,原告巴某某在被告黄骅利仁医院住院期间跳楼摔致多处骨折,其伤残程度、护理依赖程度及过错责任程度,经委托有鉴定资质的鉴定机构进行司法鉴定,对此该鉴定报告已予以确认。虽原告巴某某系自主跳楼,但巴某某在 2013 年 8 月 7 日住进黄骅利仁医院时的病历记载,原告方自述有××史、多梦、常出现幻听现象、有××症。被告黄骅利仁医院知道原告的症状后,理应针对原告的病情提供有足够安全防护措施的病房居住,被告黄骅利仁医院明知原告病情,还将其安排在三楼病房居住,只是告知其家属对原告严加看护,而没有提供有安全防护措施的病房居住,致使原告跳楼严重摔伤,虽被告利仁医院在事故发生后积极采取措施进行施救,但仍未避免损害结果的发生。故原告巴某某因跳楼造成的损害后果与被告黄骅利仁医院安全意识不强、安全防范工作不到位有一定关系。原告家属明知原告病情理应对原告严加看护,防止意外事件发生,但原告家属未尽到相关义务,其行为与原告的损害后果亦具有直接因果关系。被告黄骅利仁医院对一审结果不服,提出上诉。

二、诉讼过程及裁判理由

一审法院判决:被告黄骅利仁医院应对原告的损害后果承担 30% 的赔偿责任。确

---

① 裁判法院:河北省沧州市中级人民法院。案号:(2016)冀 09 民终字第 3907 号。

认原告的损失共计 751 671.63 元,应由被告黄骅利仁医院依照其过错程度按 30% 的比例赔付原告巴某某各项损失 225 501 元。二审法院判决:驳回上诉,维持原判。二审案件受理费 4 682 元,由上诉人承担。

三、关联法条

《中华人民共和国侵权责任法》

第六条第一款　行为人因过错侵害他人民事权益,应当承担侵权责任。

第十五条第一款第(六)项　承担侵权责任的方式主要有:(六)赔偿损失。

第十六条　侵害他人造成人身损害的,应当赔偿医疗费、护理费、交通费等为治疗和康复支出的合理费用,以及因误工减少的收入。造成残疾的,还应当赔偿残疾生活辅助具费和残疾赔偿金。造成死亡的,还应当赔偿丧葬费和死亡赔偿金。

第五十四条　患者在诊疗活动中受到损害,医疗机构及其医务人员有过错的,由医疗机构承担赔偿责任。

四、争议问题

1. 对于患者坠楼的责任方的归责问题。
2. 院方在患者跳楼事故中有无过错?

五、简要评析

1. 责任构成

损害　患者突然从医院三楼跳下,造成身体严重受伤的结果,存在健康权受到损害的事实。北京法源司法科学证据鉴定中心对原告的伤残程度、护理依赖程度及医疗过错程度和责任进行评定,并出具司法鉴定意见书,鉴定意见为:巴某某伤残评定为二级、八级、十级、十级伤残。

行为　原告巴某某于 2013 年 8 月 7 日住进黄骅利仁医院,医患关系形成,入院时诊断为:① 高血压症;② 植物神经功能紊乱。根据巴某某在 2013 年 8 月 7 日住进黄骅利仁医院时的病历记载,原告方自述有××史、多梦、常出现幻听现象、有××症。被告黄骅利仁医院知道原告的症状后,理应针对原告的病情提供有足够安全防护措施的病房居住,被告黄骅利仁医院明知原告病情,还将其安排在三楼病房居住,只是告知其家属对原告严加看护,而没有提供有安全防护措施的病房居住,致使原告跳楼严重摔伤。被告在明知原告的既往病史的情况下,并未采取安保措施,履行安全保障义务,存在不作为的情形。

过错　医院未将患者安排在安全保护措施十分严格的病房,反而安排在三楼的病房,不利于对患者入院时向医生自述的有××史、多梦、有幻听现象等情况的防范。安全防护措施不够,对患者的观察注意有欠缺,在对病人的照护方面有过失。

因果关系 根据患者入院时病历记载的身体精神状况,院方理应针对原告的病情提供有足够安全防护措施的病房居住,被告黄骅利仁医院明知原告病情,还将其安排在三楼病房居住,只是告知其家属对原告严加看护,而没有提供有安全防护措施的病房居住,致使原告跳楼严重摔伤,虽被告黄马华利仁医院在事故发生后积极采取措施进行施救,但仍未避免损害结果的发生。故原告巴某某因跳楼造成的损害后果与被告黄骅利仁医院安全意识不强、安全防范工作不到位有一定关系。

小结 根据判决书的案情描述,本案中造成患者损害的并非医疗诊断行为,而是患者自己的行为,患者的损害结果并不是医院的医疗行为不当造成的。原告始终强调患者入院时患有植物神经功能紊乱,并自述有××史、多梦、常出现幻听现象、有××症。根据患者当时诊疗的情况来看并没有住进特殊病房的需要,并且已经交代病人家属仔细看护,也没有证据显示医院的楼高与对应的安保设施不符合规定。我们认为,从医学角度来说,植物神经功能紊乱并不会影响患者的精神意识,在本案中应该重点厘清的争议是病人自述的患有××史、多梦、常出现幻听现象、有××症是否属实并且是否会造成患者有过激行为的倾向。本案中需要弄清一个事实,即患者的妻子是否具有刺激患者产生跳楼的举动。若情况属实,则会影响责任承担比例的变动。在庭审的原、被告双方对峙的过程中,很难从原告家属处得到不利于原告的事实证据。在具体的司法实践中,医疗侵权案件的患者处于受侵害一方,且社会地位和举证能力均弱于医院,《侵权责任法》的立法目的更多的是对受害人的保护,加之社会舆论对患者的同情和对司法的干涉会导致事实证明弱化,裁判结果从而对患者即原审原告一方有倾向性。此案的二审判决结果一方面可以督促医院加强安保措施,提高责任意识,避免此类事故的发生,另一方面,过分扩大了医院方面的责任范围,可能会导致患者因此讹诈医院,逃避医疗费用的情况。因此,我们认为受害人的自损行为,应当自负其责,医院可以承担适当的过错责任。

2. 责任方式

被告赔偿原告医疗费、伙食补助费、营养费、伤残赔偿金、护理费等合计225 501元。

案例18 黄某某诉上海市胸科医院医疗损害责任纠纷案[①]

一、基本案情

2014年9月25日,患者程某某至上海市胸科医院处门诊就诊,被诊断为考虑中央型肺癌伴远端阻塞性肺炎。2014年9月28日,患者入住上海市胸科医院处。2014年9月30日9时02分医生对患者于全麻下进行VATS左全肺切除术。手术中患者出现大出血情况并死亡。死亡诊断为:失血性心脏衰竭;肺部肿瘤。

---

① 裁判法院:上海市第一中级人民法院。案号:(2016)沪01民终字第1851号。

二、诉讼过程及裁判理由

2015年12月28日,一审法院判决:上海市胸科医院于判决生效之日起10日内赔偿黄某某、程某菊、程某华、程某红、程某明医疗费56 880.26元、死亡赔偿金333 970元、丧葬费32 706元、精神损害抚慰金50 000元、律师费10 000元,共计483 556.26元的70%,即338 489.38元;驳回黄某某、程某菊、程某华、程某红、程某明其他诉讼请求。原告黄某某不服,提起上诉。2016年4月25日,二审法院判决:驳回上诉,维持原判。

三、关联法条

《中华人民共和国侵权责任法》

第十六条 侵害他人造成人身损害的,应当赔偿医疗费、护理费、交通费等为治疗和康复支出的合理费用,以及因误工减少的收入。造成残疾的,还应当赔偿残疾生活辅助具费和残疾赔偿金。造成死亡的,还应当赔偿丧葬费和死亡赔偿金。

第五十四条 患者在诊疗活动中受到损害,医疗机构及其医务人员有过错的,由医疗机构承担赔偿责任。

《中华人民共和国民事诉讼法》

第一百七十条第一款第(一)项 第二审人民法院对上诉案件,经过审理,按照下列情形,分别处理:

(一)原判决、裁定认定事实清楚,适用法律正确的,以判决、裁定方式驳回上诉,维持原判决、裁定。

第二百五十三条 被执行人未按判决、裁定和其他法律文书指定的期间履行给付金钱义务的,应当加倍支付迟延履行期间的债务利息。被执行人未按判决、裁定和其他法律文书指定的期间履行其他义务的,应当支付迟延履行金。

四、争议问题

1. 上海市胸科医院对患者的诊治行为是否存在过错?
2. 对于原告提出的运送遗体的费用是否属于交通费?

五、简要评析

1. 责任构成

损害 患者程某某死亡。

行为 上海市胸科医院对患者于全麻下进行VATS左全肺切除术。

过错 根据《侵权责任法》第五十四条规定,患者在诊疗过程中受到损害,医疗机构及其医务人员有过错的,由医疗机构承担赔偿责任。而上海市胸科医院对患者所进行的全麻下的VATS左全肺切除术在诊治过程中是否存在过错,单从法律上很难判断。此时,相关有法定鉴定资质的医疗鉴定机构的鉴定意见则是法官判断的主要依据。在本案中,涉案医疗争议业经嘉定区医学会、上海市医学会两级专业机构鉴定,其结论均为"本例属于对患者人身的医疗损害","医疗机构存在过错"。由此可以证明,被告上海市胸科医院在该案中存在过错。不过,当涉及不同鉴定机构对于行为是否存在过错的认定有不同的情况时,如何对鉴定意见进行取舍,目前并无相关的法律规定,一般需要法院从鉴定机构的层级以及鉴定意见的专业性进行多方面的对比。

因果关系 对于因果关系的判断,需要考虑行为与损害后果之间是否具有引起与被引起的关系。通过上海市医学会的相关鉴定意见可以得出,被告上海市胸科医院在手术过程中存在以下过错:术前准备不充分,并且术前医方未与患者家属充分沟通说明气管镜检查的必要性;手术操作欠仔细。患者术后短时间内大出血,根据医方抢救记录,存在医方手术操作不谨慎的可能性。本案中,医方在手术中存在的这些过错在医学学理上被认定为可以引起患者大出血所致的心肺衰竭死亡的,因此可以认定医方以上过错与患者产生的损害后果之间有因果关系。

小结 在本案中,争议焦点之一在于判断医院在对患者进行的手术过程中,是否存在诊疗行为过错,以及考虑到患者年龄、身体状况等因素,如何确定患者与医院承担责任的比例问题。对于医疗侵权的相关案件,审理案件的法院普遍会遭遇到的难题是,法院自身不具备判断医疗行为是否存在过错和医学学理上因果关系的能力。因此在大多数涉及医疗侵权的案件中,专业的医疗鉴定机构出具的鉴定意见是法院作出判决的重要参考依据。在本案中,两级鉴定机构给出的医疗鉴定意见均认为本案属于对患者人身的医疗损害。并且上海市胸科医院在医疗活动中存在术前准备不充分、手术操作欠仔细的医疗过错,与患者死亡的人身损害结果存在因果关系。本案中,最后法院认定被告上海市胸科医院承担70%的赔偿责任。综合该案具体情形即院方在手术中存在的过错以及患者自身患有恶性肿瘤的身体原因来看,70%是一个较为合理的责任分配比例。即使法院从基于保护处于弱势地位的患者利益的落脚点出发,在确认了医院在具体案件中承担主要民事责任后,也不应让医院承担大部分(70%以上)甚至全部的赔偿责任。医疗侵权案件往往区别于其他民事侵权案件的重要特征之一,就是在于其案件的特殊性。每一个涉案的患者自身的身体、年龄、过敏情况、身体素质不可能完全相同,也没有任何一种医疗手段能保证百分之百的适用性。哪怕是医疗机构针对某一疾病作出完全相同的诊断行为,对于不同的患者产生的效果甚至损害也不全然相同,故而,在医疗侵权案件中,医疗机构应当承担的赔偿责任不应标准化、一刀切,需要进行个案化分析和处理。患者的合法权益应当受到保护,但同样,院方的合法权益也应该受到重视。最终责任方式的确定,还需要法官综合各方面因素慎重考量。本案争议焦点之二在于原告提出的运送遗体的费用是否属于交通费。根据我国《最高人民法院关于审理人身损害赔偿案件适用法律若干问题的解释》第二十二条规定,交通费根据受害人及其必要的陪护人员因就医或者转院治疗实际发生的费用计算。交通费应当以正式票据为凭;有关凭据应当与就医地点、时间、人数、次数相符合。具体来说,交通费支出项目主要为:① 受伤后送到医院时的交通费用;② 在转院治疗或者到外地治疗时支出的交通费;③ 参加救护的人员的交通费;④ 护理人员的交通费。根据这些规定,可以认定运送遗体的费用不属于交通费。但是运送遗体的费用属于受害人家属的必要支出,侵权人应当予以赔偿。我们认为,可以通过丧葬费的形式予以赔偿,在原有的丧葬费之外加上运送遗体的费用,使得原告的合法权益得到充分保障。

2. 责任方式

本案的责任方式为侵权损害赔偿和精神损害赔偿,被告共计赔偿原告 483 556.26 元的 70%,即 338 489.38 元。

案例 19　朱某某、董某钱等诉南京市秦淮区石门坎社区卫生服务中心、南京市急救中心等医疗损害责任纠纷案[①]

一、基本案情

患者董某某于 2014 年 11 月 17 日下午 14 时许,身体不适,前往南京市秦淮区石门坎社区卫生服务中心(以下简称"石门坎社区卫生中心")就诊,并在诊查和治疗后回家。当日 15 时 58 分左右,患者呼吸困难,家属打 120 急救电话并向石门坎社区卫生中心报告病情,该中心医生上门检查并诊治。当日 16 时 20 分,120 急救车辆到达中心并将患者接往南京中西医结合医院(以下简称"钟山医院")抢救,并在途中对其进行了抢救行为。患者送达钟山医院后,由该院抢救。至 17 时 44 分,患者董某某经抢救无效,被宣告死亡。同年 11 月 19 日,南京市秦淮区食品药品监督管理局对石门坎社区卫生中心进行现场检查,并将涉案药品进行抽样送至南京市食品药品检验所,该所于 2015 年 1 月 4 日作出报告,指出批号为 1405035 的涉案药品炎琥宁检验项目"有关物质"不符合规定。就涉案药品炎琥宁的质量缺陷与患者死亡之间是否存在因果关系,因缺乏尸体检验报告、鉴定能力等问题,各鉴定机构均告知无法进行鉴定。

二、诉讼过程及裁判理由

一审法院判决:南京市秦淮区石门坎社区卫生服务中心于判决生效之日起 10 日内赔偿朱某某、董某钱、董某香各项损失 330 834.19 元,江苏省医药公司、海南斯达制药有限公司承担连带赔偿责任;驳回朱某某、董某钱、董某香的其他诉讼请求。被告江苏省医药公司不服,提起上诉。2017 年 1 月 20 日,二审法院判决:驳回上诉,维持原判。

---

① 裁判法院:江苏省南京市中级人民法院。案号:(2016)苏 01 民终字第 8857 号。

三、关联法条

《最高人民法院关于民事诉讼证据的若干规定》

第四条 下列侵权诉讼,按照以下规定承担举证责任:

(一)因新产品制造方法发明专利引起的专利侵权诉讼,由制造同样产品的单位或者个人对其产品制造方法不同于专利方法承担举证责任;

(二)高度危险作业致人损害的侵权诉讼,由加害人就受害人故意造成损害的事实承担举证责任;

(三)因环境污染引起的损害赔偿诉讼,由加害人就法律规定的免责事由及其行为与损害结果之间不存在因果关系承担举证责任;

(四)建筑物或者其他设施以及建筑物上的搁置物、悬挂物发生倒塌、脱落、坠落致人损害的侵权诉讼,由所有人或者管理人对其无过错承担举证责任;

(五)饲养动物致人损害的侵权诉讼,由动物饲养人或者管理人就受害人有过错或者第三人有过错承担举证责任;

(六)因缺陷产品致人损害的侵权诉讼,由产品的生产者就法律规定的免责事由承担举证责任;

(七)因共同危险行为致人损害的侵权诉讼,由实施危险行为的人就其行为与损害结果之间不存在因果关系承担举证责任;

(八)因医疗行为引起的侵权诉讼,由医疗机构就医疗行为与损害结果之间不存在因果关系及不存在医疗过错承担举证责任。

有关法律对侵权诉讼的举证责任有特殊规定的,从其规定。

第四十二条第二款 当事人在二审程序中提供新的证据的,应当在二审开庭前或者开庭审理时提出;二审不需要开庭审理的,应当在人民法院指定的期限内提出。

《中华人民共和国侵权责任法》

第六条 行为人因过错侵害他人民事权益,应当承担侵权责任。

根据法律规定推定行为人有过错,行为人不能证明自己没有过错的,应当承担侵权责任。

第十条 二人以上实施危及他人人身、财产安全的行为,其中一人或者数人的行为造成他人损害,能够确定具体侵权人的,由侵权人承担责任;不能确定具体侵权人的,行为人承担连带责任。

第五十九条 因药品、消毒药剂、医疗器械的缺陷,或者输入不合格的血液造成患者损害的,患者可以向生产者或者血液提供机构请求赔偿,也可以向医疗机构请求赔偿。患者向医疗机构请求赔偿的,医疗机构赔偿后,有权向负有责任的生产者或者血液提供机构追偿。

《中华人民共和国民事诉讼法》

第一百七十条第一款第一项 第二审人民法院对上诉案件,经过审理,按照下列情

形,分别处理:

(一)原判决、裁定认定事实清楚,适用法律正确的,以判决、裁定方式驳回上诉,维持原判决、裁定。

四、争议问题

1. 被告对于患者的治疗行为是否存在过错?
2. 江苏省医药公司对患者的死亡是否应承担连带赔偿责任?

五、简要评析

1. 责任构成

损害 患者董某某死亡。

行为 南京市秦淮区石门坎社区卫生服务中心对患者董某某的两次治疗行为。

过错 本案中的患者董某某在治疗过程,分别接受了南京市秦淮区石门坎社区卫生服务中心以及钟山医院的治疗。在确定责任主体时,需要确定哪一家医院在对患者的治疗过程中存在过错。但在本案中因存在缺乏尸体检验报告、鉴定能力等问题,各鉴定机构均告知无法进行鉴定。由于法院自身也缺乏在医学问题上进行专业鉴定的能力,因此对于本案中过错的确定,只能根据《最高人民法院关于民事诉讼证据的若干规定》第四条的规定,即在因为医疗行为引起的侵权诉讼中,医疗机构就不存在医疗过错承担举证责任。举证不能的承担不利后果。一审法院在缺少相关鉴定意见的情况下,以当事人未能提供证据或者证据不足以证明其事实主张的,判定由负有举证证明责任的当事人承担不利的后果并让石门坎社区卫生服务中心承担一定的责任。

因果关系 根据《最高人民法院关于民事诉讼证据的若干规定》第四条,在没有相关鉴定意见的前提下,确定患者损害与医疗机构是否存在因果关系时,医疗机构负有举证责任。虽然在本案中可以确定涉案药品炎琥宁检验项目"有关物质"不符合规定,但无法证明该物质与患者的死亡结果间存在医学学理上必然的因果关系,故在南京市秦淮区石门坎社区卫生服务中心无法证明其治疗行为与患者的死亡不存在因果关系以及该涉案药品与患者死亡存在因果关系前提下,而钟山医院、急救中心提供的病历能够证明其已尽相应的诊疗义务,判定南京市秦淮区石门坎社区卫生服务中心依法承担举证不能的不利后果,即从法律上肯定其因果关系的存在是合理的。

小结 本案中最为核心的一点在于由于特殊原因,缺乏具有鉴定资质的鉴定机构出具的相关鉴定报告,导致在认定过错和因果关系时出现困难。但如果仅因为缺乏相关的鉴定报告,就否认医疗行为与损害之间可能存在的联系是不合适的。与刑法上存疑时有利于行为人的原则不同,医疗侵权责任的认定更类似民事责任认定的相关标准,即坚持损害填补原则。由于被告自身举证能力和应对举证不能的不利后果的能力更强,故根据《最高人民法院关于民事诉讼证据的若干规定》第四条的规定,由医疗机构承担举证责任,有助于保护处于弱势地位的患者一方的利益。对于本案的另一争议焦点,即江苏省医药公司对患者的死亡是否应承担连带赔偿责任。本案二审法院维持一审判决,判定石门坎社区卫生中心承担40%的责任,江苏省医药公司、海南斯达制药有限公司承担连带赔偿责任。根据《侵权责任法》第五十九条和《最高人民法院关于民事诉讼证据的若干规定》第四条的规定,尽管该药品的使用与患者的损害之间的因果关系未定,使用该药品的医疗机构和生产者也应当承担相关责任。但江苏省医药公司并不是该药品的生产商,对于运输过程中是否存在过错以及产品缺陷与损害之间是否存在因果关系也没有法律上的举证责任,让其承担与生产商海南斯达制药有限公司一样的连带责任是明显加重其义务,是不合理的。

2. 责任方式

本案的责任方式为侵权损害赔偿和精神损害赔偿,各项损失共计330 834.19元。

案例20 叶某某与桐庐骨伤科医院医疗损害责任纠纷案①

一、基本案情

2014年9月26日晚,叶某某因"外伤致左前臂受伤"到桐庐骨伤科医院处就诊,医生拍片后未发现骨折,仅予以伤药及包扎。同年10月6日,叶某某到桐庐骨伤科医院处门诊,进行相关诊治。同月13日,叶某因手臂不适到桐庐骨伤科医院处住院,医院对其进行了"左尺骨粉碎性骨折切复钢板螺钉内固定术",同月29日,叶某某出院。

二、诉讼过程及裁判理由

一审法院认为:患者在诊疗活动中受到损害,医疗机构及其医务人员有过错的,由医疗机构承担赔偿责任。本案中,叶某某在诊疗活动中受到损害,经杭州市医学会、浙江省医学会鉴定,桐庐骨伤科医院及其医务人员存在过错,桐庐骨伤科医院的过失与叶某某骨折端移位、尚需再次手术(拆内固定)有因果关系;本病例构成四级医疗事故,桐庐骨伤科医院承担主要责任。法院确定叶某某因摔伤自行承担20%的责任,桐庐骨伤科医院承担80%的民事责任。一审法院判决:叶某某的医疗费26 627.17元、误工费19 800元、护理费7 920元、住院伙食补助费1 200元、营养费1 800元、交通费1 000元、住宿费600元,合计58 947.17元,由桐庐骨伤科医院赔偿47 157.74元,于判决生效后10日内付清;叶某某已支付的鉴定费1 250元,由桐庐骨伤科医院负担,于判决生效后10日内付清;驳回叶某某的其他诉讼请求。一审法院判决后,桐庐骨伤科医院不服,提起上诉。二审法院认为,根据《中华人民共和国侵权责任法》第五十四条的规定,患者在诊疗过程中受到损害,医疗机构及其医务人员有过错的,由医疗机构承担赔偿责任。本案中,根据医

---

① 裁判法院:浙江省杭州市中级人民法院。案号:(2016)浙01民终字第4288号。

学会的鉴定意见,上诉人在对被上诉人实施医疗行为过程中存在重大过错,不仅延误了治疗进程,而且加重了损害后果,故应对被上诉人的损害结果承担主要责任。2016年9月5日,二审法院判决:驳回上诉,维持原判。

三、关联法条

《中华人民共和国侵权责任法》

第十六条　侵害他人造成人身损害的,应当赔偿医疗费、护理费、交通费等为治疗和康复支出的合理费用,以及因误工减少的收入。造成残疾的,还应当赔偿残疾生活辅助具费和残疾赔偿金。造成死亡的,还应当赔偿丧葬费和死亡赔偿金。

第二十六条　被侵权人对损害的发生也有过错的,可以减轻侵权人的责任。

第五十四条　患者在诊疗活动中受到损害,医疗机构及其医务人员有过错的,由医疗机构承担赔偿责任。

第五十五条　医务人员在诊疗活动中应当向患者说明病情和医疗措施。需要实施手术、特殊检查、特殊治疗的,医务人员应当及时向患者说明医疗风险、替代医疗方案等情况,并取得其书面同意;不宜向患者说明的,应当向患者的近亲属说明,并取得其书面同意。

医务人员未尽到前款义务,造成患者损害的,医疗机构应当承担赔偿责任。

第五十七条　医务人员在诊疗活动中未尽到与当时的医疗水平相应的诊疗义务,造成患者损害的,医疗机构应当承担赔偿责任。

《中华人民共和国民事诉讼法》

第一百七十条第一款第(一)项　第二审人民法院对上诉案件,经过审理,按照下列情形,分别处理:

(一)原判决、裁定认定事实清楚,适用法律正确的,以判决、裁定方式驳回上诉,维持原判决、裁定。

第二百五十三条　被执行人未按判决、裁定和其他法律文书指定的期间履行给付金钱义务的,应当加倍支付迟延履行期间的债务利息。被执行人未按判决、裁定和其他法律文书指定的期间履行其他义务的,应当支付迟延履行金。

四、争议问题

1. 被告对患者的诊治行为是否存在过错?
2. 医疗侵权案件中涉及的医保是否可以在案中进行一并处理?

五、简要评析

1. 责任构成

损害　初次诊断系误诊,导致患者身体的损害加重,患者骨折端移位、需再次手术

（拆内固定）。

行为 叶某某三次入院，分别为2014年9月26日晚因"外伤致左前臂受伤"到桐庐骨伤科医院处就诊，同年10月6日复查X片，同月13日，叶某某因"左前臂肿痛伴活动受限疼痛半月余"住院，由此可以看出叶某某与医院之间建立了诊疗关系。

过错 本案中，医疗机构的涉案行为是否存在过错，根据杭州市及浙江省两级医学会出具的鉴定意见可以得出，患者在首次前往医方处进行治疗时，医院在检查后认为其身体并未出现骨折现象，但事后再次复查时发现其初次诊断系误诊，导致患者身体的损害加重，骨折端移位，需要再次手术的严重后果。在案发时的医疗水平完全可以实现患者病情确诊的情况下，桐庐骨伤科医院在此案中的误诊行为明显存在医疗过错，应当承担主要责任。

因果关系 本案中，根据后来查明可知，在患者首次因"外伤致左前臂受伤"前往被告医院进行诊疗时，其已经存在"左尺骨中段骨折"的情况。在现有的正常医疗水平的情况下，桐庐骨伤科医院符合规范的诊疗行为应该是能诊治并判断出患者存在骨折情况并予以相关的治疗的。然而当时被告医院的医生拍片后未发现骨折，仅予伤药及包扎，使得患者错失了治疗的良机，并直接导致其在接下来的治疗活动中，需要承担更大的痛苦和负担。因此显然，被告桐庐骨伤科医院的涉案行为与患者自身的身体损害之间存在因果关系。两级鉴定机构出具的鉴定意见也均佐证了因果关系的存在。

小结 本案中，原、被告争议的焦点集中于被告的涉案行为是否存在过错以及该案中涉及的医保是否可以在案中进行一并处理的问题，即对于社会医疗保险已经垫付的医疗费用，受害人能否向侵权人主张赔偿。对于前者，上文已经进行相应分析。对于后者，本案中一审及二审法院均认为"叶某某基于农村新型合作医疗保险报销了部分医疗费用，该行为发生于叶某某与农保机构之间，与本案无涉，双方间关系应另行解决。桐庐骨伤科医院据此要求减轻自己赔偿责任，以及要求追加农保机构参与诉讼的意见，均不能成立，本院均不予采纳"。根据侵权责任法与社会保险法的有关规定，社会保险在支付相关赔偿费用后，侵权人的责任并未排除。社会保险法保留了基本医疗保险向第三人的追偿权。对此，目前最高人民法院民一庭的意见是，在人身损害赔偿纠纷案件中，社会保险制度不能减轻侵权人的责任而被侵权人也不能因侵权人的违法行为而获利。如果已经支付了医疗费的社会医疗保险机构没有参加该案诉讼，人民法院应当向其通知本案的诉讼情况，支持其行使追偿权。因此，在本案中，涉案的相关农保机构，是可以并应当作为第三人参与诉讼的，这样也有利于后续赔偿问题的解决。

2. 责任方式

医院需承担赔偿损失的责任方式。医疗费26 627.17元、误工费19 800元、护理费7 920元、住院伙食补助费1 200元、营养费1 800元、交通费1 000元、住宿费600元，合计58 947.17元。

案例21 王某某诉南京鼓楼医院医疗损害责任纠纷案[①]

一、基本案情

原告王某某,因"发现颈部包块4个月,多食消瘦心悸2个月",于2009年7月6日入住南京鼓楼医院普外科。医院诊断:甲状腺左叶乳头状癌;甲状腺功能亢进症。王某某入院后医生对其予以控制甲亢症状等治疗。7月15日,南京鼓楼医院对原告进行了"甲状腺双叶+颊部切除+颈部双侧淋巴结活检术",原告于7月21日出院。后王某某出现抽搐症状,并于8月24日入住江苏省人民医院核医学科,入院诊断:甲状腺癌术后、颈部淋巴结转移;甲状腺机能减退症;甲状旁腺机能减退症。

二、诉讼过程及裁判理由

一审法院认为,南京鼓楼医院对患者"甲状腺左叶乳头状癌;甲状腺功能亢进症"诊断明确,手术风险告知符合规范,行"甲状腺全切除术"未明显违反治疗规范,在王某某术后出现手脚麻木感症状后予补钙治疗,符合治疗常规,对此事实予以确认。但是,结合复旦鉴定中心出具的鉴定报告,应认定南京鼓楼医院作为三甲医院在诊疗过程中,还存在与其医疗水平不相符合的过错。2014年12月19日,一审法院判决:南京鼓楼医院于判决生效之日起10日内一次性赔偿王某某349 696元;驳回王某某的其他诉讼请求。王某某、南京鼓楼医院均不服判决,提起上诉。二审法院认为,南京鼓楼医院在对王某某的诊疗行为中存在一定过错,表现在:手术操作中行双侧甲状腺+颊部切除+颈部双侧淋巴结活检术,手术范围大,损伤大,未能保留好对侧腺叶后包膜,确保对侧甲状旁腺;术中作双侧淋巴结活检术欠规范,应按解剖顺序清扫颈部淋巴结;术后病理报告提示送检组织有甲状旁腺组织,提示术中有损伤到甲状旁腺;对家属解释、沟通尚不够。2015年4月7日,二审法院判决:驳回上诉,维持原判。

三、关联法条

《中华人民共和国民法通则》

第九十八条 公民享有生命健康权。

第一百零六条第二款 公民、法人由于过错侵害国家的、集体的财产,侵害他人财产、人身的,应当承担民事责任。

《最高人民法院关于审理人身损害赔偿案件适用法律若干问题的解释》

第十九条 医疗费根据医疗机构出具的医药费、住院费等收款凭证,结合病历和诊断证明等相关证据确定。赔偿义务人对治疗的必要性和合理性有异议的,应当承担相应

[①] 裁判法院:江苏省南京市中级人民法院。案号:(2015)宁民终字第1317号。

的举证责任。

医疗费的赔偿数额,按照一审法庭辩论终结前实际发生的数额确定。器官功能恢复训练所必要的康复费、适当的整容费以及其他后续治疗费,赔偿权利人可以待实际发生后另行起诉。但根据医疗证明或者鉴定结论确定必然发生的费用,可以与已经发生的医疗费一并予以赔偿。

第二十二条 交通费根据受害人及其必要的陪护人员因就医或者转院治疗实际发生的费用计算。交通费应当以正式票据为凭;有关凭据应当与就医地点、时间、人数、次数相符合。

《中华人民共和国民事诉讼法》

第一百七十条第一款第(一)项 第二审人民法院对上诉案件,经过审理,按照下列情形,分别处理:

(二)原判决、裁定认定事实错误或者适用法律错误的,以判决、裁定方式依法改判、撤销或者变更。

四、争议问题

1. 南京鼓楼医院是否存在医疗过错?
2. 原审法院对责任比例及残疾等级的认定是否有事实和法律依据?

五、简要评析

1. 责任构成

损害 在本案中原告由于医院具有过错的医疗诊断行为导致其身体受到了中度的损害,并且将需终身补钙替代治疗,形成医疗依赖。终身持续治疗,对于本案中年龄不大的原告来说,可以预见其未来将承担的巨大的生理痛苦以及将来持续治疗的经济压力。

行为 南京鼓楼医院在全麻下对原告王某某进行"甲状腺双叶+颊部切除+双侧颈部淋巴结活检术"的手术诊疗行为,因而医患双方之间形成了诊疗关系。

过错 从法益保护的角度看,南京鼓楼医院手术中存在过错的手术行为明显增加了患者身体受损的危险,这在医疗过程中是不被允许的。因此出现该行为,就应该视为医院存在过错,即医院应该承担相应的责任。此外被告在医疗过程中对家属的解释、沟通尚不够,也存在过错。

因果关系 根据复旦鉴定中心出具的鉴定意见表明,从手术范围、甲状旁腺功能低下原因以及与患者沟通交流方面,被告的医疗行为与原告的身体损害之间具有事实上的因果关系。从法理上来看,这种存在瑕疵的医疗行为在当时的医疗技术水平下是完全可能避免的,却因为院方的过失导致损害结果的发生,故本案也满足法律上的因果关系。

小结 根据《侵权责任法》第五十四条的规定,患者在诊疗活动中受到损害,医疗机构及其医务人员有过错的,由医疗机构承担赔偿责任。根据符合相关鉴定资质的鉴定中心出具的鉴定意见来看,南京鼓楼医院存在过错的手术行为和医疗手段确实是造成原告的身体损害的重要原因,侵害了其健康权和身体权,符合医疗侵权责任判定中的行为、损害、过错、因果关系的构成要件。此外,在责任承担的方式上采用赔偿损失最为合适也最有利于保护患者的利益,因此,法院最终判定南京鼓楼医院承担75%的民事赔偿责任,并给予原告数额较大的经济赔偿的判决是较为正确的。此外,在法院判定的经济赔偿中包含了较高的精神损害赔偿数额,考虑到该案中患者身体受损的终身持续性以及对于原告的未来人生可预期的巨大影响,数额较大的精神损害赔偿在一定程度上也体现了法律的公平正义精神,有利于社会矛盾的化解与消除。

2. 责任方式

医院需承担赔偿损失的责任方式。主要为金钱赔偿和精神损害赔偿。药品费、检查费、残疾赔偿金等费用共计419 595元,根据南京鼓楼医院的过错责任比例,南京鼓楼医院应赔偿其中314 696元,再加上精神损害抚慰金35 000元,南京鼓楼医院共应赔偿王某某349 696元。

案例22　岳某某、胡某1诉深圳市南山区人民医院医疗损害责任纠纷案[①]

一、基本案情

岳某某、胡某1系死者胡某的家属。2013年4月26日10时30分许,胡某邻居发现胡某欲服药自杀后拨打120,被告深圳市南山区医院(以下简称"南山医院")接到深圳市120急救中心指令后,立即派车前往接诊病人,但在接诊过程中死者胡某不予配合,后医务人员和保安强行将胡某抬至救护车上。胡某被送至南山医院后,仍不愿意告知急救医生其服用药物情况,最终胡某因抢救无效死亡。

二、诉讼过程及裁判理由

一审法院认为,南山医院在对胡某的医疗诊治行为中存在过错,该过错与胡某的死亡后果存在一定的因果关系,过错参与度为41%—60%。综合案件情况以及上述鉴定意见,法院确定南山医院应对岳某某、胡某1的损害承担50%的赔偿责任。一审法院判决:被告深圳市南山区人民医院赔偿原告岳某某、胡某1 538 991.5元。上诉人南山医院不服上述判决,向深圳市中级人民法院提起上诉。二审法院认为南山医院上诉理由不足,一审判决认定事实清楚,适用法律正确,予以维持。二审法院判决:驳回起诉,维持原判。

[①] 裁判法院:广东省深圳市中级人民法院。案号:(2015)深中法民终字第648号。

三、关联法条

《中华人民共和国侵权责任法》

第五十四条 患者在诊疗活动中受到损害,医疗机构及其医务人员有过错的,由医疗机构承担赔偿责任。

《最高人民法院关于审理人身损害赔偿案件适用法律若干问题的解释》

第十七条 受害人遭受人身损害,因就医治疗支出的各项费用以及因误工减少的收入,包括医疗费、误工费、护理费、交通费、住宿费、住院伙食补助费、必要的营养费,赔偿义务人应当予以赔偿。

受害人因伤致残的,其因增加生活上需要所支出的必要费用以及因丧失劳动能力导致的收入损失,包括残疾赔偿金、残疾辅助器具费、被扶养人生活费,以及因康复护理、继续治疗实际发生的必要的康复费、护理费、后续治疗费,赔偿义务人也应当予以赔偿。

受害人死亡的,赔偿义务人除应当根据抢救治疗情况赔偿本条第一款规定的相关费用外,还应当赔偿丧葬费、被扶养人生活费、死亡补偿费以及受害人亲属办理丧葬事宜支出的交通费、住宿费和误工损失等其他合理费用。

第十八条 受害人或者死者近亲属遭受精神损害,赔偿权利人向人民法院请求赔偿精神损害抚慰金的,适用《最高人民法院关于确定民事侵权精神损害赔偿责任若干问题的解释》予以确定。

精神损害抚慰金的请求权,不得让与或者继承。但赔偿义务人已经以书面方式承诺给予金钱赔偿,或者赔偿权利人已经向人民法院起诉的除外。

第二十条 误工费根据受害人的误工时间和收入状况确定。

误工时间根据受害人接受治疗的医疗机构出具的证明确定。受害人因伤致残持续误工的,误工时间可以计算至定残日前一天。

受害人有固定收入的,误工费按照实际减少的收入计算。受害人无固定收入的,按照其最近三年的平均收入计算;受害人不能举证证明其最近三年的平均收入状况的,可以参照受诉法院所在地相同或者相近行业上一年度职工的平均工资计算。

第二十二条 交通费根据受害人及其必要的陪护人员因就医或者转院治疗实际发生的费用计算。交通费应当以正式票据为凭;有关凭据应当与就医地点、时间、人数、次数相符合。

第二十七条 丧葬费按照受诉法院所在地上一年度职工月平均工资标准,以六个月总额计算。

第二十八条 被扶养人生活费根据扶养人丧失劳动能力程度,按照受诉法院所在地上一年度城镇居民人均消费性支出和农村居民人均年生活消费支出标准计算。被扶养人为未成年人的,计算至十八周岁;被扶养人无劳动能力又无其他生活来源的,计算二十年。但六十周岁以上的,年龄每增加一岁减少一年;七十五周岁以上的,按五年计算。

被扶养人是指受害人依法应当承担扶养义务的未成年人或者丧失劳动能力又无其他生活来源的成年近亲属。被扶养人还有其他扶养人的，赔偿义务人只赔偿受害人依法应当负担的部分。被扶养人有数人的，年赔偿总额累计不超过上一年度城镇居民人均消费性支出额或者农村居民人均年生活消费支出额。

第二十九条 死亡赔偿金按照受诉法院所在地上一年度城镇居民人均可支配收入或者农村居民人均纯收入标准，按二十年计算。但六十周岁以上的，年龄每增加一岁减少一年；七十五周岁以上的，按五年计算。

《中华人民共和国民事诉讼法》

第六十四条 当事人对自己提出的主张，有责任提供证据。

当事人及其诉讼代理人因客观原因不能自行收集的证据，或者人民法院认为审理案件需要的证据，人民法院应当调查收集。

人民法院应当按照法定程序，全面地、客观地审查核实证据。

第一百七十条 第二审人民法院对上诉案件，经过审理，按照下列情形，分别处理：

（一）原判决、裁定认定事实清楚，适用法律正确的，以判决、裁定方式驳回上诉，维持原判决、裁定；

（二）原判决、裁定认定事实错误或者适用法律错误的，以判决、裁定方式依法改判、撤销或者变更；

（三）原判决认定基本事实不清的，裁定撤销原判决，发回原审人民法院重审，或者查清事实后改判；

（四）原判决遗漏当事人或者违法缺席判决等严重违反法定程序的，裁定撤销原判决，发回原审人民法院重审。

原审人民法院对发回重审的案件作出判决后，当事人提起上诉的，第二审人民法院不得再次发回重审。

四、争议问题

1. 对于患者胡某不配合治疗的事实，医疗侵权责任如何划分？
2. 南山医院是否需对岳某某、胡某1的损害承担赔偿责任？

五、简要评析

1. 责任构成

损害 本案中胡某因抢救无效死亡，生命权受到了实际损害。

行为 南山医院在接到深圳市120急救中心指令后，立即派车前往接诊病人，在胡某不予配合的情况下，将胡某强行带到了医院，询问胡某无果后对其进行了常规检查和CT检查初步诊断为急性脑梗和高血压，在4小时后为胡某进行洗胃。

过错 首先，医院初步诊断为急性脑梗和高血压，并未诊断出药物中毒，故当班医生对患者没有引起足够重视,没有及时考虑到药物中毒,也没有按照中毒患者进行抢救,所以医方在对胡某的诊疗过程中没有做到尽职尽责,存在过错。其次,医院出具的病历记录不全面,字迹不清楚,有个别字无法辨认,没有严格按照病历书写基本规范要求,病历记录存有不妥之处。最后,在询问患者无果的情况下,医生只进行了常规检查和CT检查,4个小时后才洗胃,致使患者所服药物全部排入肠道被吸收,错过最佳治疗时机。

因果关系 接受法院委托的广东岭南司法鉴定中心出具的司法鉴定具有客观性和权威性,且符合证据性质,原、被告双方对此均没有提出异议,所以可以作为确认医患双方医疗纠纷过错及因果关系的依据。根据鉴定意见书,南山医院在对胡某的医疗诊治行为中存在过错,胡某的死亡与医方的医疗过错行为存在因果关系,且属同等因素,损害后果由医疗过错行为和患方不配合治疗共同造成,医院的过失参与度为41%—60%。

小结 我们首先要对不配合治疗的医疗侵权案件加以区分。第一种是患者自己故意放弃生命的行为,即在自杀未遂后入院接受治疗时,不配合医生进行治疗,此时患者的主观意愿是放弃生命,此行为可以将其理解为故意。第二种是患者没有放弃生命的主观意愿,但是出于经济或其他方面的原因,加之患者对于自己身体状况的过分自信,导致患者不配合治疗或者不遵医嘱,导致自己的生命权、健康权受到损害,此时患者没有放弃生命的主观意愿,可以理解为过失行为。《侵权责任法》第六十条规定,当患者或者其近亲属不配合医疗机构进行符合诊疗规范的诊疗时,患者有损害的,医疗机构不承担赔偿责任。由此可见,当医疗损害结果完全是由于病员及其家属不配合诊治而与医务人员无关时,医疗单位当然可以据此主张免除责任。但是医务人员是专业技术人员,患者无论是因过错不配合治疗还是因过失不配合治疗时医生都能主张免除责任?在《医疗事故处理办法》第三条中规定以病员及其家属不配合诊治为主要原因而造成不良后果的,不属于医疗事故,即医疗单位可以免责。但此时要注意法条里的"主要原因"并不等于全部原因,在医疗机构有过错的情况下,即使其过失不是损害后果发生的主要原因,医疗单位也不能因此免责。此时的损害事实是由于医务人员与病员及其家属双方原因造成的,所以应当根据过错程度的大小,由双方分担责任。在本案中,法院认定患者与医院各承担50%的责任,加重了医院的责任。患者故意放弃生命的行为,其主观恶性较之不配合治疗的行为更大,医院对患者进行了检查和治疗,但没有采取最有效的治疗方式,医院确实存在过错,但是胡某的死亡是由于其自己服药自杀及隐瞒服药病史和医院过错共同导致的,法院只是考虑了患者不配合治疗的情况,却忽略了故意放弃生命和过失不配合治疗之间的区别。

2. **责任方式**

被告深圳市南山区人民医院需承担赔偿损失的责任方式,赔偿原告岳某某、胡某1共538 991.5元。

案例 23　王某、张某诉深圳某医院医疗侵权责任纠纷案[①]

一、基本案情

孕妇王某于 2010 年 12 月 4 日到被告医院了解医院产检情况,医护人员向孕妇表示产检将由资深专家负责,完全能保证产检的质量。王某基于对专家和医院的信任,同时为了保证优生优育,到被告医院进行了产检建册,并完全按照被告的安排定期进行产前全面检查。在整个产检过程中,被告都认为胎儿是正常的。2011 年 5 月 19 日,王某之子张某 1 出生。但在 7 月 1 日,婴儿在被告处检查诊断为先天性心脏病,并在其他医院检测出多种疾病。广东省儿童医院专家经会诊认为婴儿的先天性心脏病在早期检查中完全可以被发现,婴儿的病几乎不可能治愈。在 2 原告尽全力为张某 1 治疗后,婴儿最终于 10 月 20 日经医治无效死亡。

二、诉讼过程及裁判理由

一审法院认为,被告医院的宣传与其他医院的宣传基本一致,没有过分夸大自己医院四维彩超的作用,故被告医院并不存在虚假宣传的情形。2 原告没有证据证明深圳某医院在为王某产检的过程中存在医疗过错。任何一种仍在发展中的疾病诊断方法在其功能检查的范围内均有可能存在无法准确诊断的情形。2012 年 12 月 25 日,一审法院判决:驳回原告王某、张某的全部诉讼请求。

三、关联法条

《中华人民共和国民事诉讼法》

第六十四条　当事人对自己提出的主张,有责任提供证据。

当事人及其诉讼代理人因客观原因不能自行收集的证据,或者人民法院认为审理案件需要的证据,人民法院应当调查收集。

人民法院应当按照法定程序,全面地、客观地审查核实证据。

四、争议问题

1. 被告医院是否存在虚假宣传？若存在虚假宣传,该宣传与 2 原告受到的损害后果是否存在因果关系？

2. 被告医院是否未严格履行审慎检查的义务和医疗科学分析和告知的义务？如存在过失,是否侵犯了原告的生育知情权和健康生育选择权？

[①] 裁判法院:广东省深圳市宝安区人民法院。案号:(2012)深宝法民一初字第 2178 号。

五、简要评析

1. 责任构成

损害 婴儿张某 1 患先天性心脏病,在经过治疗之后抢救无效死亡,生命权受到侵害。2 原告作为死者的父母,因婴儿的死亡,精神受到损害。

行为 被告医院的诊疗行为有三个。首先是被告医院运用四维彩超技术对孕妇王某进行了产前全面检查,并且在整个产检过程中,被告医院都认为胎儿是正常的。其次在婴儿张某 1 诞生后,被告医院在对婴儿进行全面检查后将其诊断为先天性心脏病。最后是婴儿先天性心脏病确诊后,被告医院对其进行治疗行为。

过错 首先,对于婴儿张某 1 患有非常复杂的先天性心脏病,被告医院在早期检查完全可以发现,但被告医院在多次产前检查中均没有发现。其次,被告医院在产检过程中极其不负责任,对待孕妇都是马虎了事,产前的检查虽然是由被告医院所称的专家签名,但实际上并非全由专家亲自负责。出具的产前检查报告单草草描述孕妇情况,甚至将原告王某的年龄记错,不同的诊断报告出现不同的年龄,被告医院明显未尽到审慎审查义务。

因果关系 首先,2 原告因没有按时支付鉴定机构鉴定费用,主动放弃医疗过错鉴定的申请,因此本案不能通过鉴定的方式确认医疗过错与损害之间的因果关系,所以 2 原告应当承担举证不能的法律后果。其次,超声仪器具有一定的局限性,不是万能的检查,超声检查能发现一部分胎儿畸形,但不能检出所有的胎儿畸形。所以医院的过错与损害的发生不存在因果关系。

小结 关于医院虚假宣传的争议,我们首先要明确医院在什么情况下构成虚假宣传。在《医疗广告管理办法》第七条中规定了医疗广告的表现形式不得含有的七种内容,关于表示功效、安全性的断言或者保证的相关词语被法律明确禁止。在本案中,被告医院的广告词"四维彩超能够全方位、多角度地观察宫内胎儿的生长发育情况,更可诊断先天性疾病、智障儿等严重问题,从而确保宝宝健康发育"中就有其对诊断先天性疾病的保证,这就明确违反了《医疗广告管理办法》。但一审法院认为从被告医院的广告词中不能推导出四维彩超能够 100% 检查出胎儿的先天性心脏病的结论,我认为一审法院对此存在认识不足。首先,2 原告作为普通患者,其对于医院的宣传存在信赖利益,因此在被告医院的宣传词中存在"可以、能够"等词语时,患者基于自己的认识选择被告医院,与医院的宣传之间存在直接因果关系。其次,先天性心脏病作为常见的婴儿先天性疾病,应属于医院的重点检查项目,且广东省儿童医院专家经会诊也认为婴儿的先天性心脏病在早期检查中完全可以被发现,因此被告医院在产前检查中存在过错,一审法院存在认识不足。对于医院宣传的规定,法律法规还应该更加细化,尤其对模棱两可的词句应给予明确规定。关于被告医院是否侵犯了王某健康生育选择权的争议,健康生育选择权是父母一方或在婚姻关系存续期间的夫妻双方有决定是否生育先天性不健康后代的权利。在

《中华人民共和国母婴保健法实施办法》第四条中规定了公民享有母婴保健知情的选择权利。医生进行检查属于一种职务行为,应在产前多次检查,多部位、多阶段、多方位检查,以确保检查结果的真实性、可靠性,但被告医院未在产前检查中查出婴儿患有先天性心脏病,依据原卫生部颁布的《医院工作制度》中的规定,特殊检查室的工作人员应当及时准确地把报告结果告诉当事人,被告医院的过错侵犯了王某的健康生育选择权。参考上海首例生育知情权纠纷案中上海市静安区法院要求被告医院承担70%责任的判决,此案中一审法院驳回2原告的诉讼请求不符合事实和法律,存在明显不足。

2. 责任方式

法院认为没有证据证明深圳某医院在为王某产检的过程中存在医疗过错,所以判决驳回原告王某、张某的全部诉讼请求。

案例24 徐某峰等与中国人民解放军总医院第一附属医院医疗损害责任纠纷案[①]

一、基本案情

徐某峰、徐某广、徐某洁、徐某卫系患者徐某某之子女,其认为患者的直接死亡原因是医院医疗护理不当,从而与中国人民解放军总医院第一附属医院(以下简称"三〇四医院")产生纠纷。2013年3月6日,徐某某因确诊胰腺癌1年余,恶心、呕吐、停止排气排便2周等就诊于三〇四医院,入院诊断为:① 胰腺癌晚期:腹腔广泛转移、盆腹腔积液;② 恶性肠梗阻。2013年3月6日至2013年6月1日期间,徐某某在三〇四医院住院治疗。2013年5月10日,徐某某主动要求返家休息,经院方反复向患者及家属交代风险,家属慎重考虑后,表示理解,但坚持要求离院,自愿承担一切后果,并签字。2013年5月31日23时许,徐某某因在家中出现意识障碍,呼吸困难,入院治疗,考虑患者已属于肿瘤晚期,一般状态较差,随时可能出现死亡,院方向家属详细交代病情,家属表示知情并理解,拒绝行气管插管等积极抢救。2013年6月1日晨,徐某某经抢救无效死亡。[②]

二、诉讼过程及裁判理由

一审法院认为,根据鉴定机关出具的鉴定报告,三〇四医院在徐某某首次入院后对其相关检查报告没有诊断,没有针对性治疗,一个多月后诊断患者肺部感染对其控制不利,三〇四医院的上述医疗行为存在过错,该过错行为与徐某某的损害后果有轻微因果关系,考虑本案实际情况,三〇四医院只应在其过错责任范围内承担相应的民事赔偿责

[①] 裁判法院:北京市第一中级人民法院。案号:(2016)京01民终字第3060号。
[②] 刘严、梁雨:《癌症晚期患者住院期间坚持离院后死亡,医院为何判赔5万?》,《医脉通》2017年7月。

任。据此,徐某某家属主张三〇四医院对医疗费承担全部赔偿责任,没有依据,法院不予采信。2016年1月28日,一审判决:中国人民解放军总医院第一附属医院于本判决生效后15日内赔偿徐某峰、徐某广、徐某洁、徐某卫医疗费18 687.5元、护理费609元、住院伙食补助费305元、丧葬费2 714.5元、死亡赔偿金30 737元,精神损害抚慰金3 500元;上述费用共计56 553元;驳回徐某峰、徐某广、徐某洁、徐某卫其他诉讼请求。徐某峰、徐某广、徐某洁、徐某卫不服,提起上诉。二审法院认为,本案中,北京中衡司法鉴定所的鉴定意见认为三〇四医院存在医疗过错,该过错与徐某某损害后果之间有轻微因果关系。一审法院根据上述鉴定意见,结合本案案件事实,酌情确定三〇四医院的赔偿责任比例,该比例未超过合理限度,并无不妥。2017年5月26日,二审判决:驳回上诉,维持原判。

三、关联法条

《中华人民共和国侵权责任法》

第五十八条第(二)项及第(三)项　患者有损害,因下列情形之一的,推定医疗机构有过错:

(二)隐匿或者拒绝提供与纠纷有关的病历资料;

(三)伪造、篡改或者销毁病历资料。

《中华人民共和国民事诉讼法》

第一百七十条第一款第一项　第二审人民法院对上诉案件,经过审理,按照下列情形,分别处理:

(一)原判决、裁定认定事实清楚,适用法律正确的,以判决、裁定方式驳回上诉,维持原判决、裁定。

四、争议问题

患者住院期间坚持离院后死亡,医方是否存在过错?

五、简要评析

1. 责任构成

损害　徐某某因在家中出现意识障碍,呼吸困难,入院治疗,考虑患者已属于肿瘤晚期,一般状态较差,随时可能出现死亡,院方向家属详细交代病情,家属表示知情并理解,拒绝行气管插管等积极抢救。2013年6月1日晨,徐某某经抢救无效死亡。

行为　医方向被鉴定人家属交代了病情。被鉴定人家属意见为放弃积极治疗,仅要求给予支持疗法并签字;同时签署化疗、胸穿及输血治疗等知情同意书,医方诊断明确,处置合理,符合诊疗常规。

过错　经徐某峰、徐某广、徐某洁、徐某卫申请,一审法院委托北京中衡司法鉴定所对本案进行了司法鉴定。该司法鉴定意见为：三〇四医院在对徐某某的诊疗过程中存在医疗过错，与徐某某的损害后果有轻微因果关系。根据徐某某病案资料及其死亡证明等证据，徐某某的死亡原因为肿瘤晚期呼吸循环衰竭，三〇四医院在负压吸引器出现吸力下降后及时利用其他方法进行吸痰处置不存在过错。救治过程医方无明显过错。但医方对于病重病人同意返家治疗，不符合住院病人管理规定，医方行为存在不足。

因果关系 司法鉴定意见为：三〇四医院对徐某某的诊疗过程中存在医疗过错，与徐某某的损害后果有轻微因果关系。

小结 本案的主要争议焦点在于患者住院期间坚持离院后死亡，医方是否存在过错？患者与医院因入院手续的办理而形成了医疗服务合同，在此期间，医院需要尽谨慎注意义务，看护好病人，尤其是高危重症病人。但是在此期间，如果患者坚持要离院，并在离院之后出现伤害，这时候的法律责任需厘清。首先，医院有看护的义务，并应当在重症高危病人出院时，进行风险的详细告知与叮嘱，如果医院未充分进行风险告知或嘱托不足，将认定医院存有过错；其次，若在此基础上，患者仍执意离院，医院无法左右时，医院应尽快为患者办理离院手续，解除该医疗服务合同，避免风险发生。① 具体到本案，患者为重症病人，却执意要离开医院，医院是否存在过错并不以是否同意其离院为判定标准，而应当以医院是否尽到了谨慎注意义务、风险告知义务等来判断。此外，仔细观看本案案情，经医方反复向患者及家属交代风险，家属慎重考虑后，表示理解，但坚持要求离院，自愿承担一切后果，并签字。2013年5月31日23时许，徐某某因在家中出现意识障碍，呼吸困难，入院治疗，考虑患者已属于肿瘤晚期，一般状态较差，随时可能出现死亡，院方向家属详细交代病情，家属表示知情并理解，拒绝行气管插管等积极抢救。从中可以看出，医院已经尽到了自己的义务，而一审法院与二审法院皆认为医方对于病重病人同意其返家治疗，不符合住院病人管理规定，医方存在不足。法院此举，未免有过分苛责医院之嫌。医院乃救死扶伤之处，再怎么要求医院尽职尽责终须有个限度。医患之间需多一分沟通，少一分误解；多一分信任，少一分偏见。

2. 责任方式

医院需承担赔偿损失的责任方式，主要为金钱赔偿和精神损害赔偿。中国人民解放军总医院第一附属医院需赔偿徐某峰、徐某广、徐某洁、徐某卫医疗费18 687.5元、护理费609元、住院伙食补助费305元、丧葬费2 714.5元、死亡赔偿金30 737元，精神损害抚慰金3 500元；上述费用共计56 553元。

---

① 刘严、梁雨：《癌症晚期患者住院期间坚持离院后死亡，医院为何判赔5万？》，《医脉通》2017年7月。

案例 25　张某 1、张某芝等诉中国人民解放军第四军医大学第一附属医院医疗损害责任纠纷案①

一、基本案情

2012年5月8日,张某鸣(张某芝之夫,其余上诉人之父)因摔伤致左髋部疼痛,轻度肿胀,活动受限3天在中国人民解放军第四军医大学第一附属医院(以下简称"西京医院")急诊科就诊,X片显示左股骨粗隆骨折。患者在西京医院处住院近7个月,交纳30多万元医疗费,后出现胸穿出血,肺部严重感染等症状,于2012年12月4日在呼吸内科死亡。

二、诉讼过程及裁判理由

一审法院认为,西京医院虽在与张某芝、张某1、张某2、张某3、张某4交涉初期表示由院方解决运送尸体车辆问题,随后又明确告知张某芝、张某1、张某2、张某3、张某4无法解决。在此情况下,张某芝、张某1、张某2、张某3、张某4作为张某鸣的家属应当自行与西京医院太平间联系运送尸体以确保尸检进行。因张某芝、张某1、张某2、张某3、张某4原因导致尸检未能进行,应由张某芝、张某1、张某2、张某3、张某4对错过张某鸣尸检时间,造成本案医疗过错鉴定不能的法律后果承担责任。一审法院判决:驳回原告张某芝、张某1、张某2、张某3、张某4的诉讼请求。诉讼费11 800元由原告张某芝、张某1、张某2、张某3、张某4承担。上诉人张某芝、张某1等人不服,向西安市中级人民法院提出上诉。二审法院认为,在双方就运送尸体车辆未达成一致意见的情况下,张某芝、张某1、张某2、张某3、张某4作为张某鸣的家属应当自行与西京医院太平间联系运送尸体以确保尸检正常进行,故原审法院认定应由张某芝、张某1、张某2、张某3、张某4对错过张某鸣尸检时间造成本案医疗过错鉴定不能的法律后果承担责任,并无不当。二审法院判决:驳回上诉,维持原判。二审案件受理费11 800元,由张某芝、张某1等人承担。

三、关联法条

《最高人民法院关于民事诉讼证据的若干规定》

第二条　当事人对自己提出的诉讼请求所依据的事实或者反驳对方诉讼请求所依据的事实有责任提供证据加以证明。

没有证据或者证据不足以证明当事人的事实主张的,由负有举证责任的当事人承担不利后果。

《中华人民共和国侵权责任法》

第六条　行为人因过错侵害他人民事权益,应当承担侵权责任。

---

① 裁判法院:陕西省西安市中级人民法院。案号:(2014)西中民二终字第02386号。

根据法律规定推定行为人有过错,行为人不能证明自己没有过错的,应当承担侵权责任。

《中华人民共和国民事诉讼法》

第一百七十条第一款第(一)项　第二审人民法院对上诉案件,经过审理,按照下列情形,分别处理:

(一)原判决、裁定认定事实清楚,适用法律正确的,以判决、裁定方式驳回上诉,维持原判决、裁定。

四、争议问题

造成张某鸣死亡后未能尸检的责任由谁承担?

五、简要评析

1. 责任构成

损害　张某鸣在西京医院处住院近7个月,后出现胸穿出血,肺部严重感染等症状,于2012年12月4日在呼吸内科死亡,构成侵权法上的损害事实。

行为　西京医院为患者实施了一系列诊疗行为,包括给予替考拉宁抗感染治疗、超声定位下行胸腔穿刺、行左侧胸腔闭式引流术、超声引导下经皮胸腔穿刺置管等。患者入院时为多发病,病情危重,院方高度重视,多次组织高级别、多学科的医生会诊,先后组织神经内科会诊、内分泌科内科会诊、心内科会诊、呼吸内科会诊、麻醉科会诊,邀请西安交通大学第一附属医院重症医学科王雪主任、西安交通大学第二附属医院重症医学科王国恩主任医师参与讨论。

过错　依据《侵权责任法》第五十四条,患者在诊疗活动中受到侵害,医疗机构及其医务人员有过错的,由医疗机构承担赔偿责任。

因果关系　本案患者未进行尸检导致鉴定机构退回鉴定申请,且两审法院均认为造成本案医疗过错鉴定不能的法律后果应由患方承担,故不能推定存在因果关系。

小结　本案属于较为特殊的医疗损害责任纠纷案例,由于未及时进行尸检导致鉴定机构无法出具鉴定结论,退回鉴定。鉴于医疗行为的高度专业性,法院的裁判在很大程度上取决于专业鉴定机构出具的鉴定意见,取决于鉴定意见认定的过错、因果关系、参与度。本案鉴定意见不可逆转的缺失使整个纠纷的客观真实性无法得到查明。两审法院均认为患方的原因导致未进行尸检,应由患方承担医疗过错鉴定不能的法律后果。加之不存在《侵权责任法》第五十七条规定的情形,故需要由患方承担医方诊疗行为存在过错的举证责任,由于不存在鉴定结论,无法证明医方的诊疗行为存在过错,患方举证不能,需承担不利后果。值得进一步思考的是,不论由于患方还是医方未进行尸检,鉴定机构无法出具鉴定意见,法院进而根据举证责任分配将不利后果归于一方承担,这样做虽然符合法律规定,但毕竟是在未查明诊疗活动是否存在过错,诊疗行为与损害后果是否存在因果关系的情况下的权衡之举,可能会对当事人的权利产生不利影响。如在本案中,尽管患方未进行尸检存在过错,但仅因为未进行尸检丧失了全部的损害赔偿请求权,不得不使我们思考在这种情况下如何平衡医患双方的利益,做出实质公正的判决。

2. 责任方式

经过上述分析,本案中西京医院未实施医疗侵权行为,不承担侵权责任,故无责任方式。

案例26 周某1等与昆山市第一人民医院医疗损害责任纠纷案①

一、基本案情

2014年1月9日至2015年11月5日杨某某因关节炎到昆山市第一人民医院就诊,其中四次在就诊时进行鞘内注射。2015年11月8日,杨某某经第三人苏州市立医院诊断患者右膝关节炎症、右膝关节感染可能、糖尿病,11月30日,经苏州市立医院诊断患者化脓性关节炎、肺部感染、多器官功能障碍综合征等,该期间医疗费151 378.5元。12月18日,杨某某因右膝关节化脓性骨关节炎等死亡。

二、诉讼过程及裁判理由

一审法院认为:患者在诊疗活动中受到损害,医疗机构及其医务人员有过错的,由医疗机构承担赔偿责任。杨某某先在昆山市第一人民医院就诊膝关节、后在苏州市立医院因膝关节感染救治无效死亡,周某1、周某2、周某3作为杨某某子女,有权提起诉讼获得赔偿,对于昆山市第一人民医院治疗行为是否存在过错及与杨某某最终死亡之间是否存在关联性,因杨某某就医行为缺乏相应病历无法做出司法鉴定,该病历材料应由昆山市第一人民医院在治疗时出具,由缺失病历材料导致无法进行司法鉴定,该责任应由昆山市第一人民医院承担。一审法院判决:昆山市第一人民医院于判决生效后10日内赔偿周某1等损失384 095.63元。案件受理费2 190元,由昆山市第一人民医院负担。上诉人(原审被告)昆山市第一人民医院不服,向苏州市中级人民法院提起上诉。二审法院认为,因杨某某在昆山市第一人民医院进行门诊治疗,门、急诊病历资料应当由患方保存,因此周某1、周某2、周某3负有举证责任,应当提供2015年11月5日杨某某在昆山市第一人民医院门诊治疗的病历。昆山市第一人民医院无法提供病历资料并无不当,一审判决认定缺失病历资料导致无法鉴定的责任由昆山市第一人民医院承担不当,应予纠正。一审中,昆山市第一人民医院提供了档案袋封存的注射针头、注射液等,因未进行医学鉴定,故不能证明周某1、周某2、周某3的主张,而无法进行鉴定的责任也不能归责于昆山市第一人民医院,因此周某1、周某2、周某3认为杨某某死亡的原因系昆山市第一人民医院违反诊疗规范依据不足。二审法院判决:撤销(2016)苏0583民初字第1278

---

① 裁判法院:江苏省苏州市中级人民法院。案号:(2017)苏05民终字第1337号。

号民事判决,驳回周某1等的一审诉讼请求。一审案件受理费2 190元,由周某1负担。二审案件受理费2 190元,由周某1等负担。

三、关联法条

《中华人民共和国侵权责任法》

第二十二条 侵害他人人身权益,造成他人严重精神损害的,被侵权人可以请求精神损害赔偿。

第五十四条 患者在诊疗活动中受到损害,医疗机构及其医务人员有过错的,由医疗机构承担赔偿责任。

第六十一条 医疗机构及其医务人员应当按照规定填写并妥善保管住院志、医嘱单、检验报告、手术及麻醉记录、病理资料、护理记录、医疗费用等病历资料。

患者要求查阅、复制前款规定的病历资料的,医疗机构应当提供。

《最高人民法院关于民事诉讼证据的若干规定》

第二条 当事人对自己提出的诉讼请求所依据的事实或者反驳对方诉讼请求所依据的事实有责任提供证据加以证明。

没有证据或者证据不足以证明当事人的事实主张的,由负有举证责任的当事人承担不利后果。

《中华人民共和国民事诉讼法》

第六十四条第一款 当事人对自己提出的主张,有责任提供证据。

第一百七十条第一款第二项 第二审人民法院对上诉案件,经过审理,按照下列情形,分别处理:

(二)原判决、裁定认定事实错误或者适用法律错误的,以判决、裁定方式依法改判、撤销或者变更。

四、争议问题

缺乏相应病历无法做出司法鉴定的责任应如何确定?

五、简要评析

1. 责任构成

损害 2015年11月30日,杨某某经苏州市立医院诊断患有化脓性关节炎、肺部感染、多器官功能障碍综合征等,12月18日,杨某某因右膝关节化脓性骨关节炎等死亡。这构成侵权法上的损害事实。

行为 昆山市第一人民医院实施了诊疗行为,对患者予以关节腔和膝关节内侧副韧带附着点注射消炎镇痛复合液治疗,操作者戴口罩、帽子,以膝关节内侧膝眼、副韧带附着点为穿刺点,穿刺点皮肤经过碘酒和酒精消毒后,用7号针尖穿刺,回抽无血无液后予以消炎镇痛复合液关节腔及副韧带附着点各注射 4 ml。

过错 依据《侵权责任法》第五十四条,患者在诊疗活动中受到侵害,医疗机构及其医务人员有过错的,由医疗机构承担赔偿责任。即医疗侵权的一般归责原则——过错责任原则,由患方对其主张承担举证责任。

因果关系 本案系患方原因导致鉴定机构无法出具鉴定意见,未得出医院诊疗行为是否存在过错及与杨某某死亡之间是否存在因果关系的鉴定结论。加之杨某某是一位八十多高龄的糖尿病患者,患有多年的膝关节炎,杨某某的死亡不排除由既往病史及基础疾病引发。故而不能推定因果关系成立。

小结 本案中二审法院撤销了原审法院的判决,驳回了患方的全部诉讼请求。两审判决差异悬殊的原因在于对门诊病历究竟应由医方还是患方提供的认定。并非所有的病历均属于《侵权责任法》第六十一条规定的病历资料范围,均需要由医方提供,门、急诊病历即是例外。原审法院错误地认为门诊病历应由医方提供,进而错误地认定缺失病历资料导致无法鉴定的责任由昆山市第一人民医院承担。二审法院予以纠正,明晰医疗侵权中医疗机构过错的举证责任分配方式,做出了正确的判决。

2. 责任方式

经过上述分析,本案中昆山市第一人民医院未实施医疗侵权行为,不承担侵权责任,故没有责任方式。

案例 27 上诉人汤某元、汤某珍、汤某 1、汤某 2 与被上诉人蕉岭县妇幼保健院医疗损害责任纠纷案[①]

一、基本案情

2015 年 8 月 10 日 14 时 50 分,孕妇汤某平入蕉岭县妇幼保健院生产。产程顺利,19 时 40 分产妇自诉呼吸困难、胸闷、心悸,即查:产妇烦躁,神志清,四肢湿冷,脸色苍白,血压测不出。15 分钟阴道流血量约 50 ml,可见凝血块。医生立即给予面罩吸氧,静推地塞米松 10 mg 抗过敏等,同时,呼叫上级医院共同抢救。20 时 45 分许产妇意识丧失,出现呼吸、心搏骤停,医生即进行胸外按压等抢救。20 时 47 分产妇心跳恢复,心率 115 次/分,但无自主呼吸及血压仍测不出,血氧饱和度为零。21 时 20 分梅州市人民医院主治医师到院评估病人后指示目前病人病情危重,不宜转诊,由该院医生继续抢救,23 时 55 分产妇在梅州市人民医院医生接诊下转至该院。梅州市人民医院接收患者后,即给予呼吸机辅助呼吸、输血抗休克等对症支持治疗,但患者反复出现心搏骤停,医生给予继续胸外按压、反复注肾上腺素升压、纠酸等抢救,但因抢救无效,患者于 2015 年 8 月 11 日 12 时 15 分死亡。

[①] 裁判法院:广东省梅州市中级人民法院。案号:(2017)粤 14 民终字第 892 号。

二、诉讼过程及裁判理由

一审法院认为,在本案审理过程中,向4位原告释明并指定期间申请鉴定。一审法院释明后,4原告仍对上述医疗专门性问题不申请鉴定,因此,原告的举证责任并没有完成,应承担举证不能的法律后果。一审法院判决:驳回原告汤某元、汤某珍、汤某1、汤某2的诉讼请求。案件受理费5 936元,鉴定费用10 000元,由4位原告共同负担。上诉人汤某元、汤某珍、汤某1、汤某2不服,向本院提起上诉。二审法院认为,广东中一司法鉴定所是依法登记成立的、有资质的司法鉴定机构,鉴定程序合法,鉴定意见明确。患者汤某平在分娩过程中死亡的原因是肺羊水栓塞所致,蕉岭县妇幼保健院在诊疗过程中存在用药力度不够和未把握子宫切除手术机会的过错,其过错与患者死亡存在次要因果关系。二审法院判决:撤销广东省蕉岭县人民法院(2017)粤1427民初字第86号民事判决;被上诉人蕉岭县妇幼保健院应于本判决生效后10日内赔偿上诉人汤某元、汤某珍、汤某1、汤某2因汤某平死亡造成的经济损失,即医疗费、丧葬费、死亡赔偿金(含被扶养人生活费)、交通费、精神损害抚慰金等共计383 293.94元;驳回上诉人汤某元、汤某珍、汤某1、汤某2的其他诉讼请求。

三、关联法条

《中华人民共和国侵权责任法》

第六条第一款　行为人因过错侵害他人民事权益,应当承担侵权责任。

第十五条　承担侵权责任的方式主要有:

(一)停止侵害;

(二)排除妨碍;

(三)消除危险;

(四)返还财产;

(五)恢复原状;

(六)赔偿损失;

(七)赔礼道歉;

(八)消除影响、恢复名誉。

以上承担侵权责任的方式,可以单独适用,也可以合并适用。

第十六条　侵害他人造成人身损害的,应当赔偿医疗费、护理费、交通费等为治疗和康复支出的合理费用,以及因误工减少的收入。造成残疾的,还应当赔偿残疾生活辅助具费和残疾赔偿金。造成死亡的,还应当赔偿丧葬费和死亡赔偿金。

第十八条　被侵权人死亡的,其近亲属有权请求侵权人承担侵权责任。被侵权人为单位,该单位分立、合并的,承继权利的单位有权请求侵权人承担侵权责任。

被侵权人死亡的,支付被侵权人医疗费、丧葬费等合理费用的人有权请求侵权人赔偿费用,但侵权人已支付该费用的除外。

第二十二条　侵害他人人身权益,造成他人严重精神损害的,被侵权人可以请求精神损害赔偿。

第五十四条　患者在诊疗活动中受到损害,医疗机构及其医务人员有过错的,由医疗机构承担赔偿责任。

《最高人民法院关于审理人身损害赔偿案件适用法律若干问题的解释》

第十七条　受害人遭受人身损害,因就医治疗支出的各项费用以及因误工减少的收入,包括医疗费、误工费、护理费、交通费、住宿费、住院伙食补助费、必要的营养费,赔偿义务人应当予以赔偿。

受害人因伤致残的,其因增加生活上需要所支出的必要费用以及因丧失劳动能力导致的收入损失,包括残疾赔偿金、残疾辅助器具费、被扶养人生活费,以及因康复护理、继续治疗实际发生的必要的康复费、护理费、后续治疗费,赔偿义务人也应当予以赔偿。

受害人死亡的,赔偿义务人除应当根据抢救治疗情况赔偿本条第一款规定的相关费用外,还应当赔偿丧葬费、被扶养人生活费、死亡补偿费以及受害人亲属办理丧葬事宜支出的交通费、住宿费和误工损失等其他合理费用。

第十八条　受害人或者死者近亲属遭受精神损害,赔偿权利人向人民法院请求赔偿精神损害抚慰金的,适用《最高人民法院关于确定民事侵权精神损害赔偿责任若干问题的解释》予以确定。

精神损害抚慰金的请求权,不得让与或者继承。但赔偿义务人已经以书面方式承诺给予金钱赔偿,或者赔偿权利人已经向人民法院起诉的除外。

第十九条　医疗费根据医疗机构出具的医药费、住院费等收款凭证,结合病历和诊断证明等相关证据确定。赔偿义务人对治疗的必要性和合理性有异议的,应当承担相应的举证责任。

医疗费的赔偿数额,按照一审法庭辩论终结前实际发生的数额确定。器官功能恢复训练所必要的康复费、适当的整容费以及其他后续治疗费,赔偿权利人可以待实际发生后另行起诉。但根据医疗证明或者鉴定结论确定必然发生的费用,可以与已经发生的医疗费一并予以赔偿。

第二十二条　交通费根据受害人及其必要的陪护人员因就医或者转院治疗实际发生的费用计算。交通费应当以正式票据为凭;有关凭据应当与就医地点、时间、人数、次数相符合。

第二十七条　丧葬费按照受诉法院所在地上一年度职工月平均工资标准,以六个月总额计算。

第二十八条　被扶养人生活费根据扶养人丧失劳动能力程度,按照受诉法院所在地上一年度城镇居民人均消费性支出和农村居民人均年生活消费支出标准计算。被扶养人为未成年人的,计算至十八周岁;被扶养人无劳动能力又无其他生活来源的,计算二十年。但六十周岁以上的,年龄每增加一岁减少一年;七十五周岁以上的,按五年计算。

被扶养人是指受害人依法应当承担扶养义务的未成年人或者丧失劳动能力又无其他生活来源的成年近亲属。被扶养人还有其他扶养人的,赔偿义务人只赔偿受害人依法应当负担的部分。被扶养人有数人的,年赔偿总额累计不超过上一年度城镇居民人均消费性支出额或者农村居民人均年生活消费支出额。

第二十九条 死亡赔偿金按照受诉法院所在地上一年度城镇居民人均可支配收入或者农村居民人均纯收入标准,按二十年计算。但六十周岁以上的,年龄每增加一岁减少一年;七十五周岁以上的,按五年计算。

《最高人民法院关于确定民事侵权精神损害赔偿责任若干问题的解释》

第九条 精神损害抚慰金包括以下方式:

(一)致人残疾的,为残疾赔偿金;

(二)致人死亡的,为死亡赔偿金;

(三)其他损害情形的精神抚慰金。

第十条 精神损害的赔偿数额根据以下因素确定:

(一)侵权人的过错程度,法律另有规定的除外;

(二)侵害的手段、场合、行为方式等具体情节;

(三)侵权行为所造成的后果;

(四)侵权人的获利情况;

(五)侵权人承担责任的经济能力;

(六)受诉法院所在地平均生活水平。

法律、行政法规对残疾赔偿金、死亡赔偿金等有明确规定的,适用法律、行政法规的规定。

《中华人民共和国民事诉讼法》

第六十四条 当事人对自己提出的主张,有责任提供证据。

当事人及其诉讼代理人因客观原因不能自行收集的证据,或者人民法院认为审理案件需要的证据,人民法院应当调查收集。

人民法院应当按照法定程序,全面地、客观地审查核实证据。

第一百七十条第一款第(二)项 第二审人民法院对上诉案件,经过审理,按照下列情形,分别处理:

(二)原判决、裁定认定事实错误或者适用法律错误的,以判决、裁定方式依法改判、撤销或者变更。

《最高人民法院关于适用〈中华人民共和国民事诉讼法〉的解释》

第九十条 当事人对自己提出的诉讼请求所依据的事实或者反驳对方诉讼请求所依据的事实,应当提供证据加以证明,但法律另有规定的除外。

在作出判决前,当事人未能提供证据或者证据不足以证明其事实主张的,由负有举证证明责任的当事人承担不利的后果。

四、争议问题

1. 一审法院未采信广东中一司法鉴定所于 2016 年 6 月 6 日作出的粤中一鉴〔2016〕临鉴字第 1438 号《法医临床司法鉴定意见书》是否适当？

2. 蕉岭县妇幼保健院对患者汤某平的诊疗行为有无过错？该行为与患者汤某平的死亡有无因果关系，其是否应承担赔偿责任？

五、简要评析

1. 责任构成

损害 孕妇汤某平在蕉岭县妇幼保健院生产过程中，出现大量活动性不凝血流出的情形，后丧失意识，出现呼吸、心搏骤停。医生对其进行胸外按压等抢救后仍无意识，给予继续胸外按压、反复注肾上腺素升压、纠酸等抢救，但这些抢救均无效，产妇于 2015 年 8 月 11 日 12 时 15 分死亡。

行为 医方在产妇阴道流血量约 50 ml，可见凝血块时，给予面罩吸氧，静推地塞米松 10 mg 抗过敏等；至转院时向产妇输液量 9 850 ml，悬浮红细胞 11U，冷沉淀 5U、血浆 400 ml。

过错 在抢救治疗过程中，医方对个别用药剂量不足，抢救期间输血浆仅 400 ml，对提升和维持血压力度不够。此外，医方曾考虑到子宫切除止血并经患方签字同意后尚有子宫切除机会，但医方未能把握时机施行子宫切除。

因果关系 综合分析相关证据，可以认定患者汤某平在分娩过程中死亡原因是肺羊水栓塞所致，蕉岭县妇幼保健院在诊疗过程中存在用药力度不够和未把握子宫切除手术机会，与患者死亡存在次要因果关系。

小结 本案的争议焦点之一是一审法院未采信广东中一司法鉴定所于 2016 年 6 月 6 日作出的粤中一鉴〔2016〕临鉴字第 1438 号《法医临床司法鉴定意见书》是否适当，即这份鉴定意见书是否应予采信。一审法院认为根据（2016）粤 14 民终字第 900 号民事裁定书的内容显示，司法鉴定人员肖某、温某不具有医疗纠纷鉴定事项的鉴定资格，故该份鉴定意见书不能采信；而二审法院因蕉岭县妇幼保健院对广东中一司法鉴定所作出的《法医临床司法鉴定意见书》虽有异议，但在二审庭审中表示不愿意申请重新鉴定，对鉴定意见书予以采信。主要考虑的因素有：广东中一司法鉴定所是依法登记成立的、有资质的司法鉴定机构，该所是一审法院接受当事人的申请后，由双方当事人在有资质的鉴定机构中选定的。该所接受委托后，依据相关的要求确定司法鉴定人员，确定的司法鉴定人员均具有法医临床司法鉴定资质，鉴定程序合法，鉴定意见明确。

2. 责任方式

本案的责任方式为赔偿损失，由被上诉人蕉岭县妇幼保健院于判决生效后 10 日内赔偿上诉人汤某元、汤某珍、汤某1、汤某2因汤某平死亡造成的经济损失,即医疗费、丧葬费、死亡赔偿金(含被扶养人生活费)、交通费、精神损害抚慰金等共计383 293.94元。

案例28　巴某、贺某梅等与首都医科大学附属北京安贞医院
医疗损害责任纠纷案[①]

一、基本案情

2015年6月1日,贺某琼至首都医科大学附属北京安贞医院(以下简称"安贞医院")处住院治疗,入院诊断为"降主动脉支架吻合口瘘;主动脉夹层B3S型;Bentall+Sun's术后;剖宫产联合子宫切除术后"。同年6月11日,贺某琼相关检查基本完善,拟于次日全麻下行"二次Sun's+升主-右股动脉转流术",医生向家属交代病情并告知二次手术风险高、并发症发生率高,家属表示理解并同意手术。6月12日,贺某琼行上述手术,术后返回ICU。同年6月14日,贺某琼出现双侧瞳孔不等大,对光反射存在;6月15日,急诊行"去骨瓣减压+血肿清除术"。同年6月17日,贺某琼病情危重,神态未清醒;次日出院,转至郑州市第一人民医院住院治疗,2015年7月26日贺某琼死亡。

二、诉讼过程及裁判理由

家属以安贞医院未尽到诊疗义务为由,将其诉至北京市朝阳区人民法院,一审法院认为,根据京正〔2016〕临医鉴字第1号司法鉴定意见书及鉴定人质证意见,安贞医院对贺某琼的医疗行为存在过错,该过错与贺某琼的损害后果存在小部分因果关系,建议参与度的参考值为小部分高限,小部分高限的责任比例为40%。一审法院采信北京明正司法鉴定中心的鉴定意见,并结合案件情况,确定责任比例为40%,安贞医院对巴某、贺某梅等人的合理主张应按责任比例赔偿。一审法院判决:安贞医院于判决生效后7日内赔偿贺某梅、巴某等人医疗费、住院伙食补助费、营养费、死亡赔偿金、丧葬费、被扶养人生活费共计647 661.6元;安贞医院于判决生效后7日内赔偿贺某梅、巴某等人精神损害抚慰金40 000元;贺某梅、巴某等人于判决生效后7日内支付安贞医院医疗费38 736.28元;驳回贺某梅、巴某等人的其他诉讼请求。原告不服,提起上诉。二审法院认为,巴某、贺某梅等人和安贞医院在鉴定报告作出后有异议,申请鉴定人出庭质证,鉴定人就双方上诉意见中的血小板减少、告知是否存在过错及安贞医院诊疗行为与贺某琼死亡之间的因果关系等问题进行了答复,该鉴定程序合法,并且根据本案查明的事实,难以认定鉴定意见存在重大错误和鉴定结论明显依据不足的情况,巴某、贺某梅等人申请重新鉴定,安贞医院不同意重新鉴定,在此情况下,法院对上诉人重新鉴定的申请不予准许,符合法律规定。二审法院判决:驳回上诉,维持原判。

[①]　裁判法院:北京市第三中级人民法院。案号:(2017)京03民终字第4593号。

三、关联法条

《最高人民法院关于审理人身损害赔偿案件适用法律若干问题的解释》

第十七条 受害人遭受人身损害,因就医治疗支出的各项费用以及因误工减少的收入,包括医疗费、误工费、护理费、交通费、住宿费、住院伙食补助费、必要的营养费,赔偿义务人应当予以赔偿。

受害人因伤致残的,其因增加生活上需要所支出的必要费用以及因丧失劳动能力导致的收入损失,包括残疾赔偿金、残疾辅助器具费、被扶养人生活费,以及因康复护理、继续治疗实际发生的必要的康复费、护理费、后续治疗费,赔偿义务人也应当予以赔偿。

受害人死亡的,赔偿义务人除应当根据抢救治疗情况赔偿本条第一款规定的相关费用外,还应当赔偿丧葬费、被扶养人生活费、死亡补偿费以及受害人亲属办理丧葬事宜支出的交通费、住宿费和误工损失等其他合理费用。

《中华人民共和国侵权责任法》

第十六条 侵害他人造成人身损害的,应当赔偿医疗费、护理费、交通费等为治疗和康复支出的合理费用,以及因误工减少的收入。造成残疾的,还应当赔偿残疾生活辅助具费和残疾赔偿金。造成死亡的,还应当赔偿丧葬费和死亡赔偿金。

第二十二条 侵害他人人身权益,造成他人严重精神损害的,被侵权人可以请求精神损害赔偿。

四、争议问题

鉴定意见是否能作为本案判决依据以及是否应当重新鉴定?

五、简要评析

1. 责任构成

损害 2015年6月1日,贺某琼至安贞医院处住院并接受治疗,第一次术后贺玉琼出现双侧瞳孔不等大,对光反射存在,第二次术后病情危重,神态未清醒。7月26日贺某琼死亡。

行为 2015年6月12日贺某琼在全麻下行"二次Sun's+升主-右股动脉转流术",6月15日,急诊行"去骨瓣减压+血肿清除术"。

过错 据鉴定意见所载,医方在对患者术前告知中,未提及可能出现脑出血并发症。这属告知不全,医方存在过错。医方在被鉴定人术后第二天6月14日23时发现其双侧瞳孔不等大的病情变化,病程记录中却记为6月15日凌晨2时30分。给予相应的脱水药物,也迟至6月15日7时28分。医方客观上存在发现病情不及时,相关救治措施不及时的过错。

因果关系 被鉴定人的损害后果为脑出血及脑出血并发症共同造成的死亡,在不能排除医方过错有延误救治的因素的情况下,医方的过错与被鉴定人的损害后果存在小部分因果关系。

小结 根据《最高人民法院关于民事诉讼证据的若干规定》第二十七条规定:"当事人对人民法院委托的鉴定部门作出的鉴定结论有异议申请重新鉴定,提出证据证明存在下列情形之一的,人民法院应予准许:(一)鉴定机构或者鉴定人员不具备相关的鉴定资格的;(二)鉴定程序严重违法的;(三)鉴定结论明显依据不足的;(四)经过质证认定不能作为证据使用的其他情形。"上述申请重新鉴定的程序可以在一般案件中适用,但在医疗侵权案件中,申请重新鉴定的程序有着特别的规定,根据《医疗事故处理条例》第二十二条规定:"当事人对首次医疗事故技术鉴定结论不服的,可以自收到首次鉴定结论之日起15日内向医疗机构所在地卫生行政部门提出再次鉴定的申请。"可以看到,只要当事人没有超过15日的期限,可以在第一次鉴定完毕后提出重新鉴定,只不过,其重新申请鉴定的对象是卫生行政部门,当事人可以在申请重新鉴定被法院驳回后寻求其他救济途径。

2. 责任方式

责任方式为赔偿损失:安贞医院赔偿贺某梅、巴某等医疗费、住院伙食补助费、营养费、死亡赔偿金、丧葬费、被扶养人生活费共计647 661.6元;精神损害抚慰金40 000元;贺某梅、巴某等支付安贞医院医疗费38 736.28元。

第四节 因 果 关 系

案例29 邓某某诉新疆生产建设兵团第一师医院医疗产品责任纠纷案[①]

一、基本案情

2013年4月15日,原告邓某某因重物砸伤,右手指、右大腿及小腿疼痛,出血,活动受限6小时后入住被告新疆生产建设兵团第一师医院(以下简称"第一师医院")。被告医院为原告施行清创骨折复位内固定术,置入12孔重建锁定钢板,原告治疗完成出院,出院时医生予以相关医嘱。2013年11月,原告复查时发现右股骨骨折术后钢板断裂,被告医院为原告取出断裂钢板,置锁定钢板经螺钉固定。2015年3月6日,原告复查X线片显示:右股骨骨折钢板内置物术后,远端第1、2锁定钉断裂,骨折线明显,未见骨痂形成,骨髓腔封闭,骨皮质变薄,骨质疏松。此后,原告共在被告处复查四次。此前,2014年8月,原告曾到西南军区医院、大坪医院进行过复查。2015年4月,成都华西医院附属上锦南府医院为原告施行"右股骨干骨折钢板螺钉内置物术后骨不连伴螺钉断钉内植

---

① 裁判法院:新疆生产建设兵团第(农)七师中级人民法院。案号:(2015)阿克苏垦民初字第00254号。

物取出(包括断钉)术、右股骨带锁髓内钉置入术、右股骨钢板内固定术、右股骨骨折周围植骨术＋右髂骨取骨植骨术",手术中发现:右股骨固定远端两根螺钉断钉,其中一根断两节,骨折断端形成假关节无骨痂形成,断端内有大量软组织产生,断端距离约 0.5 cm,骨髓腔闭合。

二、诉讼过程及裁判理由

一审法院认为,由于钢板分别在术后 7 个月、1 年后发生断裂,不能排除系其他原因造成。且存在多因一果的情况,原告的伤情确实较重而骨折延迟愈合,钢板置入手术本身确实存在钢板断裂的风险。被告医院主张钢板、钢钉断裂的原因为提前负重导致断裂的情况并不能完全排除。被告医院作为医疗机构,在手术过程中医疗器械发生意外极有可能存在医患纠纷时,本应对断裂钢板这类医疗器械进行妥善处理,而被告医院未尽到妥善处理义务导致无法确定钢板断裂的原因,对产品缺陷造成原告损失具有过错,应当承担赔偿责任。一审法院判决:被告新疆生产建设兵团第一师医院于本判决书生效后 3 日内一次性赔偿原告邓某某医疗费、护理费、住院伙食补助费、营养费、交通费、复查费 108 844.81 元;驳回原告邓某某的其他诉讼请求。

三、关联法条

《中华人民共和国侵权责任法》

第五十九条　因药品、消毒药剂、医疗器械的缺陷,或者输入不合格的血液造成患者损害的,患者可以向生产者或者血液提供机构请求赔偿,也可以向医疗机构请求赔偿。患者向医疗机构请求赔偿的,医疗机构赔偿后,有权向负有责任的生产者或者血液提供机构追偿。

《医疗器械监督管理条例》

第三十二条　医疗器械经营企业、使用单位购进医疗器械,应当查验供货者的资质和医疗器械的合格证明文件,建立进货查验记录制度。从事第二类、第三类医疗器械批发业务以及第三类医疗器械零售业务的经营企业,还应当建立销售记录制度。

记录事项包括:

(一) 医疗器械的名称、型号、规格、数量;

(二) 医疗器械的生产批号、有效期、销售日期;

(三) 生产企业的名称;

(四) 供货者或者购货者的名称、地址及联系方式;

(五) 相关许可证明文件编号等。

进货查验记录和销售记录应当真实,并按照国务院食品药品监督管理部门规定的期限予以保存。国家鼓励采用先进技术手段进行记录。

《中华人民共和国产品质量法》

第四十条　售出的产品有下列情形之一的,销售者应当负责修理、更换、退货;给购

买产品的消费者造成损失的,销售者应当赔偿损失:

(一)不具备产品应当具备的使用性能而事先未作说明的;

(二)不符合在产品或者其包装上注明采用的产品标准的;

(三)不符合以产品说明、实物样品等方式表明的质量状况的。

销售者依照前款规定负责修理、更换、退货、赔偿损失后,属于生产者的责任或者属于向销售者提供产品的其他销售者(以下简称供货者)的责任的,销售者有权向生产者、供货者追偿。

销售者未按照第一款规定给予修理、更换、退货或者赔偿损失的,由产品质量监督部门或者工商行政管理部门责令改正。

生产者之间,销售者之间,生产者与销售者之间订立的买卖合同、承揽合同有不同约定的,合同当事人按照合同约定执行。

第四十四条 因产品存在缺陷造成受害人人身伤害的,侵害人应当赔偿医疗费、治疗期间的护理费、因误工减少的收入等费用;造成残疾的,还应当支付残疾者生活自助具费、生活补助费、残疾赔偿金以及由其扶养的人所必需的生活费等费用;造成受害人死亡的,并应当支付丧葬费、死亡赔偿金以及由死者生前扶养的人所必需的生活费等费用。

因产品存在缺陷造成受害人财产损失的,侵害人应当恢复原状或者折价赔偿。受害人因此遭受其他重大损失的,侵害人应当赔偿损失。

四、争议问题

1. 被告为原告置入的钢板、钢板螺钉断裂是否因医疗器械产品缺陷引起?
2. 原告骨折延迟愈合所造成的损失责任应如何承担?

五、简要评析

1. 责任构成

损害 原告因重物砸伤导致多处粉碎性骨折入住被告医院治疗,被告医院及时为原告手术置入钢板一枚,术后约7个月钢板断裂,骨折未愈合;被告医院再次为原告手术更换置入钢板一枚,手术1年后钢板螺钉断裂,骨折未愈合。

行为 2013年4月,被告医院为原告施行清创骨折复位内固定术,置入12孔重建锁定钢板,11月复查时发现右股骨骨折术后钢板断裂,在被告处再次接受治疗18天,施行"切开内固定取出+复位内固定术+植骨术",取出断裂钢板,置锁定钢板经螺钉固定。

过错 被告举证时仅提供了钢板合格证,日期尚有重大瑕疵,被告对此未能予以合理解释。产品生产者、销售者承担的是无过错责任,产品销售者主张免责的,应由其对免责事由承担证明责任。本案被告提供的钢板在原告体内使用过程中发生钢板、螺钉断裂,即表明其存在危及人身安全的不合理的危险,因被告未能提供钢板有效的质检合格证明,可推定该产品存在缺陷。

因果关系 钢板分别在术后7个月、1年后发生断裂,不能排除系其他原因造成,即可能存在多因一果的情况,原告的伤情确实较重而骨折延迟愈合,钢板置入手术本身确实存在钢板断裂的风险。被告医院主张钢板、钢钉断裂的原因为提前负重导致断裂的情况并不能完全排除因果关系的存在。

小结 本案中,原告在被告医院处接受手术治疗后,钢板分别在术后7个月、1年后发生断裂。原告因此多次在被告处复查,后又在多家医院复查并接受治疗。原告认为"被告医院两次手术在医疗器械、诊疗行为存在重大过错,导致原告术后一直未愈合,并给原告的精神造成严重伤害"。诉讼中,法院依法进行司法鉴定,但被告未在合理期限内提交涉案鉴材,导致鉴定程序无法启动。原告对被告提交的钢板合格证、日期提出质疑,被告未能对此予以合理解释,根据《中华人民共和国侵权责任法》第四十六条,被告应承担无过错责任。被告未能提供证据证明产品使用与损害后果不存在因果关系,则应承担代偿义务。

2. 责任方式

医院需承担赔偿损失的责任方式。被告新疆生产建设兵团第一师医院一次性赔偿原告邓某某医疗费80 547.07元(12 493.54元+68 053.53元)、护理费21 772.8元[136.08元/日×(48日+112日)]、住院伙食补助费925元[25元/日×(15日+22日)]、营养费1 125元(25元/日×45日)、交通费2 400元、复查费2 074.94元(240元+112元+10元+9元+1 481.94元+217元+5元),合计108 844.81元。

案例30 胡某某诉首都医科大学附属北京安贞医院医疗损害责任案[①]

一、基本案情

2004年10月22日,胡某某被公交车剐蹭受伤,后经查为骨伤,于2004年11月29日入住安贞医院处治疗,入院诊断为颈椎间盘突出症。2004年12月9日,安贞医院为胡某某行颈椎间盘摘除内固定术。2005年4月15日,胡某某出院,出院诊断为脊髓型颈椎病、外伤性椎间盘突伴不全瘫、腰椎间盘突出症、腰椎管狭窄、骨质疏松症、双肩疏松症、双肩周炎、慢性鼻炎、2型糖尿病等。2012年10月16日,中天司法鉴定中心受胡某某、安贞医院共同委托,就安贞医院对胡某某的诊疗行为是否存在过错,如存在过错,该过错同损害后果之间是否存在因果关系、参与度多少进行了鉴定,鉴定意见为:安贞医院对胡某某的诊疗行为基本符合诊疗常规,但因术中钢板放置位置不满意,不能完全排除与术中未完全尽到注意观察义务有关,建议医方对此承担一定责任,参与度E级,但与患者胡某某目前所述症状及活体检查状况无明确因果关系。

---

① 裁判法院:北京市第三中级人民法院。案号:(2015)三中民终字第10899号。

二、诉讼过程及裁判理由

胡某某将安贞医院诉至北京市朝阳区人民法院。一审法院认为,本案中,胡某某认可中天司法鉴定中心的鉴定意见,安贞医院虽不认可该鉴定意见,但未在本案中申请重新鉴定,故本院对该鉴定意见予以采信。依据该鉴定意见,鉴定机关虽然建议安贞医院对术中钢板位置放置不满意承担一定责任,但亦认定该过错与胡某某的症状及活体检查状况无明确因果关系。胡某某虽然举证证明安贞医院对于术中钢板位置放置不满意存在一定过错,但未举证证明其主张的损害后果及该损害后果与安贞医院前述过错之间的因果关系,因此,胡某某关于安贞医院医疗行为构成侵权的主张不能成立。一审法院判决:驳回胡某某全部诉讼请求。胡某某不服,提出上诉。二审法院认为,根据鉴定意见关于虽然建议安贞医院对术中钢板位置放置不满意承担一定责任,但亦明确该过错与胡某某的症状及活体检查状况无明确因果关系的鉴定结论,能够认定安贞医院存在诊疗过失,但该过失与胡某某所述的损害后果不存在因果关系。但是,安贞医院的术后钢板放置位置不满意,不能完全排除与手术中未完全尽到观察义务有关,致使胡某某精神上承受了较大的压力,就解决此事付出了大量的时间、精力及财物成本,故鉴于上述情形以及考虑胡某某就颈椎手术所支出的相关医疗费等费用,法院认为应当由安贞医院对胡某某进行补偿,具体金额依据本案实际情况酌定。二审法院判决:撤销北京市朝阳区人民法院(2013)朝民初字第29116号民事判决;首都医科大学附属北京安贞医院于本判决生效后15日内支付胡某某补偿款80 000元;驳回胡某某的其他上诉请求。

三、关联法条

《中华人民共和国侵权责任法》

第五十四条 患者在诊疗活动中受到损害,医疗机构及其医务人员有过错的,由医疗机构承担赔偿责任。

《医疗事故处理条例》

第四十九条 医疗事故赔偿,应当考虑下列因素,确定具体赔偿数额:
(一)医疗事故等级;
(二)医疗过失行为在医疗事故损害后果中的责任程度;
(三)医疗事故损害后果与患者原有疾病状况之间的关系。
不属于医疗事故的,医疗机构不承担赔偿责任。

四、争议问题

在被告安贞医院的诊疗行为与原告胡某某所述的损害之间不能证明有因果关系的情况下,被告是否仍需赔偿原告?

五、简要评析

1. 责任构成

损害 据原告所述,其存在"现在颈椎不能动,手术里面的放置的东西带着脖子疼,经常晕,双手麻木,摸不上,肩膀抬不起来,脚麻木,左边面部神经瘫痪、麻木,牙床老是动,在咬合东西的时候感觉上颌骨会歪,咬到舌头会出血,手术后嘴里老是有粘液,吃东西时食物没有经过吞咽就直接掉到嗓子眼,后就咳嗽,声音变粗,吞咽困难,感觉噎得慌,心脏也出现了问题"等损害后果。

行为 2004年12月9日,安贞医院为胡某某行颈椎间盘摘除内固定术,在其体内置入了钢板。

过错 安贞医院的诊疗行为符合常规,但术中钢板放置位置不满意,不能完全排除医方未尽到注意观察义务的可能性。

因果关系 安贞医院的诊疗行为符合常规,正常进行了颈椎间盘摘除内固定术,但由于胡某某特殊的体质,此诊疗行为对其身体造成了伤害,医方对患者的身体状况未尽到注意观察义务,与损害事实之间存在一定的因果关系。

小结 医疗注意义务是指医师在实行医疗行为过程中,依据法律、规章和诊疗护理常规,保持足够的小心谨慎,以预见医疗行为结果和避免损害结果发生的义务。关键点在于,患者在手术后呈现的疼痛病症是否在手术时医生可以预见。胡某某主张其存在"现在颈椎不能动,手术里面……心脏也出现了问题"等损害后果。首先钢板作为一个内部置入体,无论在何处放置都会或多或少带来一定的痛苦,位置的选择取决于患者自身的身体状况和人体结构,本案中,医生按照常规的操作选定了一般来讲最佳的固定位置,然而,却忽略了患者的体质因素。严格来讲,医院确实有义务对患者的所有状况进行全面系统的了解,然后对症下药,但是,从成本来讲,将每个人的身体做一个全面系统的检查无疑是不现实的。其次,在整个医疗过程中,医方并未有任何的诊疗过错,根据《侵权责任法》第五十四条,医疗侵权适用过错责任,原告并不能对医院的过错行为提出举证,从这一点说,医方不必承担责任。但是,考虑到患者的损害的确实存在,以及为了治疗此损害付出了大量的时间、精力及财物成本,精神上遭遇了巨大的打击,因此从公平责任的角度出发,法院仍旧酌情判决医方补偿患方一定的金额,平衡了双方的利益。

2. 责任方式

本案责任承担方式为赔偿损失:首都医科大学附属北京安贞医院支付胡某某补偿款80 000元。

案例 31　王某波、何某某与十堰友好医院医疗损害责任纠纷案①

一、基本案情

2009年2月至6月期间,何某某在患儿王某梅出生前多次到十堰友好医院作产前B超检查,以确保优生优育。2009年7月14日,患儿王某梅在十堰市妇幼保健院出生,后经十堰市太和医院检查诊断为:患儿王某梅患有先天性心脏病、腭裂、脑瘫和癫痫病。王某波、何某某认为患儿王某梅带着上述先天性疾病出生是由于十堰友好医院的过错造成。

二、诉讼过程及裁判理由

一审法院认为,十堰友好医院存在以下过错:① 医方仅做B超检查,但无B超检查申请单、B超就诊日志、门诊病历或门诊登记日志;② 医方未告知孕妇及其家属定期到有相应产检资质的医院就诊。鉴于产前医学检查主要靠影像学检查手段的局限性以及诊断胎儿罹患先天性遗传学疾病的高度风险性这个客观事实,只能认定被告的过错与原告胎儿的带病出生具有部分因果关系。2017年7月14日,一审法院判决:被告十堰友好医院赔偿原告王某波、何某某各项损失149 351.95元;驳回原告王某波、何某某的其他诉讼请求;案件受理费1 601元,由被告十堰友好医院承担。十堰友好医院不服,提起上诉。二审法院认为,十堰市医学会在确认不构成医疗事故的同时,根据双方确认的病历资料,认真审查后明确指出十堰友好医院存在两处过错,实际是从专业角度对既存客观事实的分析和阐述,在无其他专业机构出具鉴定意见的情况下,一审法院参照十堰市医学会的鉴定意见,认为患儿王某梅携带先天性疾病出生与十堰友好医院的过错行为之间存在侵权责任法上的因果关系,并无不当。十堰友好医院在不具备产检资质的情况下,多次为何某某进行孕期内B超检查直至生产前一个月,其间该院并未及时告知何某某应当到具备相应产检资质的医院进行围生期保健,以提高筛查出先天性疾病及畸形的可能性和稳妥性,故十堰友好医院对患儿王某梅携带先天性疾病出生存在过错,应当对王某波、何某某承担赔偿责任。2017年12月15日,二审法院判决:驳回上诉,维持原判;二审案件受理费1 601元,由十堰友好医院负担。

三、关联法条

《中华人民共和国侵权责任法》

第五十四条　患者在诊疗活动中受到损害,医疗机构及其医务人员有过错的,由医疗机构承担赔偿责任。

---

① 裁判法院:湖北省十堰市中级人民法院。案号:(2017)鄂03民终字第2451号。

第五十五条　医务人员在诊疗活动中应当向患者说明病情和医疗措施。需要实施手术、特殊检查、特殊治疗的，医务人员应当及时向患者说明医疗风险、替代医疗方案等情况，并取得其书面同意；不宜向患者说明的，应当向患者的近亲属说明，并取得其书面同意。

医务人员未尽到前款义务，造成患者损害的，医疗机构应当承担赔偿责任。

《最高人民法院关于审理人身损害赔偿案件适用法律若干问题的解释》

第十七条　受害人遭受人身损害，因就医治疗支出的各项费用以及因误工减少的收入，包括医疗费、误工费、护理费、交通费、住宿费、住院伙食补助费、必要的营养费，赔偿义务人应当予以赔偿。

受害人因伤致残的，其因增加生活上需要所支出的必要费用以及因丧失劳动能力导致的收入损失，包括残疾赔偿金、残疾辅助器具费、被扶养人生活费，以及因康复护理、继续治疗实际发生的必要的康复费、护理费、后续治疗费，赔偿义务人也应当予以赔偿。

受害人死亡的，赔偿义务人除应当根据抢救治疗情况赔偿本条第一款规定的相关费用外，还应当赔偿丧葬费、被扶养人生活费、死亡补偿费以及受害人亲属办理丧葬事宜支出的交通费、住宿费和误工损失等其他合理费用。

第十八条　受害人或者死者近亲属遭受精神损害，赔偿权利人向人民法院请求赔偿精神损害抚慰金的，适用《最高人民法院关于确定民事侵权精神损害赔偿责任若干问题的解释》予以确定。

精神损害抚慰金的请求权，不得让与或者继承。但赔偿义务人已经以书面方式承诺给予金钱赔偿，或者赔偿权利人已经向人民法院起诉的除外。

第十九条　医疗费根据医疗机构出具的医药费、住院费等收款凭证，结合病历和诊断证明等相关证据确定。赔偿义务人对治疗的必要性和合理性有异议的，应当承担相应的举证责任。

医疗费的赔偿数额，按照一审法庭辩论终结前实际发生的数额确定。器官功能恢复训练所必要的康复费、适当的整容费以及其他后续治疗费，赔偿权利人可以待实际发生后另行起诉。但根据医疗证明或者鉴定结论确定必然发生的费用，可以与已经发生的医疗费一并予以赔偿。

第二十一条　护理费根据护理人员的收入状况和护理人数、护理期限确定。

护理人员有收入的，参照误工费的规定计算；护理人员没有收入或者雇佣护工的，参照当地护工从事同等级别护理的劳务报酬标准计算。护理人员原则上为一人，但医疗机构或者鉴定机构有明确意见的，可以参照确定护理人员人数。

护理期限应计算至受害人恢复生活自理能力时为止。受害人因残疾不能恢复生活自理能力的，可以根据其年龄、健康状况等因素确定合理的护理期限，但最长不超过二十年。

受害人定残后的护理，应当根据其护理依赖程度并结合配制残疾辅助器具的情况确定护理级别。

第二十二条 交通费根据受害人及其必要的陪护人员因就医或者转院治疗实际发生的费用计算。交通费应当以正式票据为凭;有关凭据应当与就医地点、时间、人数、次数相符合。

第二十三条 住院伙食补助费可以参照当地国家机关一般工作人员的出差伙食补助标准予以确定。

受害人确有必要到外地治疗,因客观原因不能住院,受害人本人及其陪护人员实际发生的住宿费和伙食费,其合理部分应予赔偿。

第二十四条 营养费根据受害人伤残情况参照医疗机构的意见确定。

四、争议问题

1. 被告十堰友好医院是否存在过错?
2. 因果关系如何确定?
3. 损失的范围如何确定?

五、简要评析

1. 责任构成

损害 带病胎儿的"非意愿"性出生,给原告的精神造成了不可避免的伤害,同时基于该出生行为也产生了一些必要的医疗费、护理费。

行为 十堰友好医院存在对何某某的产前及超声检查这一诊疗活动。何某某在患儿王某梅出生前多次到十堰友好医院作产前B超检查,以确保优生优育,之后患儿王某梅在十堰市妇幼保健院出生。

过错 孕妇来院就诊,医方仅做B超检查,无B超检查申请单、B超就诊日志、门诊病历或门诊登记日志;孕妇在该院做检查时,医生本应告知孕妇及其家属定期到有相应产检资质的医院就诊而未告知;被告医院在产前检查中侵犯了孕父母的知情选择权。

因果关系 患儿携带先天性疾病出生与医院的过错行为之间有着侵权责任法意义上的因果关系。携带先天性疾病的患儿"非意愿"性出生,正是因为十堰友好医院在产前检查中侵犯了孕父母的知情选择权。

小结 十堰友好医院多次为何某某进行孕期内B超检查直至生产前一个月,其间该院并未及时告知何某某该医院并不具备产检资质的情况,这降低了筛查出先天性疾病及畸形的可能性,故十堰友好医院对患儿王某梅携带先天性疾病出生存在过错。医院的不告知行为严重侵犯了孕父母的知情权与选择权,可想而知,这将给患儿及其父母带来多大的痛苦与折磨,如此行为应该予以严惩。

2. 责任方式

本案的责任方式为赔偿损失,由十堰友好医院赔偿王某波、何某某各项损失149 351.95元。

案例32 成都市东区医院与张某英医疗损害责任纠纷案①

一、基本案情

谢某林(张某英之夫、谢某囡之父)分别于2012年10月至2015年4月多次在成都市东区医院治疗。治疗期间其多次使用甲泼尼龙琥珀酸钠,2013年11月20日的《住院病人出院病情证明书》载明:病员多次使用甲泼尼龙琥珀酸钠后出现心累气促明显加重。2015年4月17日,谢某林因慢性阻塞性肺疾病急性加重期、高血压病极高危组、高血压性心脏病到成都市东区医院住院治疗。2015年4月18日10时45分,谢某林在被静脉推注甲泼尼龙琥珀酸钠7 ml时突然出现喘憋加重、端坐呼吸、面色发绀等症状,经抢救无效,于当日12时20分死亡。

二、诉讼过程及裁判理由

一审法院认为,成都市东区医院多次予以甲泼尼龙琥珀酸钠治疗未违反医疗常规;根据送检资料,虽患者使用甲泼尼龙琥珀酸钠曾出现呼吸困难、心累等症状,但无同时出现皮疹的记录且缺乏尸检报告,目前无充分依据支持亦不排除患者在2015年4月18日使用甲泼尼龙琥珀酸钠的表现存在甲泼尼龙琥珀酸钠过敏致过敏性休克;患方出现喘憋加重、端坐呼吸、面色发绀等症状后,医方未及时建立高级生命支持,且抢救记录不完善,存在过错。一审法院判决:被告赔偿原告153 215.4元;驳回张某英、谢某囡的其他诉讼请求。案件受理费减半收取1 463元,由张某英、谢某囡承担1 024元,成都市东区医院承担439元。上诉人(原审被告)成都市东区医院不服,提起上诉。二审法院认为,不能仅仅因为查明医疗机构在医疗活动中的某个具体医疗行为存在过错,就当然地认为医疗机构应当承担医疗损害赔偿责任;而仍然需要依法认定该过错与损害后果之间是否存在因果关系,后据此确认医疗损害赔偿责任。张某英、谢某囡在成都市东区医院告知其可以通过尸检确定死亡原因以明确赔偿责任后,以"不能接受"为由未申请尸检,导致谢某林的死因无法查清,应当承担不能举证证明成都市东区医院的过错与谢某林的死亡之间是否存在因果关系的不利后果。二审法院判决:撤销(2015)锦江民初字第4222号民事判决;驳回张某英、谢某囡的诉讼请求。一审案件受理费1 463元、二审案件受理费1 166.08元,由张某英、谢某囡负担。

---

① 裁判法院:四川省成都市中级人民法院。案号:(2017)川01民终字第7558号。

三、关联法条

《中华人民共和国侵权责任法》

第六条第一款　行为人因过错侵害他人民事权益,应当承担侵权责任。

第十六条　侵害他人造成人身损害的,应当赔偿医疗费、护理费、交通费等为治疗和康复支出的合理费用,以及因误工减少的收入。造成残疾的,还应当赔偿残疾生活辅助具费和残疾赔偿金。造成死亡的,还应当赔偿丧葬费和死亡赔偿金。

第二十二条　侵害他人人身权益,造成他人严重精神损害的,被侵权人可以请求精神损害赔偿。

第五十四条　患者在诊疗活动中受到损害,医疗机构及其医务人员有过错的,由医疗机构承担赔偿责任。

《中华人民共和国民事诉讼法》

第一百七十条第一款第(二)项　第二审人民法院对上诉案件,经过审理,按照下列情形,分别处理:

(二)原判决、裁定认定事实错误或者适用法律错误的,以判决、裁定方式依法改判、撤销或者变更。

四、争议问题

成都市东区医院是否应承担本案赔偿责任?

五、简要评析

1. 责任构成

损害　患者在成都市东区医院使用甲泼尼龙琥珀酸钠后多次出现心累气促明显加重。2015年4月18日10时45分,在被静脉推注甲泼尼龙琥珀酸钠7 ml时,患者突然出现喘憋加重、面色发绀等症状,经抢救无效,于当日12时20分死亡。其生命权受到损害,构成侵权法上的损害事实。

行为　医方实施了诊疗行为,多次予以甲泼尼龙琥珀酸钠治疗;患方出现喘憋加重、端坐呼吸、面色发绀等症状后,医方未及时建立高级生命支持,且抢救记录不完善。

过错　依据《侵权责任法》第五十四条,本案不满足同法第五十八条医疗机构过错推定责任规定的情形,故应当适用的归责原则为过错责任原则。根据鉴定意见,患方出现喘憋加重、端坐呼吸、面色发绀等症状后,医方未及时建立高级生命支持,且抢救记录不完善,存在一定过错。

因果关系　根据《最高人民法院关于民事诉讼证据的若干规定》第四条,医疗侵权采取推定因果关系的模式,由医疗机构就医疗行为与损害后果间不存在因果关系承担举证责任。根据鉴定意见,因无尸检报告,无法确定死亡原因、医疗过错行为与死亡之间的因果关系及其参与度。因为张某英、谢某因在成都市东区医院告知其可以通过尸检确定死亡原因以明确赔偿责任后,以"不能接受"为由未申请尸检,导致是否存在因果关系无法确定。

小结 本案二审完全推翻了一审法院的判决,理由在于"一审法院忽视了医疗行为因受人类认识能力和基本医疗水平所限而具有的探索性;也忽略了苛求医疗机构在门诊、检查、检验、开药、护理、会诊等每一个医疗活动环节针对患者的诸多具体医疗行为均无可挑剔的现实可能性。不能仅仅因为查明医疗机构在医疗活动中的某个具体医疗行为存在过错,就当然地认为医疗机构应当承担医疗损害赔偿责任;而仍然需要依法认定该过错与损害后果之间是否存在因果关系,后据此确认医疗损害赔偿责任"。二审法院上述说理十分精彩,见解独到。然而,本案的二审法院认为"应当按照谁主张、谁举证的原则,由原告方承担关于被告方存在过错以及该过错导致损害后果的举证责任"中关于因果关系的举证责任分配存在一定的问题,笔者认为在医方已经尽到了说明告知义务,患者单方面不接受尸检的情况下,所导致的医方举证不能的不利后果不应由医方承担,即尽管医方未举证证明患者的损害后果与诊疗行为间不存在因果关系,鉴于本案的特殊性,不应推定因果关系的成立,但客观上不能排除因果关系存在的可能性,加之医方的诊疗行为存在一定的过错,医方应当对患方的损失给予一定的补偿,以平衡医患双方间的利益。

2. 责任方式

二审法院认为东区医院尽管存在一定的过错,但因果关系是否存在无法确定,应由张某英、谢某因承担不能举证证明东区医院的过错与谢某林的死亡之间是否存在因果关系的不利后果。故而医院不承担侵权责任,无责任方式。

案例33 高某某与邳州市人民医院医疗损害责任纠纷案①

一、基本案情

高某某因邳州市人民医院医疗过失导致高某某伤残诉邳州市人民医院医疗损害赔偿。2012年7月24日,原告高某某入住被告邳州市人民医院,经被告检查诊断为"子宫肌瘤",于同年7月27日行子宫切除术。术后,原告出现左下肢疼痛、无力、足下垂、步态不稳等症状,再次前往被告处复查就诊,其间,上述症状一直未缓解。2012年9月11日,原告入住徐州市医学院附属医院,经检查诊断为:左侧胫神经、腓总神经损伤。2012年9月21日,原告入住徐州市中心医院,经检查诊断为:腓总神经损伤。此间,原告在其他医院门诊治疗支付部分医疗费。

---

① 裁判法院:江苏省邳州市人民法院。案号:(2014)邳民初字第4836号。

二、诉讼过程及裁判理由

一审法院认为,原告高某某有腰椎间盘突出病史,麻醉前麻醉医生术前探访时,遗漏腰椎间盘突出病史,导致麻醉医生对实施椎管内麻醉风险防范意识不足;被告在术后对原告的病情观察不仔细,履行相应合理的诊疗义务不充分,未及时诊断患者脊髓神经损伤,没有采取积极的诊疗措施,被告在麻醉过程中的不恰当处置和术后诊疗措施不及时与原告目前的损害后果之间有一定的因果关系;而原告高某某自身有腰椎间盘突出病史,且逐渐加重,故原告目前的状况与其自身因素有一定的因果关系,原告应对自身损害后果承担相应的责任。一审法院判决:2014年10月17日,法院判决被告江苏省邳州市人民医院赔偿原告高某某医疗费、误工费、护理费、残疾赔偿金等损失261 694.31元的50%,为130 847.15元,精神损害抚慰金8 000元,合计138 847.15元;驳回原告高某某的其他诉讼请求。

三、关联法条

《中华人民共和国民法通则》

第九十条 合法的借贷关系受法律保护。

第一百一十九条 侵害公民身体造成伤害的,应当赔偿医疗费、因误工减少的收入、残废者生活补助费等费用;造成死亡的,并应当支付丧葬费、死者生前扶养的人必要的生活费等费用。

第一百三十一条 受害人对于损害的发生也有过错的,可以减轻侵害人的民事责任。

《中华人民共和国侵权责任法》

第五十四条 患者在诊疗活动中受到损害,医疗机构及其医务人员有过错的,由医疗机构承担赔偿责任。

第五十五条第一款 医务人员在诊疗活动中应当向患者说明病情和医疗措施。需要实施手术、特殊检查、特殊治疗的,医务人员应当及时向患者说明医疗风险、替代医疗方案等情况,并取得书面同意;不宜向患者说明的,应当向患者的近亲属说明,并取得其书面同意。

第五十七条 医务人员在诊疗活动中未尽到与当时的医疗水平相应的诊疗义务,造成患者损害的,医疗机构应当承担赔偿责任。

《最高人民法院关于审理人身损害赔偿案件适用法律若干问题的解释》

第十七条 受害人遭受人身损害,因就医治疗支出的各项费用以及因误工减少的收入,包括医疗费、误工费、护理费、交通费、住宿费、住院伙食补助费、必要的营养费,赔偿义务人应当予以赔偿。

受害人因伤致残的,其因增加生活上需要所支出的必要费用以及因丧失劳动能力导致的收入损失,包括残疾赔偿金、残疾辅助器具费、被扶养人生活费,以及因康复护理、继续治疗实际发生的必要的康复费、护理费、后续治疗费,赔偿义务人也应当予以赔偿。

受害人死亡的,赔偿义务人除应当根据抢救治疗情况赔偿本条第一款规定的相关费用外,还应当赔偿丧葬费、被扶养人生活费、死亡补偿费以及受害人亲属办理丧葬事宜支出的交通费、住宿费和误工损失等其他合理费用。

第十八条 受害人或者死者近亲属遭受精神损害,赔偿权利人向人民法院请求赔偿精神损害抚慰金的,适用《最高人民法院关于确定民事侵权精神损害赔偿责任若干问题的解释》予以确定。

精神损害抚慰金的请求权,不得让与或者继承。但赔偿义务人已经以书面方式承诺给予金钱赔偿,或者赔偿权利人已经向人民法院起诉的除外。

四、争议问题

1. 医方是否履行了询问检查和告知说明义务?
2. 原告的人身损害与被告的医疗行为有无因果关系?

五、简要评析

1. 责任构成

损害 诉讼中,法院根据原告高某某的申请,委托了徐州医学会进行医疗鉴定。徐州医学会出具的专家会诊意见为:患者高某某目前左下肢功能障碍与医方的过错医疗行为有一定的因果关系,其原因力为次要因素。患者的伤残等级为八级。后原告高某某不服该鉴定结论,并申请省医学会重新鉴定,江苏省医学会出具的鉴定结论为:"患者构成八级伤残,医方诊疗行为中存在的过错与患者目前的状况之间有一定的因果关系,其原因力为同等因素。"

行为 民事侵权,即侵害民事权益,所称民事权益,包括生命权、健康权等人身、财产权益。因此,认定医院存在侵权行为需要找到医院存在侵害患者的民事权益的行为。具体到本案:首先,原告高某某有腰椎间盘突出病史,麻醉前麻醉医生术前探访时,没有仔细询问有关病史,遗漏腰椎间盘突出病史,导致麻醉医生对实施椎管内麻醉风险防范意识不足。其次,被告在术后对原告的病情观察不仔细,履行相应合理的诊疗义务不充分,未及时诊断患者脊髓神经损伤,没有采取积极的诊疗措施。这些都可以被认定为侵权行为。

过错 医院作为具有优势地位的一方,具备专业知识,患者对医院的治疗行为是充满期待和高度信赖的,患者因不具备医学知识,不可能期待其知晓某一治疗行为可能带来的风险或者注意事项。这就要求医院在进行诊疗行为时,务必要将注意事项、手术风险等相关信息告诉患者。

因果关系 椎管内麻醉导致脊髓神经损害是该类麻醉的并发症,但被告在麻醉过程中的不恰当的处置和术后诊疗措施不及时与原告目前的损害后果之间有一定的因果关系,因此,被告邳州市人民医院的医疗行为具有一定的过错,应对原告目前的损害后果承担相适应的赔偿责任。两份鉴定意见肯定了因果关系的存在。

小结　《中华人民共和国侵权责任法》第五十五条第一款规定了医院说明义务和告知义务。本案中,医院在实施椎管内麻醉前,理应询问患者是否患有腰椎方面疾病,以采取相应的防范措施或者变更麻醉诊疗方案,或者告知椎管麻醉手术可能给患者带来的医疗风险。但是在诊疗行为实施前,医方并未尽到检查询问和告知说明义务,给患者造成伤害,应当承担相应的赔偿责任。而且,医院也没有履行注意义务,医院应当预见到患者可能会存在引起手术并发症的疾病而实际上没有预见到,并且如果发现这一疾病的存在,更换手术方案,是有结果回避性的。在进行医疗行为时,应当尽力去避免手术并发症或者风险的发生,这便要求医院在手术前要注意患者是否存在与手术可能相关的疾病。医院疏忽大意没有尽到注意义务,给患者造成损害,应当承担责任。况且对未尽到注意义务医院的惩罚,是为了更好地督促医院履行义务。

2. 责任方式

本案主要为金钱赔偿和精神损害赔偿。医疗费 18 822.81 元、住院伙食补助费 288 元(16 天×18 元)、营养费 176 元(16 天×11 元)、误工费 24 069 元(32 538 元/年×270 天)、护理费 800 元(50 元×16 天)、残疾赔偿金 209 638.5 元(32 538 元×20 年×30%+14 410.5)、交通费 2 000 元、鉴定费 5 900 元、精神损害抚慰金 8 000 元,合计 269 694.31 元,该损失应当由被告承担 50%的赔偿责任,合计 138 847.15 元。

案例 34　李某信、李某祥等六人诉重庆市黔江中心医院医疗损害责任纠纷案[①]

一、基本案情

6 原告之母阮某某因左眼视物模糊,于 2008 年 12 月 30 日到重庆市黔江中心医院(以下简称"黔江中心医院")五官科就诊,门诊及入院诊断为"左眼继发性青光眼,双眼老年性白内障",并经过了两次手术,于 2009 年 1 月 14 日出院,出院后病情不但未能好转,反而视力更加模糊不清,不久左眼彻底失明。2009 年 10 月 15 日上午,患者因感腹部疼痛到医院处就诊,医院以"上消化道大出血"收住内一科,入院诊断为:贫血原因待查、呼吸道出血、上消化道大出血、肾性贫血、慢性肾功能不全等。在住院治疗过程中,患者于 2009 年 10 月 17 日下午因病死亡。

二、诉讼过程及裁判理由

一审法院认为,当事人对自己提出的主张,有责任提供证据,6 原告应当就黔江中心

---

① 裁判法院:重庆市第四中级人民法院。案号:(2014)渝四中法民再终字第 00003 号。

医院在对6原告之母住院诊治过程中是否有过错以及该过错与6原告母亲身体残疾和死亡结果之间是否存在因果关系进行举证。6原告事实上未能举示出充分有力的证据,以证明黔江中心医院在对6原告母亲的两次住院诊治过程中存在过错及其过错与6原告母亲身体残疾和死亡结果之间具有相应的因果关系,因此6原告应承担举证不能的法律后果。一审法院判决:驳回李某信等6原告的诉讼请求。本案案件受理费1 270元,由6原告承担。李某信等6原告不服,提起上诉。二审法院认为,一审判决认定事实和判决结果正确,审判程序合法,但适用法律错误,本案的侵权行为和侵权后果均发生在《中华人民共和国侵权责任法》正式施行的2010年7月1日之前,故本案不应适用《中华人民共和国侵权责任法》,而应适用《最高人民法院关于民事诉讼证据的若干规定》第四条第一款第(八)项的规定。一审判决认定事实和判决结果正确,审判程序合法,虽然适用法律错误,但由于判决结果正确,二审法院只对法律适用予以纠正,不再改判。李某信等6原告提出再审请求。再审法院认为,本案不应适用《中华人民共和国侵权责任法》,而应适用《最高人民法院关于民事诉讼证据的若干规定》第四条第一款第(八)项的规定,一审法院适用法律错误,本院依法予以纠正。再审法院判决:维持本院(2012)渝四中法民终字第00907号民事判决。

三、关联法条

《中华人民共和国民法通则》

第一百零六条　公民、法人违反合同或者不履行其他义务的,应当承担民事责任。

公民、法人由于过错侵害国家的、集体的财产,侵害他人财产、人身的,应当承担民事责任。

没有过错,但法律规定应当承担民事责任的,应当承担民事责任。

《最高人民法院关于适用〈中华人民共和国侵权责任法〉若干问题的通知》

第一条　侵权责任法施行后发生的侵权行为引起的民事纠纷案件,适用侵权责任法的规定。侵权责任法施行前发生的侵权行为引起的民事纠纷案件,适用当时的法律规定。

第二条　侵权行为发生在侵权责任法施行前,但损害后果出现在侵权责任法施行后的民事纠纷案件,适用侵权责任法的规定。

《最高人民法院关于民事诉讼证据的若干规定》

第四条第一款第(八)项　下列侵权诉讼,按照以下规定承担举证责任:

(八)因医疗行为引起的侵权诉讼,由医疗机构就医疗行为与损害结果之间不存在因果关系及不存在医疗过错承担举证责任。

第七十一条　人民法院委托鉴定部门作出的鉴定结论,当事人没有足以反驳的相反证据和理由的,可以认定其证明力。

《中华人民共和国民事诉讼法》

第一百七十条第一款第(一)项　第二审人民法院对上诉案件,经过审理,按照下列

情形,分别处理:

(一)原判决、裁定认定事实清楚,适用法律正确的,以判决、裁定方式驳回上诉,维持原判决、裁定。

四、争议问题

1. 医院是否存在篡改病历的事实及重庆法正司法鉴定所的司法鉴定意见书是否应当采信?
2. 医院的诊疗行为有无过错?
3. 死亡结果与医院的诊疗行为之间是否具有因果关系?

五、简要评析

1. 责任构成

损害 患者在2009年1月14日第一次出院后治疗效果不佳,视力更加模糊不清,不久左眼彻底失明,健康权受到了实际损害。患者在第二次住院治疗过程中于2009年10月17日下午因病死亡,生命权受到了实际损害。6原告因母亲去世,精神受到了损害。

行为 2008年12月30日患者入院,黔江中心医院针对患者的"左眼继发性青光眼,双眼老年性白内障"等病症,进行了两次手术。2009年10月15日上午,患者再次因感腹部疼痛到被告处就诊,黔江中心医院收住内一科,作出诊断并进行诊疗行为。

过错 黔江中心医院在对患者进行治疗时可能存在病情未查明就滥用药物、超剂量用药、胡乱医治,患者的主治医师未履行诊治义务,助理医师违法独立执业、违规输血、输液,未向患者及6原告说明医疗措施和医疗风险,侵犯了患者和6原告的知情权、患者病危时未组织抢救等过错行为。

因果关系 本案中关于因果关系的确定,更多地依赖于鉴定机构的鉴定意见,有四家司法鉴定机构一致认为本案资料不具备司法鉴定条件,因此法院在认定因果关系时依据原、被告提供的证据材料。原告在再审中明确提出了其母的病情与医院过错之间的因果关系,并加以详细说明,但院方并未提供证据进行反驳,因此再审法院认定因果关系的存在。

小结 本案的举证存在诸多问题,一审法院要求原告就其主张的事实进行举证,由于司法鉴定因事实情况不明及证据不足选择了退案,导致《司法鉴定意见书》不能提供有力证明,一审法院因此就没有支持原告的诉讼请求。但是在《最高人民法院关于民事诉讼证据的若干规定》第四条中明确规定了医院应就其医疗诊断行为与患者的死亡之间没有因果关系提供有力的证明,但一审法院明显忽视了这一点,同时由于《中华人民共和国侵权责任法》是在2010年7月1日正式实施的,一审法院的审理工作在其之前,导致一审法院适用法律错误,在二审中对此进行了纠正。此外,本案罕见地出现了黔江中心医院向6再审申请人书面赔礼道歉。赔礼道歉是《民法通则》《侵权责任法》规定的民事责任承担方式之一。鉴于本案医疗损害责任纠纷中,患方姓名权、肖像权、名誉权、荣誉权等人格权并未受到医方侵犯,故原告要求医院书面赔礼道歉的诉讼请求没有事实和法律依据。法院支持判决是否合理有待推敲。

2. 责任方式

本案的责任方式为赔礼道歉,黔江中心医院向6再审申请人书面赔礼道歉。

案例35 向某某与宜宾市翠屏区妇幼保健院医疗损害责任纠纷案[①]

一、基本案情

向某某因宜宾市翠屏区妇幼保健院(以下简称"妇幼保健院")医疗过失侵权诉宜宾市翠屏区妇幼保健院医疗损害赔偿。向某某于2006年9月29日入住妇幼保健院,当日行剖宫产,术中发现左侧卵巢畸胎瘤,经患者家属同意后,妇幼保健院遂对向某某施行"左侧卵巢畸胎瘤剥除术",术中探查左侧输卵管及右侧附件正常。2015年4月15日,向启玲因发现附件肿瘤2+月入住宜宾市第一人民医院住院治疗,于2015年4月26日诊断为:右侧卵巢囊性成熟畸胎瘤、右侧卵巢黄体囊肿、左侧卵巢缺如。后经住院检查、治疗,于2015年4月20日行开腹右侧卵巢肿瘤剥除术,术中见左侧卵巢缺如。2016年6月,宜宾市第一人民医院再次为向某某作彩色多普勒成像检查,向某某"左侧附件区未见确切卵巢回声"。

二、诉讼过程及裁判理由

一审法院认为,术中剥除肿块经病理检验记录病理诊断为左侧卵巢成熟型囊性畸胎瘤,且未现有卵巢组织,无充分证据证明向某某卵巢系在手术中被妇幼保健院切除。且发现卵巢缺如距妇幼保健院诊疗行为已近9年,向某某左侧卵巢缺如系何因造成,亦无法排除其他原因所致的可能性,现向某某提供证据无法证明其左侧卵巢缺如系妇幼保健院医疗行为直接造成,虽妇幼保健院的诊疗行为存在过错,但经鉴定该过错与向某某卵巢缺如之间无因果关系。一审法院判决:驳回向某某的诉讼请求。向某某不服,提起上诉。2016年11月25日,二审法院认为,本院认为,西南政法大学司法鉴定中心关于妇幼保健院的医疗行为与向某某左侧卵巢是否缺如之间无因果关系的鉴定分析意见不客观、不真实,不予采信。本案应实行举证责任倒置,应由妇幼保健院提供证据证明其在行畸胎瘤手术过程中未导致向某某的左侧卵巢缺如。现妇幼保健院未提供充分的证据证明其在医疗过程中无过错,故应承担不利后果。二审法院判决:撤销四川省宜宾市翠屏区人民法院(2015)翠屏民初字第5359号民事判决;由被上诉人宜宾市翠屏区妇幼保健

[①] 裁判法院:四川省宜宾市中级人民法院。案号:(2016)川15民终字第1991号。

院在本判决生效后5日内赔偿上诉人向某某因医疗损害的各项损失共39 242.8元;驳回上诉人向某某的其他诉讼请求。

三、关联法条

《中华人民共和国侵权责任法》

第五十四条 患者在诊疗活动中受到损害,医疗机构及其医务人员有过错的,由医疗机构承担赔偿责任。

第五十八条 患者有损害,因下列情形之一的,推定医疗机构有过错:

(一)违反法律、行政法规、规章以及其他有关诊疗规范的规定;

(二)隐匿或者拒绝提供与纠纷有关的病历资料;

(三)伪造、篡改或者销毁病历资料。

《中华人民共和国民事诉讼法》

第一百七十条第一款第(二)项 第二审人民法院对上诉案件,经过审理,按照下列情形,分别处理:

(二)原判决、裁定认定事实错误或者适用法律错误的,以判决、裁定方式依法改判、撤销或者变更。

四、争议问题

1. 因果关系的认定。

2. 司法鉴定意见的证明力。

五、简要评析

1. 责任构成

损害 经宜宾市第一人民医院检查确定左侧卵巢缺如;一审诉讼中,向某某申请鉴定,一审法院依法委托西南政法大学司法鉴定中心进行鉴定。该所鉴定意见:宜宾市翠屏区妇幼保健院对向某某的诊疗行为有过错,无因果关系。2016年6月12日,向某某委托四川金沙司法鉴定所对其伤情进行鉴定,鉴定意见为:被鉴定人向某某左侧卵巢缺如被评定为十级伤残。

行为 从法院认定事实中,可以看出,患者在医院实施左侧卵巢畸胎瘤剥除术后,经宜宾市第一人民医院检查确定左侧卵巢缺如。根据全国高等学校教材《妇产科学》卵巢肿瘤中成熟畸胎瘤的病理和治疗方法可知,畸胎瘤的剥离应保留患者正常的卵巢组织。医院的医疗行为明显侵犯了患者的健康权。

过错 根据上述《妇产科学》关于成熟畸胎瘤的治疗方法可知,医院在实施手术行为时,使得患者正常的卵巢组织缺失,明显存在过错。

因果关系 向某某自2006年在妇幼保健院行剖宫产手术和畸胎瘤剥除术至2015

年 4 月前未到其他医院接受过手术治疗。因此，向某某的左侧卵巢缺如，应当推定是妇幼保健院行左侧卵巢畸胎瘤剥除术时导致的。

小结 关于因果关系的认定问题：本案中一审法院与二审法院做出了截然相反的判决，其争议焦点主要在于因果关系的认定上，即患者的损害结果能否归因于医方的医疗行为。对此，一审法院持否定观点，二审法院持肯定观点，在我看来，一审法院的认定不合理。首先，宜宾市第一人民医院医生先是肉眼观察，但其后便通过彩超技术检查到左侧卵巢缺如，也就是本案的损害后果已经确定；其次，患者向某某自 2006 年在妇幼保健院行剖宫产手术和畸胎瘤剥除术至 2015 年 4 月前未到其他医院接受过手术治疗。患者无论如何也不可能以一己之力使自己的卵巢缺失，患者在此期间又无其他手术行为。最后，根据《最高人民法院关于民事诉讼证据的若干规定》第四条，本案应实行举证责任倒置，应由妇幼保健院提供证据证明其在行畸胎瘤手术过程中未导致向某某的左侧卵巢缺如，医方无法证明患者的损害非其医疗行为所致，应推定为存在因果关系。因此，向某某的左侧卵巢缺如，应当推定是妇幼保健院行左侧卵巢畸胎瘤剥除术时导致。

2. 责任方式

本案责任方式为赔偿损失，主要为金钱赔偿和精神损害赔偿，向某某合理的损失共计：39 242.8 元。伤残赔偿金按城镇标准支持计算为 26 205 元；精神抚慰金支持 3 000 元；妇幼保健院的医疗费 2 663.94 元；向某某检查确诊左侧卵巢缺如，可酌情考虑误工 5 天，以每天 80 元计算计 400 元；考虑其为确诊左侧卵巢缺如病情，酌情考虑交通费 200 元；鉴定费 9 250 元。

案例 36　叶某乙、叶某丙等诉武汉大学中南医院医疗损害责任纠纷案[①]

一、基本案情

患者叶某甲因摔伤致右髋疼痛，活动受限 5 小时，入住武汉大学中南医院（以下简称"中南医院"）骨科，后患者心跳停止，瞳孔散大至边，动脉搏动消失，呼吸停止。上诉人起诉被上诉人在患者住院治疗过程中存在医疗过错，与患者死亡存在因果关系，要求医方承担民事赔偿责任，本案属于医疗损害责任纠纷。

二、诉讼过程及裁判理由

一审法院认为，根据武汉荆楚法医司法鉴定所鉴定意见："中南医院对患者叶某甲的诊疗行为不存在医疗过错，患者叶某甲的死亡系其自身严重疾病发展的自然转归。"因此法院认定中南医院对患者叶某甲的诊疗行为不构成医疗损害责任侵权。中南医院不应

---

① 裁判法院：湖北省武汉市中级人民法院。案号：(2016)鄂 01 民终字第 2272 号。

当承担损害赔偿责任,法院对叶某乙、叶某丙、叶某丁要求中南医院赔偿其损失的诉请不予支持。一审法院判决:驳回原告叶某乙、叶某丙等人的全部诉讼请求。案件受理费2 406元,由原告承担。上诉人(原审原告)叶某乙、叶某丙等不服,提起上诉。2016年7月5日,二审法院认为,湖北三真司法鉴定中心作出的鉴定意见书系叶某乙、叶某丙等单方委托鉴定,被上诉人中南医院作为医方并未参与且认为该鉴定依据资料不全,故对湖北三真司法鉴定中心作出的鉴定结论并不认可;鉴于上述原因,在原审诉讼中上诉人叶某乙、叶某丙、叶某丁同意被上诉人中南医院提出重新鉴定的申请,并经由法院委托,武汉荆楚法医司法鉴定所据此作出了鉴定结论。二审法院判决:驳回上诉,维持原判。二审案件受理费2 406元,由上诉人负担。

三、关联法条

《中华人民共和国侵权责任法》

第五十四条 患者在诊疗活动中受到损害,医疗机构及其医务人员有过错的,由医疗机构承担赔偿责任。

《最高人民法院关于民事诉讼证据的若干规定》

第二十七条 当事人对人民法院委托的鉴定部门作出的鉴定结论有异议申请重新鉴定,提出证据证明存在下列情形之一的,人民法院应予准许:

(一)鉴定机构或者鉴定人员不具备相关的鉴定资格的;

(二)鉴定程序严重违法的;

(三)鉴定结论明显依据不足的;

(四)经过质证认定不能作为证据使用的其他情形。

对有缺陷的鉴定结论,可以通过补充鉴定、重新质证或者补充质证等方法解决的,不予重新鉴定。

第二十八条 一方当事人自行委托有关部门作出的鉴定结论,另一方当事人有证据足以反驳并申请重新鉴定的,人民法院应予准许。

第七十一条 人民法院委托鉴定部门作出的鉴定结论,当事人没有足以反驳的相反证据和理由的,可以认定其证明力。

《中华人民共和国民事诉讼法》

第一百二十八条 合议庭组成人员确定后,应当在三日内告知当事人。

第一百七十条第一款第(一)项 第二审人民法院对上诉案件,经过审理,按照下列情形,分别处理:

(一)原判决、裁定认定事实清楚,适用法律正确的,以判决、裁定方式驳回上诉,维持原判决、裁定。

四、争议问题

1. 武汉荆楚法医司法鉴定所出具的鉴定意见是否具有证明力?是否应采用原审法

院委托武汉荆楚法医司法鉴定所作出的意见书作为本案定案依据?

2. 被告是否存在过错,与患者死亡间是否具有因果关系? 如果有,被告过错对患者死亡后果的参与度如何认定?

五、简要评析

1. 责任构成

损害 患者叶某甲因摔伤致右髋疼痛,活动受限5小时入住中南医院骨科,后患者心跳停止,瞳孔散大至边,动脉搏动消失,呼吸停止,生理反应引不出。2012年2月23日,患者被宣告临床死亡。这构成侵权责任法上的损害事实。

行为 患者叶某甲在中南医院共计住院29天,医方为患者实施了保守治疗、纠酸、补钙治疗,请心内科会诊协助抢救、胸外按压、间断推注肾上腺素、抑酸止血药物、滴注碳酸氢钠等一系列诊疗行为。

过错 受法院委托,武汉荆楚法医司法鉴定所作出的鉴定意见表明,被告对患者诊疗行为不存在医疗过错。

因果关系 受法院委托,武汉荆楚法医司法鉴定所的鉴定意见为:患者叶某甲死亡系其自身严重疾病发展的自然转归。故医方的诊疗行为与患者死亡的损害后果之间不存在因果关系。

小结 本案的争议焦点在于鉴定机构出具的鉴定意见书的鉴定结论是否具有证明力,是否可以作为定案依据。鉴定意见书是医疗侵权案件裁判考量的重要依据,其作出的鉴定结论可以从医疗层面及法律层面揭示医疗机构及其医务人员在诊疗活动中是否存在违法诊疗行为、患者是否受到损害、违法诊疗行为与患者所受的损害之间是否存在因果关系、医疗机构及医护人员是否存在过错。可据此判定是否满足《中华人民共和国侵权责任法》第五十四条规定"患者在诊疗活动中受到损害,医疗机构及其医务人员有过错的,由医疗机构承担赔偿责任"的构成,是否可以请求损害赔偿;鉴定结论也会揭示医疗机构及其医护人员的过错对患者损害后果的参与度认定,从而影响原告(患者、家属)主张的损害赔偿在多大程度上会被法院认可。

2. 责任方式

经过上述分析,本案中南医院未实施医疗侵权行为,不承担侵权责任,故没有责任方式。

第五节 诉讼时效

案例37 唐某某诉霍邱县第二人民医院侵害患者知情同意权责任纠纷案[①]

一、基本案情

唐某某于2012年10月12日入住霍邱县第二人民医院,诊断孕足月临产,于当天行剖宫产手术,因术中、术后出血,术后给予清除阴道血块、抗休克等治疗,但出现嗜睡,并抽搐,术后10小时后转至安徽医科大学第一附属医院治疗,该院以术后即时出血、产后子痫、休克、贫血收治入院,经治疗于11月18日出院。出院后,原、被告发生医疗纠纷,为此,霍邱县第二人民医院医务股与原告丈夫签订协议书:被告一次性救助原告3.9万元,原、被告保证永不因此事再发生任何纠缠,任何一方反悔,后果自负。双方均不得提出与本协议以外的任何诉求。本协议经签字后生效(注:本协议系双方协商自愿签署)。

二、诉讼过程及裁判理由

一审法院认为,签订案涉协议时,原告的伤害后果未曾明显并被发现,从原、被告签订的协议中使用"救助"一词也能得到印证。原告受到伤害后处于治疗过程中,有原告提供的就诊报告单为证,但随着时间的推移和检查的进行,2014年4月开始原告伤害后果逐步得到确诊和被发现,2014年10月,原告提起诉讼并未超过一年诉讼时效。2015年9月24日,一审法院判决:被告霍邱县第二人民医院在本判决生效后10日内赔偿原告唐某某医药费、住院伙食补助费、营养费、护理费、交通费、误工费、残疾赔偿金、鉴定费,合计37 338.62元的35%,即13 068.52元,赔偿精神抚慰金1 750元,合计14 818.52元;驳回原告唐某某其他诉讼请求。

三、关联法条

《中华人民共和国侵权责任法》

第五十四条 患者在诊疗活动中受到损害,医疗机构及其医务人员有过错的,由医疗机构承担赔偿责任。

《中华人民共和国合同法》

第五十四条第一款第(一)项 下列合同,当事人一方有权请求人民法院或者仲裁机构变更或者撤销:

[①] 裁判法院:安徽省霍邱县人民法院。案号:(2014)霍民一初字第02174号。

（一）因重大误解订立的。

《最高人民法院关于审理人身损害赔偿案件适用法律若干问题的解释》

第十九条　医疗费根据医疗机构出具的医药费、住院费等收款凭证，结合病历和诊断证明等相关证据确定。赔偿义务人对治疗的必要性和合理性有异议的，应当承担相应的举证责任。

医疗费的赔偿数额，按照一审法庭辩论终结前实际发生的数额确定。器官功能恢复训练所必要的康复费、适当的整容费以及其他后续治疗费，赔偿权利人可以待实际发生后另行起诉。但根据医疗证明或者鉴定结论确定必然发生的费用，可以与已经发生的医疗费一并予以赔偿。

第二十条　误工费根据受害人的误工时间和收入状况确定。

误工时间根据受害人接受治疗的医疗机构出具的证明确定。受害人因伤致残持续误工的，误工时间可以计算至定残日前一天。

受害人有固定收入的，误工费按照实际减少的收入计算。受害人无固定收入的，按照其最近三年的平均收入计算；受害人不能举证证明其最近三年的平均收入状况的，可以参照受诉法院所在地相同或者相近行业上一年度职工的平均工资计算。

第二十一条　护理费根据护理人员的收入状况和护理人数、护理期限确定。

护理人员有收入的，参照误工费的规定计算；护理人员没有收入或者雇佣护工的，参照当地护工从事同等级别护理的劳务报酬标准计算。护理人员原则上为一人，但医疗机构或者鉴定机构有明确意见的，可以参照确定护理人员人数。

护理期限应计算至受害人恢复生活自理能力时止。受害人因残疾不能恢复生活自理能力的，可以根据其年龄、健康状况等因素确定合理的护理期限，但最长不超过二十年。

受害人定残后的护理，应当根据其护理依赖程度并结合配制残疾辅助器具的情况确定护理级别。

第二十二条　交通费根据受害人及其必要的陪护人员因就医或者转院治疗实际发生的费用计算。交通费应当以正式票据为凭；有关凭据应当与就医地点、时间、人数、次数相符合。

第二十三条　住院伙食补助费可以参照当地国家机关一般工作人员的出差伙食补助标准予以确定。

受害人确有必要到外地治疗，因客观原因不能住院，受害人本人及其陪护人员实际发生的住宿费和伙食费，其合理部分应予赔偿。

第二十四条　营养费根据受害人伤残情况参照医疗机构的意见确定。

第二十五条　残疾赔偿金根据受害人丧失劳动能力程度或者伤残等级，按照受诉法院所在地上一年度城镇居民人均可支配收入或者农村居民人均纯收入标准，自定残之日起按二十年计算。但六十周岁以上的，年龄每增加一岁减少一年；七十五周岁以上的，按五年计算。

受害人因伤致残但实际收入没有减少,或者伤残等级较轻但造成职业妨害严重影响其劳动就业的,可以对残疾赔偿金作相应调整。

《最高人民法院关于确定民事侵权精神损害赔偿责任若干问题的解释》

第十条 精神损害的赔偿数额根据以下因素确定:

(一)侵权人的过错程度,法律另有规定的除外;

(二)侵害的手段、场合、行为方式等具体情节;

(三)侵权行为所造成的后果;

(四)侵权人的获利情况;

(五)侵权人承担责任的经济能力;

(六)受诉法院所在地平均生活水平。

法律、行政法规对残疾赔偿金、死亡赔偿金等有明确规定的,适用法律、行政法规的规定。

四、争议问题

1. 被告与原告丈夫签订的协议是否有效?
2. 原告是否丧失损害赔偿请求权?
3. 原告的人身损害与被告的医疗行为有无因果关系?
4. 是否超过诉讼时效?

五、简要评析

1. 责任构成

损害 被告在术后清理过程中清理不彻底,导致原告子宫宫体萎缩,出现炎症、病变、组织坏死,安徽高诚司法鉴定所根据原告申请对其子宫体积明显缩小进行鉴定,确定为九级伤残。

行为 原告在被告处诊疗完成6个月后,在多家医院检查确诊子宫宫体萎缩,经查明确认被告在对原告行剖宫产手术后存在清宫不彻底的情况。同时被告虽然对原告在剖宫产术中、术后大出血给予了相应的治疗,但救治措施欠完善。

过错 原告在被告处行剖宫产手术,因在术中、术后出血,原告出现嗜睡、休克等症状。经鉴定确认是由于被告的救治措施欠完善所致。由于被告在术后清理过程中清理不彻底,导致原告子宫宫体萎缩,出现炎症、病变、组织坏死。

因果关系 根据安徽高诚司法鉴定所的鉴定意见,原告在被告处诊治期间,剖宫产后存在清宫不彻底的情况;同时,被告虽然对原告在剖宫产术中、术后大出血给予了相应的治疗,但救治措施欠完善。根据对病理的明确检查,原告术后清宫的清出物主要系自身疾病的转归所致,自身病变是出现损害后果的主要原因,被告的诊疗行为虽然存在一定过失,但该过失只是出现不良后果的促进因素,系次要原因。

小结 原告、被告签订协议时,原告的伤害后果未曾明显并被发现。原告受到伤害后处于治疗过程中,有原告提供的就诊报告单为证,但随着时间的推移和检查的进行,2014年4月开始原告伤害后果逐步得到确诊和被发现,2014年10月,原告提起诉讼并未超过一年诉讼时效。患者的损害结果的出现与诊疗行为相比较而言,往往时间上具有滞后性,故而在考虑诉讼时效的时候,应对此予以考虑,以患者的损害结果出现之日起算。

2. 责任方式

被告霍邱县第二人民医院赔偿原告唐某某医药费、住院伙食补助费、营养费、护理费、交通费、误工费、残疾赔偿金、鉴定费,合计37 338.62元的35%,即13 068.52元,赔偿精神抚慰金1 750元,合计14 818.52元。

案例38 福建医科大学附属协和医院与张某巢、叶某某医疗损害责任纠纷案[①]

一、基本案情

张某巢、叶某某系患儿张某炫的父母。张某炫,男,2012年11月13日出生。2013年2月5日,患儿以"发现口唇紫绀1月,咳嗽、气促2天"为主诉入住福建医科大学附属协和医院(以下简称"协和医院"),初步诊断:先天性心脏病(法洛氏四联症、永存左上腔静脉)、肺部感染。患儿入院后医生对其予抗感染、强心、利尿等治疗,经治疗,患儿××基本控制,医生建议待患儿稍大后再手术。患儿于2013年2月20日出院。2013年6月27日,患儿以"发现口唇紫绀4月余,咳嗽2天"再次入住协和医院,入院后予抗感染等处理并行相关检查。初步诊断为先天性心脏病。2013年7月4日患儿在全麻CPB下行"法洛氏四联症纠治术",术后安返ICU予抗感染、强心、利尿、营养支持、维持水电解质平衡等处理。7月15日20时30分患儿出现气促等症状,经抢救无效,于2013年7月15日21时25分被宣布临床死亡。针对协和医院提出张某巢、叶某某起诉超过诉讼时效问题,张某巢、叶某某提交了福州市医患纠纷人民调解委员会于2017年2月28日出具的情况说明,记载:2013年12月17日,患儿张某炫之父张某巢因张某炫在协和医院手术后死亡到该委员会投诉,12月18日该委员会立案调解,经调解,双方无法达成共识,其后双方就不再要求该委员会进行沟通协调。

二、诉讼过程及裁判理由

一审法院认为,患者在诊疗活动中受到损害,医疗机构及其医务人员有过错的,由医

---

① 裁判法院:福建省福州市中级人民法院。案号:(2017)闽01民终字第3093号。

疗机构承担赔偿责任。协和医院提出张某巢、叶某某起诉超过诉讼时效,因张某巢、叶某某曾向福州市医患纠纷人民调解委员会投诉,向协和医院主张权利,该委员会也没有做出调解终结的决定,故张某巢、叶某某起诉没有超过诉讼时效。一审法院判决:协和医院于本判决生效之日起 10 日内支付张某巢、叶某某赔偿费 183 491 元;驳回张某巢、叶某某其他诉讼请求。上诉人福建医科大学附属协和医院不服,提起上诉。2017 年 9 月 2 日,二审法院认为,《最高人民法院关于审理民事案件适用诉讼时效制度若干问题的规定》第十四条规定,权利人向人民调解委员会以及其他依法有权解决相关民事纠纷的国家机关、事业单位、社会团体等社会组织提出保护相应民事权利的请求,诉讼时效从提出请求之日起中断。本案虽然患者张某炫于 2013 年 7 月 15 日死亡,但张某巢、叶某某曾于 2013 年 12 月 17 日到福州市医患纠纷人民调解委员会投诉,向协和医院主张权利,构成诉讼时效中断,基于该调解委员会未作出调解终结决定,一审法院认定本案并未超过诉讼时效系正确的。二审法院判决:驳回上诉,维持原判。

三、关联法条

《中华人民共和国侵权责任法》

第十六条 侵害他人造成人身损害的,应当赔偿医疗费、护理费、交通费等为治疗和康复支出的合理费用,以及因误工减少的收入。造成残疾的,还应当赔偿残疾生活辅助具费和残疾赔偿金。造成死亡的,还应当赔偿丧葬费和死亡赔偿金。

第五十四条 患者在诊疗活动中受到损害,医疗机构及其医务人员有过错的,由医疗机构承担赔偿责任。

《最高人民法院关于民事诉讼证据的若干规定》

第二条 当事人对自己提出的诉讼请求所依据的事实或者反驳对方诉讼请求所依据的事实有责任提供证据加以证明。

没有证据或者证据不足以证明当事人的事实主张的,由负有举证责任的当事人承担不利后果。

《中华人民共和国民法通则》

第一百三十六条 下列的诉讼时效期间为一年:

(一)身体受到伤害要求赔偿的;

(二)出售质量不合格的商品未声明的;

(三)延付或者拒付租金的;

(四)寄存财物被丢失或者损毁的。

第一百四十条 诉讼时效因提起诉讼、当事人一方提出要求或者同意履行义务而中断。从中断时起,诉讼时效期间重新计算。

《最高人民法院关于审理人身损害赔偿案件适用法律若干问题的解释》

第十七条 受害人遭受人身损害,因就医治疗支出的各项费用以及因误工减少的收入,包括医疗费、误工费、护理费、交通费、住宿费、住院伙食补助费、必要的营养费,赔偿义务人应当予以赔偿。

受害人因伤致残的,其因增加生活上需要所支出的必要费用以及因丧失劳动能力导致的收入损失,包括残疾赔偿金、残疾辅助器具费、被扶养人生活费,以及因康复护理、继续治疗实际发生的必要的康复费、护理费、后续治疗费,赔偿义务人也应当予以赔偿。

受害人死亡的,赔偿义务人除应当根据抢救治疗情况赔偿本条第一款规定的相关费用外,还应当赔偿丧葬费、被扶养人生活费、死亡补偿费以及受害人亲属办理丧葬事宜支出的交通费、住宿费和误工损失等其他合理费用。

第十八条　受害人或者死者近亲属遭受精神损害,赔偿权利人向人民法院请求赔偿精神损害抚慰金的,适用《最高人民法院关于确定民事侵权精神损害赔偿责任若干问题的解释》予以确定。

精神损害抚慰金的请求权,不得让与或者继承。但赔偿义务人已经以书面方式承诺给予金钱赔偿,或者赔偿权利人已经向人民法院起诉的除外。

第十九条　医疗费根据医疗机构出具的医药费、住院费等收款凭证,结合病历和诊断证明等相关证据确定。赔偿义务人对治疗的必要性和合理性有异议的,应当承担相应的举证责任。

医疗费的赔偿数额,按照一审法庭辩论终结前实际发生的数额确定。器官功能恢复训练所必要的康复费、适当的整容费以及其他后续治疗费,赔偿权利人可以待实际发生后另行起诉。但根据医疗证明或者鉴定结论确定必然发生的费用,可以与已经发生的医疗费一并予以赔偿。

第二十一条　护理费根据护理人员的收入状况和护理人数、护理期限确定。

护理人员有收入的,参照误工费的规定计算;护理人员没有收入或者雇佣护工的,参照当地护工从事同等级别护理的劳务报酬标准计算。护理人员原则上为一人,但医疗机构或者鉴定机构有明确意见的,可以参照确定护理人员人数。

护理期限应计算至受害人恢复生活自理能力时止。受害人因残疾不能恢复生活自理能力的,可以根据其年龄、健康状况等因素确定合理的护理期限,但最长不超过二十年。

受害人定残后的护理,应当根据其护理依赖程度并结合配制残疾辅助器具的情况确定护理级别。

第二十二条　交通费根据受害人及其必要的陪护人员因就医或者转院治疗实际发生的费用计算。交通费应当以正式票据为凭;有关凭据应当与就医地点、时间、人数、次数相符合。

第二十三条　住院伙食补助费可以参照当地国家机关一般工作人员的出差伙食补助标准予以确定。

受害人确有必要到外地治疗,因客观原因不能住院,受害人本人及其陪护人员实际发生的住宿费和伙食费,其合理部分应予赔偿。

第二十七条 丧葬费按照受诉法院所在地上一年度职工月平均工资标准,以六个月总额计算。

第二十九条 死亡赔偿金按照受诉法院所在地上一年度城镇居民人均可支配收入或者农村居民人均纯收入标准,按二十年计算。但六十周岁以上的,年龄每增加一岁减少一年;七十五周岁以上的,按五年计算。

《中华人民共和国民事诉讼法》

第一百七十条第一款第(一)项 第二审人民法院对上诉案件,经过审理,按照下列情形,分别处理:

(一)原判决、裁定认定事实清楚,适用法律正确的,以判决、裁定方式驳回上诉,维持原判决、裁定。

四、争议问题

1. 本案是否超过诉讼时效?
2. 福建省医学会作出的福建医损鉴字〔2016〕02号医疗损害鉴定书能否作为本案定案依据?
3. 部分赔偿项目问题。

五、简要评析

1. 责任构成

损害 患儿于2013年7月15日21时25分被宣布临床死亡,也给死者近亲属造成了巨大的精神损害。

行为 患儿入住协和医院后,医院初步诊断为先天性心脏病。在第二次住院后,在全麻CPB下行"法洛氏四联症纠治术",术后安返ICU予抗感染、强心、利尿、营养支持、维持水电解质平衡等处理。后患儿出现气促等症状,经抢救无效后死亡。

过错 根据福建省医学会作出的福建医损鉴字〔2016〕02号医疗损害鉴定书,患儿入院时存在肺部感染,医方虽进行了1周的抗感染治疗,但在术前未再进行相关复查,手术时机欠谨慎;在病历资料中未见医方在抢救过程中发出书面病危通知,医方在诊疗过程中存在过错。

因果关系 根据福建省医学会作出的福建医损鉴字〔2016〕02号医疗损害鉴定书,协和医院在诊疗中的过错与患儿死亡存在因果关系,参与度50%。

小结 本案的争议焦点之一为是否超过诉讼时效,二审上诉人协和医院认为被上诉人在2015年7月6日才提起诉讼,已超过诉讼时效;被上诉人认为福州市医患纠纷人民调解委员会最终并未调解终结,诉讼时效一直处于中断状态,于2015年7月6日提起诉讼未超过诉讼时效。根据《最高人民法院关于审理民事案件适用诉讼时效制度若干问的规定》第十四条规定,权利人向人民调解委员会以及其他依法有权解决相关民事纠纷的国家机关、事业单位、社会团体等社会组织提出保护相应民事权利的请求,诉讼时效从提出请求之日起中断。因此,虽然本案患者张某炫于 2013 年 7 月 15 日死亡,张某巢、叶某某曾于 2013 年 12 月 17 日到福州市医患纠纷人民调解委员会投诉,向协和医院主张权利,构成诉讼时效中断,但基于该调解委员会未作出调解终结决定,本案并未超过诉讼时效。

2. 责任方式

本案的责任方式为赔偿损失,由协和医院于判决生效之日起 10 日内支付张某巢、叶某某赔偿费 183 491 元。

案例 39　张某某与通化市第五人民医院生命权纠纷案[①]

一、基本案情

张某某因与通化市第五人民医院生命权、健康权、身体权纠纷诉通化市第五人民医院。张某某母亲沈某某因直肠癌于 1996 年 12 月 18 日到通化市第五人民医院手术治疗,12 月 24 日,沈某某死亡。沈某某住院期间花销医疗费 1 411.77 元。2015 年 12 月,张某某到通化市第五人民医院要求复印母亲病历,因通化市第五人民医院未能找到病历,为张某某补开一张诊断书,并出具一份证明,证明张某某母亲 1996 年 12 月 18 日因直肠癌入院行手术治疗,12 月 24 日出院,花销医疗费 1 411.77 元。12 月 24 日,沈某某死亡。

二、诉讼过程及裁判理由

一审法院判决:驳回张某某的诉讼请求。案件受理费 1 500 元,由张某某负担。张某某不服吉林省集安市人民法院(2016)吉 0582 民初字第 600 号民事判决,提起上诉。二审法院判决:驳回上诉,维持原判。二审案件受理费 2 300 元,由上诉人张某某负担。张某某不服,申请再审。再审法院认为,《中华人民共和国民法通则》第一百三十六条规定"下列的诉讼时效期间为一年:(一)身体受到伤害要求赔偿的";第一百三十七条规定"诉讼时效期间从知道或者应当知道权利被侵害时起计算。但是,从权利被侵害之日起超过二十年的,人民法院不予保护。有特殊情况的,人民法院可以延长诉讼时效期间。"张某某母亲已死亡近 20 年,张某某仅因通化市第五人民医院未保存病历从而推断其母亲系非正常死亡,要求通化市第五人民医院赔偿,且该请求已超过法律规定的诉讼时效期间,法院不予支持。再审法院裁定:驳回张某某的再审申请。

[①] 裁判法院:吉林省通化市中级人民法院。案号:(2016)吉 05 民终字第 1172 号。

三、关联法条

《最高人民法院关于民事诉讼证据的若干规定》

第二条 当事人对自己提出的诉讼请求所依据的事实或者反驳对方诉讼请求所依据的事实有责任提供证据加以证明。

没有证据或者证据不足以证明当事人的事实主张的,由负有举证责任的当事人承担不利后果。

《中华人民共和国民法通则》

第一百三十五条 向人民法院请求保护民事权利的诉讼时效期间为二年,法律另有规定的除外。

《中华人民共和国民事诉讼法》

第一百七十条第一款第(一)项 第二审人民法院对上诉案件,经过审理,按照下列情形,分别处理:

(一)原判决、裁定认定事实清楚,适用法律正确的,以判决、裁定方式驳回上诉,维持原判决、裁定。

四、争议问题

1. 通化市第五人民医院未保存病历是否与病人死亡之间具有因果关系?
2. 是否适用诉讼时效?

五、简要评析

1. 责任构成

损害 张某某母亲沈某某因直肠癌于 1996 年 12 月 18 日到通化市第五人民医院手术治疗,12 月 24 日,沈某某死亡。但张某某没有直接证据证明沈某某是非正常死亡,只是因通化市第五人民医院未保存病历推断母亲是非正常死亡。构成医疗侵权责任要件中的损害并非任何物理上的伤亡,而应当是因医疗行为所造成的损害,沈某某的死亡是否属于非正常死亡,即是否属于因医疗机构的侵权行为而导致的损害,应当由患者举证证明。这是初步证明责任。

行为 通化市第五人民医院未保存病历。张某某母亲于 1996 年死亡,张某某应于当时主张自己的权利,现其母亲已死亡近 20 年,其仅因通化市第五人民医院未保存病历从而推断母亲系非正常死亡,要求通化市第五人民医院赔偿,该请求已超过法律规定的诉讼时效期间。

过错 通化市第五人民医院未保存病历存在过错,但不能以此过错的存在认定沈某某的死亡是非正常死亡。医疗机构的过错推定责任适用于如下情况:① 违反法律、行政法规、规章以及其他有关诊疗规范的规定;② 隐匿或者拒绝提供与纠纷有关的病历资料;③伪造、篡改或者销毁病历资料。医院未能保存病例是否属于过错推定的情况之一,不无疑问。根据此条规则背后的法理,是对弱势群体的保护,故应当认为,若医疗机构存在不能提供完整病例、资料等且未能做出合理解释的诊疗行为,依照《中华人民共和国侵权责任法》第五十八条,应推定医疗机构在诊疗过程中存在过错。

因果关系 通化市第五人民医院未保存病历存在过错,但不能以此过错的存在认定沈某某的死亡是非正常死亡,死亡与行为之间没有因果关系。对于医疗侵权行为,由被侵权人就医疗行为与损害结果之间存在因果关系承担举证责任,仅仅因为医疗机构未保存病例并不能证明损害结果与医疗行为之间具有因果关系,只能说明医疗机构具有过错。

小结 本案诉讼时效已经超过,故原告需承担不及时行使权利的后果。但是,这带给我们两点思考:一是关于举证责任倒置的问题,二是医疗侵权构成要件中损害的含义。根据《最高人民法院关于民事诉讼证据的若干规定》第四条第一款第(八)项"下列侵权诉讼,按照以下规定承担举证责任:……(八)因医疗行为引起的侵权诉讼,由医疗机构就医疗行为与损害结果之间不存在因果关系及不存在医疗过错承担举证责任"的规定,本案应实行举证责任倒置。而在实务中,举证责任倒置并没有得到很好的贯彻实施。一方面,法律为了减轻患者的举证责任,规定了举证责任倒置;另一方面却使得医院的举证责任过分加重,一定程度上也会造成患者的滥诉,恶意诉讼,加剧了医患纠纷。关于医疗侵权构成要件中损害的含义问题,这里所称的损害,是广义上的损害,即任何物理上的损害均可,还是狭义上的损害,即因侵权行为造成的损害。若是第一种,优点在于患者的举证便易,诉讼的门槛降低,但又势必会造成滥诉的场面,但凡患者身体有些许损害,便提起诉讼;若是第二种,诉讼的门槛会提高,控制了滥诉的后果,但是患者需举证损害属于因侵权行为造成的损害,于是医疗侵权的构成要件之一损害,对其举证难度将会加大,这又不利于对患者的保护。因此,如何做到举证难度与诉讼门槛的平衡,是需要认真探索的一个问题。

2. 责任方式

本案医疗机构无责,因为损害后果与医疗机构的行为无因果关系。

第二章 医事合同*

第一节 医疗服务合同的一般问题

案例 40　郑某某、陈某某诉江苏省人民医院医疗服务合同纠纷案①

一、基本案情

2002 年 9 月 9 日,原告郑某某、陈某某与江苏省人民医院(以下简称"省人民医院")签订了"试管婴儿辅助生育治疗协议和须知"(以下简称"协议和须知")。人工辅助生育存在多种治疗技术,IVF 和 ICSI 都是人工辅助生育的技术手段,"协议和须知"中没有明确约定省人民医院将采取哪一种技术为原告进行治疗。虽然双方并未书面约定采取何种技术进行治疗,但从原告缴纳的检查费用、治疗记录等证据综合分析可以推定,原、被告之间已经就采取 ICSI 技术进行人工辅助生育治疗达成合意,省人民医院有义务按照该技术为原告进行治疗。2002 年 9 月 25 日,郑某某向省人民医院交纳了检查费 5 400 元,同日省人民医院对郑某某进行了采卵手术并采集了陈某某的精子。医务人员在观察了陈某某的精子后,认为适宜按照 IVF 技术进行治疗,遂按照 IVF 技术操作,但是最终治疗未获成功。两原告向省人民医院支付检查费、医药费共计 6 072 元,为促进排卵,两原告在院外购买药品支出 5 362.05 元,两项合计 11 434.05 元。两原告遂向法院提起诉讼,请求依《中华人民共和国合同法》(以下简称《合同法》)、《中华人民共和国消费者权益保护法》及《中华人民共和国民法通则》的规定,判令省人民医院双倍赔偿医药费 2.5 万元、误工费 1 392.5 元、精神抚慰金 1 万元并公开赔礼道歉。

二、诉讼过程及裁判理由

一审法院在认定双方之间的医疗服务合同已经成立并生效的基础上,认为医院负有对医疗方案的说明义务,患者对医疗方案享有选择权。对患者选择权的尊重应体现于在存在两个以上治疗方案的场合下,医院应该就几种不同治疗方案的利弊对患者进行充分说明,并以患者的决定为准选择治疗方案。本案中人工辅助生育存在 ICSI、IVF 等多种

---

* 本章内容由东南大学副教授高翔完成。
① 裁判法院:江苏省南京市中级人民法院。《中华人民共和国最高人民法院公报》2004 年第 8 期。

治疗技术。原、被告已经约定采取 ICSI 技术,如果医务人员在治疗过程中认为原告的状况更适合采取 IVF 技术,在条件允许的情况下,应当向原告予以说明,并就治疗技术方案的改动征求原告的意见。但被告的举证只能证明原告知悉治疗技术的改动,不能证明被告已经就该改动取得了原告的同意,故应当认定其行为构成违约,应当承担相应的责任。判决被告江苏省人民医院向原告赔偿医疗费 11 434.05 元,驳回原告其他诉讼请求。

一审判决之后,被告江苏省人民医院不服,向南京市中级人民法院提起上诉。其上诉理由为:一审判决认定事实错误,上诉人实施的是双方约定的人类辅助生育技术,双方签订的协议中并无 IVF 和 ICSI 技术的约定,被上诉人的交费方式不能佐证无约定事项的成立;且交费与治疗过程表明被上诉人支持并同意根据医疗原则确定的 IVF 方案的实施。

二审法院认为,履行医疗服务合同时,在非紧急情况下,医院在未经过患者或其代理人同意的情况下,擅自改变双方约定的医疗方案,属于《合同法》第一百零七条规定的履行合同义务不符合约定的行为。在本案中,省人民医院在为郑某某、陈某某治疗过程中,在未出现需要紧急抢救等非常状态的情况下,未经郑某某、陈某某同意,擅自改变治疗方案。省人民医院的行为,属于履行合同义务不符合约定,由此造成合同相对方的损失,依法应当承担赔偿损失的责任,一审法院对违约责任和具体损失的认定是正确的,据此所作的判决并无不当。省人民医院上诉理由不足,故不予支持。

三、关联法条

《中华人民共和国合同法》

第十条第一款　当事人订立合同,有书面形式、口头形式和其他形式。

第四十四条第一款　依法成立的合同,自成立时生效。

第六十条　当事人应当按照约定全面履行自己的义务。

当事人应当遵循诚实信用原则,根据合同的性质、目的和交易习惯履行通知、协助、保密等义务。

第一百零七条　当事人一方不履行合同义务或者履行合同义务不符合约定的,应当承担继续履行、采取补救措施或者赔偿损失等违约责任。

四、争议问题

医疗机构在非紧急状态的情况下,未经患者或其代理人同意,擅自改变双方约定的医疗方案是否构成违约?

五、简要评析

医疗服务合同,是医疗机构以提供医疗服务为目的,与患者之间缔结的合同。我国

《合同法》中并未具体规定医疗服务合同,学说中较多观点认为医疗服务合同近似于委托合同。虽然在本案中法院并未明确医疗服务合同的性质,但非典型合同在涉及相关问题时,仍然可以适用《合同法》总则的规定。

医疗服务合同中,医疗机构所负担的主给付义务通常为按照一定的方案实施治疗行为,但由于医学及疾病本身的复杂性,不能要求所有治疗行为均能实现治愈的结果。因此,医疗机构所负担的主给付义务通常为手段债务而非结果债务。在本案中,原告在被告医院接受治疗时,虽然在与被告医院签订的治疗协议中并未明确采取何种人工辅助生育的技术手段(包括 IVF 和 ICSI)进行治疗。但是按照一审法院认定的事实,从原告交纳的治疗费用符合 ICSI 的收费标准以及医院的治疗记录中记载了"拟行治疗"为"ICSI"等证据中可以推定,原告与被告之间已就采取 ICSI 技术进行治疗达成合意,省人民医院有义务按照 ICSI 技术进行治疗。而医疗机构若认为确有必要改变治疗方案的,除紧急情况外,原则上应当向患者进行说明并取得其同意。一审法院根据《合同法》第六十条规定,认为在医疗服务合同中,医院负有对医疗方案的说明义务,而患者享有对医疗方案一定的选择权。对患者选择权的尊重应体现于存在两个以上治疗方案的场合,医院应就不同治疗方案的利弊对患者进行充分说明,并以患者的决定为准选择治疗方案。从一审法院认定事实来看,被告省人民医院只能证明其对患者就不同治疗方案进行了说明,但并未就改变治疗方案取得患者的同意,因此既违反了《合同法》规定的附随义务,同时采取 IVF 技术进行治疗也违反了原、被告双方约定的给付义务。二审法院也确认了这一点,认为履行医疗服务合同时,在非紧急情况下,医院在未经过患者或其代理人同意的情况下,擅自改变双方约定的医疗方案,属于《合同法》第一百零七条规定的履行合同义务不符合约定的行为。

本案中,一审法院根据《合同法》第一百零七条判令被告向原告赔偿医疗费的损失,但以损害赔偿不包括精神损害为由并未支持原告关于精神损害赔偿的诉讼请求。对于这一问题,我国学说及实践传统上持否定态度,但最近的有力学说认为应承认对违约场合非财产上损害的赔偿。① 《合同法》第一百一十二条中规定的"其他损失"已留有解释的余地,《最高人民法院关于审理人身损害赔偿案件适用法律若干问题的解释》中的相关规定,也应理解为并不限于"侵权行为"提起的诉讼。但在本案中,一审、二审法院均未对此问题进行展开。

---

① 崔建远:《论违约的精神损害赔偿》,《河南省政法管理干部学院学报》2008 年第 1 期,第 48 - 51 页;韩世远:《合同法总论》(第三版),法律出版社,2011 年,第 620 页。

案例 41 重庆医科大学附属儿童医院诉庞某某等医疗服务合同纠纷案①

一、基本案情

2008年6月11日,被告庞某某因囊肿到原告重庆医科大学附属儿童医院(以下简称"儿童医院")处住院治疗,于2008年7月1日出院。2008年8月17日,庞某某再次到该院住院治疗。入院诊断为:① C-P分流术后;② 脑积水;③ 腹部切口感染;④ 颅内感染;⑤ 继发性癫痫。原告对其进行了数次手术和药物治疗,并于2009年2月开始针灸、高压氧康复治疗,此后庞某某精神、食欲渐佳,反应较前好转,吐字较前清楚,词汇增多,但双眼球活动仍欠灵活,左侧肢体偏瘫好转,左手抓物稳,但较右手活动少,左下肢行走无明显跛行。2008年8月17日,庞某某入院时向原告预交现金1 000元,自该日至2009年8月25日,尚欠原告166 685.15元,经原告多次催收仍未果。截至2010年8月18日,庞某某仍在原告外科七病房28床住院。原告遂起诉至重庆市渝中区人民法院,要求:立即解除与庞某某之间的医疗服务合同关系;庞某某及其父母庞某宽、陈某玲立即向原告支付医疗费166 685.15元;3被告立即腾空病房、搬离医院。

审理中,经原告申请,重庆市渝中区人民法院委托司法鉴定,对庞某某目前是否符合出院标准进行临床界定,鉴定意见认为庞某某目前无需继续住院治疗,可予门诊随访。

二、诉讼过程及裁判理由

法院经审理认为,被告庞某某因病至原告处住院治疗,双方的医疗服务合同关系成立。原告儿童医院应履行对被告庞某某进行符合诊疗规范的诊治义务,被告庞某某有配合医生诊疗和按医疗服务价格缴纳医疗费的义务。司法鉴定确认,被告庞某某目前状况无需继续住院治疗,可予门诊随访,且被告庞某某拒绝支付医疗费用,系未履行合同主要义务,故对原告要求解除医疗服务合同的请求,应予支持。而被告庞某某称其有严重智力障碍脑病、生活不能自理,疾病尚未治愈,原告应对其继续治疗,医疗并未终结的抗辩理由,不能成立。故被告庞某某应支付拖欠原告的医疗费166 685.15元。由于双方的医疗服务合同可予依法解除,庞某某亦无需继续住院治疗,若占用病床,将浪费医疗资源,故庞某某应在医疗服务合同解除后,立即搬离医院。鉴于庞某某是未成年人,其所欠原告的医疗费应由其监护人即其父母庞某宽、陈某玲承担民事责任。庞某某不能继续滞留儿童医院,其父母作为监护人,亦应一并搬离医院。

据此,判决:① 从即日起解除原告和被告庞某某的医疗服务合同关系;② 3被告所欠原告医疗费166 685.15元,在本判决生效后3日内一次性如数付清;③ 3被告在本判决生效后3日内腾空搬离原告处。

---

① 裁判法院:重庆市渝中区人民法院。案号:(2009)中区民初字第2620号。

宣判后,双方当事人并未提起上诉,一审判决已经生效。

三、关联法条

《中华人民共和国合同法》

第九十四条 有下列情形之一的,当事人可以解除合同:

(一)因不可抗力致使不能实现合同目的;

(二)在履行期限届满之前,当事人一方明确表示或者以自己的行为表明不履行主要债务;

(三)当事人一方迟延履行主要债务,经催告后在合理期限内仍未履行;

(四)当事人一方迟延履行债务或者有其他违约行为致使不能实现合同目的;

(五)法律规定的其他情形。

四、争议问题

医疗机构能否以患者拖欠医疗费为由解除住院医疗服务合同?

五、简要评析

在医疗服务合同中,患者在接受医疗服务的同时,其最主要的合同义务即向医疗机构支付医疗费用。在需要住院治疗的情况下,患者长期拖欠医疗费,医疗机构不得不一边继续治疗一边催促其缴纳住院和治疗费用,此种情形在实践中也不在少数。由于"医疗机构以救死扶伤,防病治病,为公民的健康服务为宗旨"(《医疗机构管理条例》第三条),因此除紧急情况之外,对于已经收治的患者能否以其不缴纳医疗费用为由而拒绝继续治疗,是实践当中困扰医疗机构、争议较多的难题。

医疗服务虽然是以提供疾病的诊断、治疗为主要目的的,但其核心乃是以"人"为对象,在医疗过程中除了保障患者的生命健康权之外,知情同意权、隐私权、个人尊严等精神层面的权益更应当得到尊重。因此,无论如何强调医疗服务合同所具有的"以人为本"的侧面也不为过。但同时也不能忽略医疗服务合同所具有的私法属性,虽然我国《合同法》未将其作为有名合同纳入立法进行调整,但符合一般合同特征的医疗服务合同仍然可以适用《合同法》中的相关规定。《医疗机构管理条例》第二十六条以及第三十七条明确规定了医疗机构应当公开收费标准、按照政府或物价部门的有关规定收取医疗费用,也即医疗机构在提供医疗服务的同时享有向患者收取医疗费用的权利。对于住院患者而言,在办理住院手续时通常需要预先缴纳一定的费用,医疗机构则应当将每天的医疗费用明细(如检查、用药、护理等)交于患者,并从预先缴纳的住院费中扣除。根据后续治疗的情况医疗费用可能会有所增加,如果预缴费用不足或患者未及时缴纳,医疗机构将发出催缴通知,以提醒患者或其亲属缴纳。

如果患者及其亲属收到催缴通知后仍未缴纳,医疗机构是否能够解除医疗服务合同,要求患者出院呢？根据《合同法》第九十四条第(三)项的规定,"当事人一方迟延履行主要债务,经催告后在合理期限内仍未履行"的,对方当事人可以解除合同。本案中,被告庞某某自2008年8月17日到原告医院住院接受治疗,至2010年8月18日原告起诉之前一直是持续住院状态,并拖欠医疗费用166 685.15元。在此期间,原告虽数次催促被告支付医疗费用,但被告仍拒不支付,原则上原告可以根据上述合同法的规定解除合同。需要注意的是,本案中经司法鉴定确认被告庞某某已符合出院标准,从节约医疗资源的角度,被告也不应继续占用床位,因此原告的解除请求应获得支持。在判断是否符合出院标准时,要结合医疗服务合同中医疗机构所负担的诊疗债务通常为手段债务这一点,即医疗服务的提供并非保证所有疾病均得到治愈的结果。因此,法院认定本案中被告主张庞某某疾病尚未治愈,原告应对其继续治疗的抗辩理由不能成立,是合理的。

案例42　江苏省人民医院与沈某某等医疗服务合同纠纷上诉案[①]

一、基本案情

2015年9月28日,患者沈某因反复上腹部腹痛不适2年余,加重3月前往省人民医院就诊,某某病区入院治疗。入院知情同意书中载明,某某人的病情和自理能力,根据评估结果合理制定护理等级并按规定收费。入院护理评估单证明其自理程度和活动能力被评定为基本自理与自主活动,其南京市基本医院保险住院医疗费用明细清单护理费用栏显示为无陪护理Ⅲ级。某某区实行免除家属生活照顾的无陪化管理。2015年9月30日、10月1日、10月2日,沈某三次请假回家,并在住院患者外出劝阻书上签字。护理记录单记载的内容显示2015年9月30日至10月3日,沈某均于当日请假回家并于次日返回病房。10月4日上午7时50分,医院护理记录单记载,早上巡视病房,与患者沟通交流时,患者表示今晚依旧会回家,嘱其一定要履行书面请假手续,当日下午18时30分记载,患者外出。后直至10月5日上午10时20分、10时30分该记录单才有记载,内容为,患者未返回病房输液,拨打电话联系患者家属；11时35分记载又拨打电话,至12时接到院外派出所警察电话,患者院外死亡。2015年10月5日早上7时许,沈某儿子陈某某前往医院发现患者沈某不在医院。2015年10月6日,南京市公安局法医中心出具死亡证明,证明沈某于2015年10月5日在南京被发现死亡,死亡原因为溺死。

二、诉讼过程及裁判理由

一审法院认为：公民、法人违反合同义务,或因实施侵权行为,给他人造成损害的,应当承担民事责任。本案中,患者沈某到省人民医院处就医治疗,医患双方存在医疗服务合同关系,省人民医院应全面履行医疗服务合同,除为患者提供科学、规范的医疗服

[①] 裁判法院：江苏省南京市中级人民法院。案号：(2016)苏01民终字第9712号。

务,还对患者具有充分必要的管理义务。省人民医院未能尽到充分必要的管理义务,对沈某的死亡结果负有部分责任。患者沈某作为完全民事行为能力人,有保障自身安全的合理注意义务,其在医院治疗期间未履行书面请假手续离开医院,后在外溺水身亡,其本人应对损害后果承担主要责任。结合本案案情,法院酌定省人民医院承担 30 000 元的赔偿责任为宜。

一审法院判决:① 江苏省人民医院于判决生效之日起 10 日内向沈某某支付等 30 000 元。② 驳回沈某某等的其他诉讼请求。

江苏省人民医院不服一审判决,向南京市中级人民法院提起上诉。上诉理由为:① 上诉人已全面履行了医疗服务合同所约定的义务,不存在诊疗护理过失问题。② 上诉人已尽到合理的管理义务,不存在违约行为或过失。③ 上诉人履行医疗服务合同的行为,与患者死亡无任何因果关系。④ 一审酌定上诉人给付 30 000 元赔偿没有法律和事实依据。

二审法院认为,患者沈某进入省人民医院接受诊疗,即与省人民医院成立医疗服务合同关系。双方均应当按照诚信原则,全面履行合同义务。省人民医院除需要提供合理的医疗服务外,还应当对患者起居出行等行为尽到合理的协助义务、管理义务和通知义务等。患者沈某作为完全行为能力人,在住院期间应当遵守医院的规章制度,在离开医院时应当办理请假手续。沈某未经请假私自离院外出,后发生事故身亡,对于该损害后果其应承担主要责任。省人民医院的上诉请求不能成立,应予驳回;一审判决认定事实清楚,适用法律正确,应予维持。

三、关联法条

《中华人民共和国合同法》

第六十条 当事人应当按照约定全面履行自己的义务。

当事人应当遵循诚实信用原则,根据合同的性质、目的和交易习惯履行通知、协助、保密等义务。

第一百零七条 当事人一方不履行合同义务或者履行合同义务不符合约定的,应当承担继续履行、采取补救措施或者赔偿损失等违约责任。

四、争议问题

医疗机构对住院患者私自外出后发生事故身亡是否应当承担赔偿责任?

五、简要评析

本案中,一审、二审法院均认定患者沈某与省人民医院之间存在医疗服务合同关系。问题是基于该医疗服务合同关系,省人民医院作为医疗机构其需要承担的合同义务范围如何,对患者的日常管理是否应纳入其中。

一般的医疗服务合同关系中,合同的目的与内容主要围绕诊疗展开,医疗机构及其医务人员所负担的主给付义务主要包括:对患者进行正确的诊断(包括问诊、体检、各种医疗仪器的检查)、基于诊断结果提出适当的治疗方案并向患者进行说明取得同意、依照治疗方案对患者加以治疗(包括用药、使用医疗设备、进行手术等具体方案)、治疗期间及治疗结束后对患者的疗养指导(包括用药、恢复等内容)。此外,医疗机构根据情况还负担转院义务。在主给付义务之外,医疗机构还负担正确制作、保存及向患者提供病历资料的从给付义务;以及对患者的隐私、个人信息等进行保密,对患者人身财产进行保护等附随义务。

患者在与医疗机构成立医疗服务合同时,根据自身的病情,有可能仅接受一般的门诊治疗,也有可能需要住院接受治疗。如果患者需要住院接受治疗,则其与医疗机构之间的医疗服务合同不仅包含对疾病的治疗也包括住院期间的医疗服务,如住宿、用药、看护、提供餐食等一系列内容,因此有观点认为住院合同属于结合医疗、看护与住宿伙食的混合契约。[①] 从上述内容来看,住院医疗服务合同的主要目的,在于由医疗机构向患者提供专业、安全、卫生的就医环境和医疗服务。因此,自医疗机构的角度而言,如果在院内管理上存在瑕疵,医疗机构未能向患者提供专业、安全的住院环境,对患者人身财产造成损害时,则可能构成违约。

在我国司法实践中,最初肯定保护义务的是"银河宾馆案"[②],法院在该判决中指出,"根据住宿合同的性质、目的和行业习惯,避免旅客人身、财产受到侵害,就成为此类合同的附随义务","住宿合同一经成立,无论宾馆是否向旅客出具口头的或者书面的安全保护或承诺,合同的附随义务都随之产生并客观存在"。该案也成为《最高人民法院关于审理人身损害赔偿案件适用法律若干问题的解释》第六条,以及《侵权责任法》第三十七条"安全保障义务"的出发点。虽然我国在《侵权责任法》中规定了某些特殊主体的"安全保障义务",扩大了受保护的对象和范围,特别值得肯定,但正如上文所述,该规定并不妨碍基于合同关系所产生的一方当事人的安全保障义务。

在本案中,一审法院认为,"省人民医院作为患者沈某的治疗机构,应全面履行医疗服务合同,除为患者提供科学、规范的医疗服务外,还对患者具有充分必要的管理义务"。二审法院也认为"沈某在省人民医院住院治疗,省人民医院除需要提供合理的医疗服务外,还应当对患者起居出行等行为尽到合理的协助义务、管理义务和通知义务等"。虽然省人民医院主张其对于需要临时离院的患者要求填写"住院患者外出劝阻书",已尽到合理的管理义务,但沈某当日未办理请假手续,院方医务人员发现其未在病房内,仅进行了登记,并未及时联系其家属。虽然沈某为完全行为能力人,应对自身安全负担合理注意义务,对该结果应承担主要责任,但一、二审法院均认定省人民医院在此过程中未尽到必

[①] 侯英泠:《从SARS谈医院院内感控义务之契约责任问题》,《月旦法学杂志》2004年第2期,第54页。
[②] 参见"王利毅、张丽霞诉上海银河宾馆赔偿纠纷案",《中华人民共和国最高人民法院公报》2001年第2期。

要的管理义务,尽管从二审援引的《合同法》第六十条来看,是考虑附随义务的违反,但在后果上省人民医院仍需承担违约的赔偿责任。

案例 43 张某某与曲某某医疗服务合同纠纷上诉案①

一、基本案情

原告曲某某经人介绍由被告张某某为其治疗不孕症。2015 年 10 月 5 日,济南现代康桥医院(甲方)与曲某某(乙方)签订《协议书》一份,约定甲方为乙方治疗不孕症,费用共计 8 万元。该协议书由张某某在甲方处签名,未加盖济南现代康桥医院印章。2016 年 1 月 18 日,济南市天桥区康桥高龄妇女不孕研究所(甲方)与曲某某又签订《不孕症治疗协议》一份,约定费用 8 万元。该协议书由张某某在甲方处签名,未加盖济南市天桥区康桥高龄妇女不孕研究所印章。同日,张某某出具收条一份,载明:"今收到不孕症治疗费 6 万元,以前预交 2 万元,共计 8 万元。"另查明,济南现代康桥医院经营范围为:预防保健科、内科、外科、妇产科、妇科专业、急诊医学科、医学影像科、X 线诊断专业、心电诊断专业、中医科(凭许可证经营)(依法须经批准的项目,经相关部门批准后方可开展经营活动)。济南市天桥区康桥高龄妇女不孕研究所虽于 2013 年 3 月 26 日已经批准登记,但济南市天桥区民政局未向该所颁发民办非企业法人登记证书。

原告向法院起诉,请求确认原、被告双方签订的协议无效,被告返还原告治疗款 8 万元并支付利息。

二、诉讼过程及裁判理由

一审法院认为,张某某辩称其与曲某某签订的《协议书》主体应为济南现代康桥医院(以下简称"康桥医院")和济南市天桥区康桥高龄妇女不孕研究所,其在该协议书上签字的行为应为职务行为,但协议并未加盖济南现代康桥医院和济南市天桥区康桥高龄妇女不孕研究所印章,仅有张某某在协议甲方处签名,且该研究所未取得相应登记证书,故对张某某的该辩称意见,不予采信。张某某未能举证证明济南现代康桥医院、济南市天桥区康桥高龄妇女不孕研究所及其本人取得了卫生行政部门批准,可以实施人类辅助生殖技术,因此双方签订的协议违反了行政法规的强制性规定,应为无效协议。判决:① 曲某某与张某某于 2015 年 10 月 5 日、2016 年 1 月 18 日签订的《协议书》和《不孕症治疗协议》为无效协议。② 张某某于判决生效之日起 10 日内返还曲某某治疗费 80 000 元。③ 张某某于判决生效之日起 10 日内赔偿曲某某利息损失,以 80 000 元为基数,自 2017 年 4 月 14 日起至本判决生效之日止,按照中国人民银行同期贷款利率计算。

被告张某某不服一审判决,提起上诉,其上诉理由如下:① 一审法院使用陈旧法规

---

① 裁判法院:山东省济南市中级人民法院。案号:(2017)鲁 01 民终字第 8518 号。

规章、僵化思维判案,认定张某某违法行医,合同无效,无论从事实还是适用法律均存在错误。② 一审判决否定张某某在协议书上签字是职务行为,认定事实错误。

二审法院以与一审法院同样的理由驳回了张某某的诉讼请求,维持了原判。

三、关联法条

《中华人民共和国合同法》

第五十二条　有下列情形之一的,合同无效:

（一）一方以欺诈、胁迫的手段订立合同,损害国家利益;

（二）恶意串通,损害国家、集体或者第三人利益;

（三）以合法形式掩盖非法目的;

（四）损害社会公共利益;

（五）违反法律、行政法规的强制性规定。

第五十八条　合同无效或者被撤销后,因该合同取得的财产,应当予以返还;不能返还或者没有必要返还的,应当折价补偿。有过错的一方应当赔偿对方因此所受到的损失,双方都有过错的,应当各自承担相应的责任。

《医疗机构管理条例》

第二十七条　医疗机构必须按照核准登记的诊疗科目开展诊疗活动。

《人类辅助生殖技术管理办法》

第十二条　人类辅助生殖技术必须在经过批准并进行登记的医疗机构中实施。未经卫生行政部门批准,任何单位和个人不得实施人类辅助生殖技术。

四、争议问题

未经批准登记的医疗机构提供人类辅助生殖医疗服务的,医疗机构与患者之间的合同是否属违反《合同法》第五十二条第（五）项的强制性规定,而应当被认定为无效?

五、简要评析

强制性规定,是指合同的当事人无法通过约定排除其适用的法律规定。关系到国家一般利益、社会秩序、市场交易安全及善意第三人保护等重大事项,法律设强制性规定,以排斥当事人意思自由。① 在强制性规定中,有些是出于法律制度上要求的需要,有些则可能是纯粹出于民法以外的法律规范目的,如行政管理上的需要,因此强制性规定还可以划分为效力性的强制规定与管理性的强制规定。违反效力性强制规定,在私法效果上通常会导致合同无效,根据《最高人民法院关于适用〈中华人民共和国合同法〉若干问题的解释(二)》第十四条,我国《合同法》第五十二条第（五）项中的强制性规定,是指效力

---

① 韩世远:《合同法总论》(第三版),法律出版社,2011年,第176页。

性的强制性规定。而违反管理性强制规定,虽然可能会产生如行政处罚等公法上的效果,但并不一定导致合同无效。

对于如何识别效力性的强制规定,《最高人民法院关于当前形势下审理民商事合同纠纷案件若干问题的指导意见》第 16 条提供了一定的指引。即"如果强制性规范规制的是合同行为本身即只要该合同行为发生即绝对地损害国家利益或者社会公共利益的,人民法院应当认定合同无效。如果强制性规定规制的是当事人的'市场准入'资格而非某种类型的合同行为,或者规制的是某种合同的履行行为而非某类合同行为,人民法院对于此类合同效力的认定,应当慎重把握"。此外,有观点指出,在否定性识别上,应当明确法律、行政法规的强制性规定仅关系当事人利益的,法律、行政法规的强制性规定仅是为了行政管理或纪律管理需要的,一般都不属于效力性强制性规定。具体地,可从以下两方面考虑。第一,从强制性规定的立法目的进行判断,倘若其目的是为实现管理的需要而设置,并非针对行为内容本身,则可认为并不属于效力性强制性规定。第二,也可从强制性规定的调整对象来判断该规定是否为效力性强制性规定。一般而言,效力性强制性规定针对的都是行为内容,而管理性强制性规范很多时候单纯限制的是主体的行为资格。当然,上述两个方面的判断不能以偏概全,还要结合合同无效的其他因素考虑。①

结合本案的事实,张某某在与曲某某约定向对方提供不孕症治疗服务的同时,分别以"济南现代康桥医院"及"济南市天桥区康桥高龄妇女不孕研究所"为主体与对方签订了两份协议,均由张某某在协议甲方处签名。一审法院以协议未加盖康桥医院和济南市天桥区康桥高龄妇女不孕研究所印章,仅有张某某在协议甲方处签名,且该研究所未取得相应登记证书为由,驳回了张某某将签字应视为职务行为的主张。然而,由于张某某为济南现代康桥医院的法定代表人,康桥医院是持有医疗机构执业许可证的法人,因此其签字的行为是否可以被视为代表康桥医院的行为,可以再做探讨。若其签约的行为能够代表康桥医院,则虽然协议未加盖康桥医院印章,仍不妨碍康桥医院与曲某某之间的合同成立。

问题的关键在于,即使张某某代表康桥医院与曲某某之间签订了《协议书》,根据本案认定的事实,康桥医院能够开展诊疗活动的范围并不包括人类辅助生殖技术,该协议的内容违反了《医疗机构管理条例》第二十七条"医疗机构必须按照核准登记的诊疗科目开展诊疗活动"的规定,换言之,医疗机构不得实施未核准登记的诊疗项目。而对于人类辅助生殖技术,原卫生部颁布的《人类辅助生殖技术管理办法》第十二条规定"人类辅助生殖技术必须在经过批准并进行登记的医疗机构中实施。未经卫生行政部门批准,任何单位和个人不得实施人类辅助生殖技术"。张某某未取得卫生行政部门批准,私自实施人类辅助生殖技术的行为已经违反了上述规定。虽然《医疗机构管理条例》第二十七条

---

① 沈德咏、奚晓明:《最高人民法院关于合同法司法解释(二)理解与适用》,人民法院出版社,2009 年,第 112-113 页。

所规范的内容,是属于对医疗机构诊疗活动的管理性强制规定,而《人类辅助生殖技术管理办法》更属于部门规章,似乎并不符合《合同法》第五十二条第(五)项规定的"法律、行政法规"的效力性强制性规定的要求,然而结合上述规定的规范目的,若不使该合同无效,则无法达到对人类辅助生殖技术以及医疗机构规范诊疗活动加以管理之目的,因此从判决结果来看应属妥当。

第二节 医疗服务合同的特殊问题

案例44 李某等诉当涂县大陇医院医疗服务合同纠纷案[①]

一、基本案情

李某于2005年8月怀孕,分别于2005年10月15日、2005年11月9日、2006年4月6日在当涂县护河中心卫生院(以下简称"护河卫生院")做产前常规B超检查。2006年1月9日,李某又在涂县大陇医院(以下简称"大陇医院")做产前常规B超检查,并建立孕情检测卡。2006年4月20日,李某在大陇医院做产前常规B超检查,并剖宫产生育周某。以上五次B超检查,两医院均未能按照产科超声检查的一般要求对胎儿股骨长度进行测量等检验,亦未告知李某胎儿有异常现象。周某出生后,因"3个月尚不能抬头"到马鞍山市人民医院、南京儿童医院就诊。2007年11月29日,南京儿童医院确诊周某为先天性软骨发育不全。2008年11月1日,南京医科大学司法鉴定所出具司法鉴定意见书,鉴定人出庭接受质询。鉴定意见为:"当涂县大陇医院、当涂县护河中心卫生院对李某的产前检查诊疗存在缺陷,对能否及时发现周某的发育畸形存在不良影响。同时产前检查的两家医院设备、技术水平以及周某产检当时是否已呈现软骨发育不全的B超影像特征也是影响能否及时诊断的因素。周某目前暂不宜评定伤残等级。"

原告以两被告没有按照诊疗护理常规要求对原告李某进行产前常规检查,且安排的超声检查医生无医师执业资格,导致未能查出胎儿骨骼畸形,两被告未尽法定的告知义务,侵害了李某的健康知情选择权,给两原告造成极大的痛苦为由,诉请判令两被告赔偿医疗费2 246元、护理费89 745元(17 949元/年×5年)、误工费29 915元(1 495.75元/月×20个月)、交通费1 000元、精神抚慰金5万元、鉴定费3 000元,合计175 906元。

二、诉讼过程及裁判理由

一审当涂县人民法院经审理认为,原告李某在怀孕的中、晚期到两被告处进行产前检查,交纳了医疗费用后,两被告安排医务人员对其进行B超检查,两者之间建立了医疗

[①] 裁判法院:安徽省马鞍山市中级人民法院。案号:(2009)马民二终字第39号。

服务关系,两被告有义务安排有相应资质的医务人员按照医疗程序规定对原告李某进行诊断,但两被告安排进行 B 超检查的医务人员均无相应的医师执业资格,且两被告在为原告李某五次中、晚期产前常规检查中均未按产科超声检查的一般要求对胎儿进行股骨长度测量,诊治过程中存在过错,对能否发现周某发育畸形存在不良影响,致使原告李某失去了选择让不健康的婴儿出生的机会,侵害了原告李某的民事权利。畸形婴儿的出生势必给原告李某产生较大的精神痛苦,而原告周某随着年龄的增长,自身的畸形发育也必将对其心理产生一定的伤害,故两被告应适当赔偿两原告精神抚慰金。鉴于两被告系乡镇卫生院,本身的医疗设备、技术水平对能否发现胎儿骨骼不全具有不确定性,且 B 超检查对软骨病的诊断难度较大,此点从周某出生后因"3 个月不能抬头"在马鞍山市人民医院就诊未能明确诊断结果可见,故可减轻两被告的赔偿责任。软骨发育不全系先天性疾病,与两被告的诊疗行为并无因果关系,故对两原告的物质赔偿请求除原告李某的产前诊疗费用及交通费外均不应予以支持,但该两项费用,原告未提交证据证明。据此判决:① 被告大陇医院、护河卫生院于判决生效后 10 日内各赔偿原告李某、周某精神抚慰金 25 000 元。② 驳回原告李某、周某的其他诉讼请求。

一审宣判后,原告与被告均不服判决提出上诉。

二审法院审理过程中,上诉人李某、周某及上诉人大陇医院均以本案经协调已彻底解决为由,向马鞍山市中级人民法院申请撤回上诉。

三、关联法条

《中华人民共和国母婴保健法》

第十七条　经产前检查,医师发现或者怀疑胎儿异常的,应当对孕妇进行产前诊断。

第十八条　经产前诊断,有下列情形之一的,医师应当向夫妻双方说明情况,并提出终止妊娠的医学意见:

(一)胎儿患严重遗传性疾病的;

(二)胎儿有严重缺陷的;

(三)因患严重疾病,继续妊娠可能危及孕妇生命安全或者严重危害孕妇健康的。

《中华人民共和国合同法》

第一百零七条　当事人一方不履行合同义务或者履行合同义务不符合约定的,应当承担继续履行、采取补救措施或者赔偿损失等违约责任。

四、争议问题

医疗机构在产前医学检查中未查明胎儿发育缺陷,胎儿出生后,医疗机构是否应承担民事责任?

五、简要评析

医疗机构或医务人员由于过失,未能发现胎儿存在严重缺陷或者其他严重疾病,因此未能及时向孕妇说明情况提出建议,从而导致具有先天缺陷的残疾儿童出生。此种情形,学理上称为"不当出生"或"错误出生"。广义的"错误出生"包括"错误怀孕"和狭义的"错误出生",前者是指父母并不希望生育子女,但由于医疗过失导致健康的婴儿出生的情形。① 本案中出现的问题属于狭义的"错误出生"。

英美法习惯将"不当出生""错误怀孕"以及"不当生命"作为新型的侵权诉讼进行处理,而大陆法系在这一问题上的处理思路有所不同,传统大陆法系国家和地区通过适用合同法的规则处理和解决此类诉讼的概率相较英美法系国家要高。② 我国台湾地区(2003)台上字第1057号判决中,原告系高龄产妇,到被告医院产检,因被告医院医师未验出胎儿染色体异常,导致原告产下患唐氏征等重度残疾之婴儿。台湾地区最高法院认定该案的请求权基础为契约,即医院未善尽其医疗上检验义务,而应负债务不履行之损害责任。③

由于错误出生案件通常涉及新生儿、父母及医疗机构三方当事人的利益,新生儿及其父母都可以作为原告,向医疗机构提起医疗损害赔偿的诉讼。在实践当中,处理此类诉讼时,通常存在侵权和违约两种请求权基础,二者产生竞合时,可以由原告选择其中一种进行诉讼。本案中,原告主张两被告未按规定对原告进行产检,进行产检的医务人员无相应资格,导致未能查出胎儿骨骼畸形,两被告未尽法定告知义务,侵害了原告李某的健康知情选择权,给原告造成极大痛苦。法院在审理过程中首先确认了原告与两被告之间建立了医疗服务关系,在提供产检服务时,虽然当事人双方并未明确实施产检的医务人员应具有相应资质,但应作为默示条款成为医疗服务合同的内容之一。因此被告有义务安排具有相应资质的医务人员按照正确的操作规范对原告实施产检,不具有相应资质的医疗机构或医务人员实施产检,导致未能及时发现胎儿存在严重缺陷的,其行为本身已违反法律规定,也应当构成对医疗服务合同的违约行为。此外,即使医务人员具备相应资质,但在具体的检查过程中未按照规定进行操作的行为也应当视为违约。从这一角度来看,本案法院认定的"两被告安排进行B超检查的医务人员均无相应的执业医师资格,且两被告在为原告李某五次中、晚期产前常规检查中均未按产科超声检查的一般要求对胎儿进行骨长度测量",该行为"对能否发现周某发育畸形存在不良影响,致使原告李某失去了选择让不健康的婴儿出生的机会",构成了对以产检为内容的医疗服务合同的违约行为,对原告造成了损害,应当按照《合同法》的规定承担赔偿损失的违约责任。

但需要注意的是,即使具有相关资质的医务人员在符合操作规范实施检查的情况下,仍然可能存在无法检出胎儿存在畸形或严重缺陷的概率。换言之,医疗机构及其医务人员根据《中华人民共和国母婴保健法》和《中华人民共和国母婴保健法实施办法》的规定,在现有医疗水平之下,尽到注意义务和告知义务后,仍然未能检出胎儿存在畸形或

---

① 丁春艳:《"错误出生案件"之损害赔偿责任研究》,《中外法学》2007年第6期,第683页。
② 赵西巨:《医事法研究》,法律出版社,2008年,第187页。
③ 王泽鉴:《侵权行为》(第三版),北京大学出版社,2016年,第173-174页。

严重缺陷,导致具有严重缺陷的患儿出生时,医疗机构不具有过失的,不应承担损害赔偿责任。

案例 45　沈某某、邵某某诉刘某某、胡某某监管、处置权纠纷案①

一、基本案情

2012 年 8 月,沈某与刘某因原发性不孕症、外院反复促排卵及人工授精失败,要求在鼓楼医院施行体外受精——胚胎移植助孕手术。鼓楼医院在治疗过程中,获卵 15 枚,受精 13 枚,分裂 13 枚。取卵后 72 小时为预防"卵巢过度刺激综合征",鼓楼医院未对刘某移植新鲜胚胎,而于当天冷冻 4 枚受精胚胎。现沈某、刘某有 4 枚受精胚胎在鼓楼医院生殖中心冷冻保存。

2012 年 9 月 3 日,沈某、刘某签订《配子、胚胎去向知情同意书》,载明其在鼓楼医院生殖医学中心实施了试管手术,获卵 15 枚,移植 0 枚,冷冻 4 枚,继续观察 6 枚胚胎。对于剩余配子(卵子、精子)、胚胎,刘某与沈某选择同意丢弃;对于继续观察的胚胎,如果发展成囊胚,选择同意囊胚冷冻。同日,刘某、沈某签订《胚胎和囊胚冷冻、解冻及移植知情同意书》,鼓楼医院在该同意书中明确,胚胎不能无限期保存,目前该中心冷冻保存期限为一年,首次费用为三个月,如需继续冷冻,需补交费用,逾期不予保存。如果超过保存期,刘某、沈某选择同意将胚胎丢弃。

2013 年 3 月 20 日晚,沈某与刘某驾车途中在道路左侧侧翻,撞到路边树木,刘某当日死亡,沈某于同年 3 月 25 日死亡。2013 年 11 月 25 日,原告沈某某、邵某某(为沈某父母)起诉至宜兴市人民法院,要求判令沈某、刘某存放于鼓楼医院生殖医学中心的受精胚胎(4 枚)归原告监管处置。审理中,原告向法院明确提出,所谓监管处置即将胚胎从医院取出,由原告保管。被告刘某某、胡某某(为刘某父母)辩称,胚胎系他们的女儿留下的唯一东西,要求处置权归其夫妻所有。

二、诉讼过程及裁判理由

一审宜兴市人民法院认为,"受精胚胎为具有发展为生命的潜能,含有未来生命特征的特殊之物,不能像一般之物一样任意转让或继承,故其不能成为继承的标的。同时,夫妻双方对其权利的行使应受到限制,即必须符合我国人口和计划生育法律法规,不违背社会伦理和道德,并且必须以生育为目的,不能买卖胚胎等。本案中沈某与刘某夫妻均已死亡,通过手术达到生育的目的已无法实现,故其夫妻两人对手术过程中留下的胚胎所享有的受限制的权利不能被继承"。原告提出的应由其监管处置胚胎的请求无法律依据,驳回了其诉讼请求。

---

① 裁判法院:江苏省无锡市中级人民法院。案号:(2014)锡民终字第 01235 号。

原告不服一审判决，向无锡市中级人民法院提起上诉，请求撤销原审判决，判决4枚冷冻胚胎的监管权和处置权归上诉人。其主要理由如下：第一，一审判决受精胚胎不能成为继承的标的物没有法律依据。第二，根据沈某、刘某与鼓楼医院的相关协议，鼓楼医院只有在手术成功后才具有对剩余胚胎的处置权利。现沈某、刘某均已死亡，手术并未进行，鼓楼医院无论是依据法律规定还是合同约定，对涉案胚胎均无处置权利。一审法院认定胚胎不能被继承，将导致涉案胚胎无任何可对其行使权利之人。

被上诉人辩称，涉案胚胎是女儿女婿遗留下来的，上诉人和被上诉人均有监管权和处置权，要求法院依法判决。

原审第三人鼓楼医院辩称，胚胎是特殊之物，对其处置涉及伦理问题，不能成为继承的标的物；根据人类辅助生殖技术管理办法等原卫生部的相关规定，也不能对胚胎进行赠送、转让、代孕，要求驳回上诉，维持原判。

二审无锡市中级人民法院认为公民合法的民事权益受法律保护，并基于如下理由：第一，"合同因发生了当事人不可预见且非其所愿的情况而不能继续履行，南京鼓楼医院不能根据知情同意书中的相关条款单方面处置涉案胚胎"。第二，在我国现行法律对胚胎的法律属性没有明确规定的情况下，结合本案实际，应考虑以下因素以确定涉案胚胎的相关权利归属：一是伦理。"施行体外受精—胚胎移植手术过程中产生的受精胚胎，具有潜在的生命特质，不仅含有沈某、刘某的DNA等遗传物质，而且含有双方父母两个家族的遗传信息，双方父母与涉案胚胎亦具有生命伦理上的密切关联性。"二是情感。"沈某、刘某遗留下来的胚胎，则成为双方家族血脉的唯一载体，承载着哀思寄托、精神慰藉、情感抚慰等人格利益。涉案胚胎由双方父母监管和处置，既合乎人伦，亦可适度减轻其丧子失女之痛楚。"三是特殊利益保护。"胚胎是介于人与物之间的过渡存在，具有孕育成生命的潜质，比非生命体具有更高的道德地位，应受到特殊尊重与保护。在沈某、刘某意外死亡后，其父母不但是世界上唯一关心胚胎命运的主体，而且亦应当是胚胎之最近最大和最密切倾向性利益的享有者。"第三，"南京鼓楼医院不得基于部门规章的行政管理规定对抗当事人基于私法所享有的正当权利"。最终判决上诉人和被上诉人对涉案胚胎共同享有监管权和处置权。

三、关联法条

《人类辅助生殖技术管理办法》

第三条　人类辅助生殖技术的应用应当在医疗机构中进行，以医疗为目的，并符合国家计划生育政策、伦理原则和有关法律规定。禁止以任何形式买卖配子、合子、胚胎。医疗机构和医务人员不得实施任何形式的代孕技术。

《中华人民共和国民法通则》

第五条　公民、法人的合法的民事权益受法律保护，任何组织和个人不得侵犯。

第六条　民事活动必须遵守法律，法律没有规定的，应当遵守国家政策。

第七条　民事活动应当尊重社会公德,不得损害社会公共利益,扰乱社会经济秩序。

四、争议问题

冷冻胚胎的法律属性如何?医疗机构能否基于部门规章的行政管理规定对抗当事人基于私法所享有的对冷冻胚胎的权利?

五、简要评析

关于冷冻胚胎的法律属性,我国法律法规并无明确的界定。在处理涉及人类辅助生殖的实践问题时,裁判者首先需要明确的即为"胚胎的法律属性"。对于这一问题,国内外的学说中主要存在主体说、客体说及折中说等观点。主体说认为"人的生命开始于受孕",将受精胚胎视为法律上的人。在美国的 Davis 诉 Davis 案中,一审法官持此观点。[1] 我国持主体说的观点并不多见,学说一般认为冷冻胚胎无论是从医学角度还是从法学角度而言都不具备成为权利主体的条件。客体说认为,尽管人类胚胎具有基因的独特性,也有可能孕育成人,但仍不能使其成为权利义务的承担者。同样在美国的 York 诉 Jones 案中,原告 York 夫妇主张对胚胎的监护权,法院认为胚胎为保管合同的标的,原告与被告之间存在保管合同关系,医疗机构有义务将早期人类胚胎返还给原告夫妇。[2] 我国也有观点认为,冷冻胚胎等脱离人体的器官和组织的法律属性为民事法律关系的客体,具有物的属性。应当将冷冻胚胎等脱离人体的器官和组织认定为具有人格属性的伦理物,进而可以作为继承权的客体由继承人继承。[3] 折中说认为,体外受精胚胎既不属于主体,也不属于客体,而是介于主客体之间的、具有发展成"人"之可能性的特殊形态,应受到法律的特殊保护。因此也有学者认为,人体胚胎是一种特殊的"人格体",涉及胚胎的法律问题应当立足于人格权法的角度进行调整。[4]

对于本案中冷冻胚胎的法律属性,一审法院认为,"施行体外受精—胚胎移植手术过程中产生的受精胚胎为具有发展为生命的潜能,含有未来生命特征的特殊之物,不能像一般之物一样任意转让或继承,故其不能成为继承的标的"。在否定了胚胎作为民法上传统的"物"的同时,也否定了继承权的适用。对此,二审法院另辟蹊径,从不同角度阐释了冷冻胚胎所具有的特殊性质。首先,无论是从伦理角度或是特殊利益保护的角度,均认可了"胚胎是介于人与物之间的过渡存在,具有孕育成生命的潜质","不仅含有沈某、刘某的 DNA 等遗传物质,而且含有双方父母两个家族的遗传信息";其次,从情感的角度,强调了胚胎对于原、被告双方所承载的"哀思寄托、精神慰藉、情感抚慰等人格利益"。从观点上来看,最为接近上述学说中的"折中说",即胚胎是介于主客体之间的特殊形态,

---

[1] 徐国栋:《体外受精胚胚的法律地位研究》,《法制与社会发展》2005 年第 5 期,第 54 页。
[2] 徐海燕:《论体外早期人类胚胎的法律地位及处分权》,《法学论坛》2014 年第 4 期,第 148 页。
[3] 杨立新:《人的冷冻胚胎的法律属性及其继承问题》,《人民司法》2014 年第 13 期,第 25 - 30 页。
[4] 刘长秋:《人类辅助生殖现象的伦理判定与法律裁度》,《人民司法》2014 年第 14 期,第 10 - 12 页。

并非民法传统意义上的"物",应受到特殊尊重与保护。

综合上述因素,二审法院认为,作为与本案胚胎具有最大、最密切关联性及利益的上诉人与被上诉人享有对于胚胎的监管权和处置权于情于理是恰当的。但是,同时也指出,"权利主体在行使监管权和处置权时,应当遵守法律且不得违背公序良俗和损害他人之利益"。对于第三人鼓楼医院所提出的根据原卫生部《人类辅助生殖技术管理办法》等规定,胚胎不能买卖、赠送,禁止实施代孕的抗辩,二审法院认为相关规定"是卫生行政管理部门对相关医疗机构和人员在从事人工生殖辅助技术时的管理规定,南京鼓楼医院不得基于部门规章的行政管理规定对抗当事人基于私法所享有的正当权利"。在考虑上述规定的适用时,应当明确其仅适用于卫生部门下属的医疗机构、科研院所等单位及其医疗工作人员,并未对一般公民尤其是失独公民就其或者其子女遗留下来的胚胎行使监管、处置权作出禁止、限制性规定。另外,上诉人与被上诉人所主张的诉讼请求与上述规定也并不冲突。①

虽然学界也有观点对本案二审法院能否创设所谓"监管权"和"处置权"提出质疑,但在我国对冷冻胚胎的私法规范还未确立的背景下,本案判决仍然具有开创性的意义。二审法院对于权利主体在行使监管权和处置权上的限制——"应当遵守法律且不得违背公序良俗",在面对最为现实的代孕问题时,如何进行合理解释,仍存在探讨的必要。

案例46 傅某某等诉某某大学附属医院医疗服务合同纠纷案②

一、基本案情

邱某某是某远洋运输有限公司(以下简称"远洋公司")的船长,2006年12月11日,远洋公司与被告医院下属的体检中心签订体检协议书一份,协议主要内容为:远洋公司与被告医院体检中心是长期的体检合作单位,在远洋公司能提供相关员工近一年内体检结果的情况下,被告医院体检中心可以根据体检结果出具体检报告,远洋公司必须支付体检费等等。2008年10月24日、2009年5月19日、2010年7月6日,被告医院体检中心3次在邱某某的健康证明书上加盖公章确认其各项体检结果正常。关于3次体检的情况,2008年10月24日与2010年7月6日的2次体检,虽然被告医院出具了体检报告,但邱某某当时在执行远洋运输任务,实际并未进行体检。2009年5月19日的体检是真实的,但被告医院无法提供本次体检的病历材料。

2010年6月,邱某某感到身体严重不适,并于2010年7月12日入住江苏省人民医院治疗,入院诊断为:"1. 肝脏占位:(1)转移性肝癌?(2)原发性肝癌;2. 消化道肿瘤?3. 慢性胃炎;4. 高血压病。"2010年7月19日,邱某某转至江苏省肿瘤医院治疗,

---

① 张圣斌、范莉、庄绪龙:《人体冷冻胚胎监管、处置权归属的认识》,《法律适用》2014年第11期,第45页。
② 裁判法院:江苏省南京市鼓楼区人民法院。案号:(2011)鼓民初字第3818号判决。

入院诊断为：肝脏及腹腔、腹膜后多发占位。2010年8月10日，邱某某死亡，死亡诊断为：肝癌伴黄疸，腹腔后腹膜多发淋巴结转移，肝肾功能衰竭等。

原告傅某某系邱某某的爱人，邱某是邱某某的女儿，原告认为被告未按照《健康体检管理暂行规定》的要求对邱某某进行体检，故意隐瞒相关检查结果和检查项目，出具与邱某某身体状况不符的健康证明，严重违反了医疗机构开展健康体检应对受检者进行相应告知义务的规定，导致邱某某及其家人无法早期发现邱某某患有肝癌等症状，也失去了治疗的最佳时期。故诉请被告赔偿原告死亡赔偿金、丧葬费、精神损害抚慰金三项损失总和的50%，共计263 412.5元。

二、诉讼过程及裁判理由

一审法院审理认为，体检需要医疗机构与受检者双方的参与。根据原、被告的陈述及法院审理可以确认，2008年10月24日、2010年7月6日，在邱某某未实际体检的情况下，被告医院2次在邱某某的健康证明书上记录各项体检结果正常。邱某某作为受检者，其本人对上述情况应当知晓，也应当知道该体检结果并不能作为判断其身体健康与否的依据，因此，2008年10月24日与2010年7月6日的健康报告，并不会对邱某某之后的肝癌疾病治疗产生误导。

2009年5月19日的体检结果显示，邱某某的腹部及肝功能检查结果正常，乙肝表面抗原检查呈阴性。远洋公司与被告存在体检合同关系，体检项目系远洋公司通过体检合同自愿选择的结果，被告依据合同约定的体检项目对邱某某体检并无过错。上述三项检查并非针对受检者的肿瘤指标，并不必然能检查出邱某某是否患有肿瘤疾病。邱某某于2010年6月感到身体不适，后因肝癌导致肝肾功能衰竭等原因，于2010年8月10日死亡。本次体检时间为2009年5月19日，与邱某某的死亡时间相隔一年有余。原告并无证据证明，邱某某死亡前一年，肝功能、乙肝表面抗原及腹部检查确定存在不正常的情形。因此，被告对邱某某进行的体检，难以在其死亡一年前发现其是否患有肝癌疾病，故本次体检结果也不存在误导原告的情形。所以，原告认为被告隐瞒体检结果，误导邱某某及其家人而延误治疗的主张，并无事实依据。邱某某系自身疾病导致死亡，与被告出具健康证明的行为无事实和法律上的因果关系。据此，判决：驳回原告全部诉讼请求。

一审判决后，双方当事人均未上诉，本案判决已生效。

三、关联法条

《医疗机构管理条例实施细则》

第八十八条 条例及本细则中下列用语的含义：

诊疗活动：是指通过各种检查，使用药物、器械及手术等方法，对疾病作出判断和消除疾病、缓解病情、减轻痛苦、改善功能、延长生命、帮助患者恢复健康的活动。

……

《健康体检管理暂行规定》

第二条 本规定所称健康体检是指通过医学手段和方法对受检者进行身体检查,了解受检者健康状况、早期发现疾病线索和健康隐患的诊疗行为。

第十一条 医疗机构开展健康体检应当按照有关规定履行对受检者相应的告知义务。

四、争议问题

体检协议是否属于医疗服务合同?医疗机构对患者出具不真实体检报告的行为是否与患者未发现疾病导致死亡之间存在因果关系?

五、简要评析

1. 体检协议可以被认定为医疗服务合同

在一般的诊疗活动中,医师对患者的诊断除了传统的问诊、视诊、听诊等诊断方法之外,还需要借助如 X 光、血液分析仪、超声波、核磁共振、造影术等现代化的检验手段以确定具体的疾患,因此可以说构成了诊疗活动的重要一环。虽然现代化的检验手段可以为医疗机构或医师对疾病的诊断提供重要的参考,但不适当的检验结果或对其出现判断错误,也可能造成错误诊断或延误治疗的后果产生不良影响。而本案中涉及的"体检",并非前述诊疗过程中的检验,其主要目的在于通过选定的检验项目判断受检者自身的健康状况如何,排查疾病的隐患。根据 2009 年原卫生部《健康体检管理暂行规定》第二条,体检"是指通过医学手段和方法对受检者进行身体检查,了解受检者健康状况、早期发现疾病线索和健康隐患的诊疗行为"。本案中,远洋公司与被告医院签订了体检协议书,由于双方存在长期合作关系,在远洋公司提供员工一年内体检结果的情况下,被告医院体检中心根据体检结果出具体检报告,远洋公司支付体检费用。从双方合意的事项来看,可以认为在远洋公司与医院之间成立了以体检中心为远洋公司员工提供体检服务并出具体检报告为主要内容的医疗服务合同,其性质近似于委托。邱某某作为远洋公司的员工,仅接受指定项目的体检服务而并非该合同的主体。

2. 出具不真实体检报告的行为是否与患者未发现疾病导致死亡之间存在因果关系

法院认定 2009 年 5 月 19 日体检的真实性,并根据邱某某的体检结果,认为检查项目非针对受检者的肿瘤指标,并不必然能检查出其是否患有肿瘤疾病。此外,法院认为"原告并无证据证明邱某某死亡前一年,肝功能、乙肝表面抗原及腹部检查确定存在不正常的情形",因此,"体检难以在其死亡一年前发现是否患有肝癌疾病,本次体检结果也不存在误导原告的情形"。并据此认定邱某某系自身疾病导致死亡,与被告出具健康证明的行为无事实和法律上的因果关系。体检的真实性不能代表体检结果的真实性,而能够证明体检结果的恰恰是相关的检验记录等病历资料。法院虽然认可了 2009 年 5 月 19 日体检的真实性,但也确认了被告医院无法提供本次体检的病历材料。《侵权责任法》第五十八条第(三)项规定了"伪造、篡改或者销毁病历资料",可以推定医疗机构存在过错,结合其他两次被告医院出具不真实体检记录的事实来看,本次体检结果是否真实、是否完全与邱某某因误信体检结果而忽视进一步检查导致罹患肝癌而死亡完全不存在因果关系,仍留有进一步检讨的余地。

此外,根据《健康体检管理暂行规定》第九条、第十二条、第三十二条的规定,医疗机构开展健康体检应当严格遵守有关规定和规范,采取有效措施保证健康体检的质量;严格执行有关操作规程出具检验报告;不得出具虚假或伪造健康体检结果。在本案中,被告医院共出具3份体检报告,但其中有2次邱某某因执行远洋运输任务,并未实际进行体检,因此这属于出具虚假或伪造健康体检结果,应当承担《医疗机构管理条例》第四十九条的行政责任。

案例47　广州市越秀区博仕整形外科门诊部与王某医疗服务合同纠纷上诉案①

一、基本案情

2014年7月16日,王某因双侧内眦赘皮,下面部宽大,骨感明显,到博仕整形外科门诊部(以下简称"博仕门诊部")处就诊。同日王某、博仕门诊部签订《整形手术志愿书》,订明王某同意博仕门诊部拟实施的内眦赘皮矫正术及下颌体下颌角截骨术。《整形手术志愿书》签订当日王某入住博仕门诊部,博仕门诊部于同日为王某实施了上述二手术,手术者为张某某,助手李某某。2014年7月24日王某出院。王某出院后自觉效果不佳,与博仕门诊部交涉无果后向广州市越秀区卫生和计划生育局(以下简称"越秀区卫计局")反映。该局于2016年9月12日出具《关于王某女士反映博仕整形外科门诊部涉嫌超范围开展诊疗活动等情况的调查答复》,内容显示:该门诊部持有原广州市越秀区卫生局核发的医疗机构执业许可证,机构类别为专科门诊部。诊疗科目为:外科;整形外科专业;医疗美容科,美容外科;美容皮肤科;麻醉科。博仕门诊部现场提供患者王某手术病历一份,病历显示2014年7月16日张某某和李某某为王某实施了内眦赘皮矫正术和下颌体下颌角截骨术,麻醉医生为李某敏。张某某职称为主治医师,李某敏持有麻醉学中级资格。……张某某和李某某为王某所实施的下颌体下颌角截骨术,该手术和下颌角肥大矫正术为同一类型手术,属于《医疗美容项目分级管理目录》中的美容外科四级手术。根据《医疗美容项目分级管理目录》,博仕整形外科门诊部设有麻醉科,可以开展一、二级手术项目。因超出备案项目实施手术,越秀区卫计委责令博仕整形外科门诊部停止该手术项目。

王某主张博仕门诊部明知其不具备实施"下颌骨截骨术"的资质仍对其实施手术,构

---

① 裁判法院:广东省广州市中级人民法院。案号:(2017)粤01民终字第21764号。

成欺诈,请求退还医疗费并按照《中华人民共和国消费者权益保护法》(以下简称"消费者权益保护法")的规定,对其进行三倍赔偿。

二、诉讼过程及裁判理由

一审法院认为:博仕门诊部与王某签订《整形手术志愿书》及《个人肖像授权使用协议》,向王某提供内眦赘皮矫正术及下颌体下颌角截骨术的医疗美容服务,双方形成医疗服务合同关系。但医疗美容不同于一般服务,其直接作用于人体并具有一定侵入性,故博仕门诊部提供上述医疗美容服务应具备相应资质。博仕门诊部不具备为王某行下颌体下颌角截骨术的资质,仍隐瞒王某,向其收取费用并行该手术,其行为构成《中华人民共和国消费者权益保护法》第五十五条之欺诈,故王某要求博仕门诊部退还医疗费并三倍赔偿损失理据充分,原审法院予以支持,但应以下颌体下颌角截骨术相关费用为限。判决博仕门诊部向王某退还下颌体下颌角截骨术的医疗美容服务费 38 000 元并支付三倍赔偿金 114 000 元,驳回王某其他诉讼请求。

博仕门诊部不服一审判决,提起上诉。其主要上诉理由如下:① 本案所涉纠纷属于医疗服务合同纠纷,上诉人是医疗机构,涉案行为是上诉人运用医学技术方法实施的美容诊疗行为,属于医疗行为,本案不应适用消费者权益保护法。② 上诉人为王某提供的诊疗行为,符合诊疗常规,并不存在违约行为。在进行手术之前,上诉人已经就手术相关风险及手术相关问题包括手术资质问题向王某做了详尽的说明,王某也已经做了书面确认,上诉人并不存在欺诈的行为。③ 王某在接受上诉人手术后,确实比手术前变美了,其不仅没有受到损失,反而达到了预期的效果。即使认为上诉人存在违约,上诉人承担的违约责任也应与王某受到的损失相适应。原审判决上诉人退还手术费并赔偿三倍赔偿金,明显过当。

二审法院认为:王某在博仕门诊部接受的内眦赘皮矫正术及下颌体下颌角截骨术,是由医疗机构实施的具有高度专业性的医疗执业行为,属于医疗行为的范畴,受相关医疗专业的管理法规和诊疗常规规范,并不属于一般的生活消费。原审判决认定本案应适用《中华人民共和国消费者权益保护法》的相关规定,判决博仕门诊部承担惩罚性赔偿责任,依据不足,应予纠正。医疗机构是否具有相应的质证、能否开展相关手术医疗活动,是当事人选择是否建立医疗服务合同关系的决定性因素。博仕门诊部隐瞒自身医疗资质的行为,侵犯了王某的知情权,不当剥夺了王某自由选择适当医疗美容机构的机会,根据《合同法》第四十二条的规定,博仕门诊部应对其不诚信缔约实施医疗美容的行为承担法律责任。

三、关联法条

《中华人民共和国消费者权益保护法》

第二条 消费者为生活消费需要购买、使用商品或者接受服务,其权益受本法保护;

本法未作规定的,受其他有关法律、法规保护。

《中华人民共和国合同法》

第四十二条 当事人在订立合同过程中有下列情形之一,给对方造成损失的,应当承担损害赔偿责任:

(一)假借订立合同,恶意进行磋商;

(二)故意隐瞒与订立合同有关的重要事实或者提供虚假情况;

(三)有其他违背诚实信用原则的行为。

《医疗美容服务管理办法》

第二条 本办法所称医疗美容,是指运用手术、药物、医疗器械以及其他具有创伤性或者侵入性的医学技术方法对人的容貌和人体各部位形态进行的修复与再塑。

本办法所称美容医疗机构,是指以开展医疗美容诊疗业务为主的医疗机构。

本办法所称主诊医师是指具备本办法第十一条规定条件,负责实施医疗美容项目的执业医师。

医疗美容科为一级科目,美容外科、美容牙科、美容皮肤科和美容中医科为二级科目。

根据医疗美容项目的技术难度、可能发生的医疗风险程度,对医疗美容项目实行分级准入管理。《医疗美容项目分级管理目录》由卫生部另行规定。

四、争议问题

医疗美容服务能否适用《消费者权益保护法》的规定?医疗机构隐瞒资质,实施超出其资质范围的手术,应承担何种民事责任?

五、简要评析

根据《医疗美容服务管理办法》第二条的规定,医疗美容"是指运用手术、药物、医疗器械以及其他具有创伤性或者侵入性的医学技术方法对人的容貌和人体各部位形态进行的修复与再塑"。对于美容医疗服务与一般医疗服务之间的区别,有学者指出,"通常的医疗服务面向的是身体上患有疾病、需要医疗介入的病人,提供的医疗服务具有较强的公益性和必要性;而医疗美容的服务对象则是对自己的容貌和人体各部位形态之'美化'有所需求的非病人,其服务具有较强的可选性和营利色彩。"[1]虽然存在上述区别,但从立法的规定和司法实践来看,均将医疗美容服务作为医疗服务来处理。

从本案法院的观点来看,也将博仕门诊部向王某提供的医疗美容服务认定为医疗服务。但对于医疗美容服务是否能够适用《消费者权益保护法》,一审法院与二审法院在观点上存在区别。一审法院在判决中指出"医疗美容不同于一般服务,其直接作用于人体并具有一定侵入性",因此医疗美容服务机构应具备相应的资质,并进一步认为被告不具

---

[1] 赵西巨:《医疗美容服务与医疗损害责任》,《清华法学》2013年第2期,第73页。

备相应资质仍隐瞒信息实施手术的行为,构成《消费者权益保护法》第五十五条的欺诈,应承担惩罚性赔偿的责任。二审法院则认为本案中的医疗美容手术属于具有高度专业性的医疗执业行为,并不属于一般的生活消费,因此否定了《消费者权益保护法》的适用。

回答医疗美容服务能否适用《消费者权益保护法》这一问题,首先需要考虑医疗美容机构和患者是否属于消费者法中规定的"经营者"与"消费者",医疗美容服务是否属于"生活需要的服务"。我国部分地方的消费者权益保护条例或消费者权益保护法实施办法中规定患者属于消费者,如《浙江省实施〈中华人民共和国消费者权益保护法〉办法》第十七条明确规定,美容医疗机构明知其服务存在缺陷仍然向消费者提供服务,或者未取得资质的机构和个人实施医疗美容,造成消费者死亡或健康损害的,受害人有权依照《消费者权益保护法》第五十五条的规定向经营者要求赔偿。对于该问题,学说中主要存在三种观点。一是否定说。其认为,首先,医疗服务不适用《消费者权益保护法》,由于我国卫生事业是政府实行的社会公益事业,因此医疗机构不能作为一般意义上的经营者。其次,医疗行为不同于普通消费行为,医疗行为以治疗为目的,有其特殊的性质,与买卖、消费借贷等行为存在天壤之别。最后,患者不是消费者,医疗机构向患者提供的诊疗服务实行政府指导价而非市场调节价。二是肯定说。其认为,求医问药早已成为人们生活中生存和发展的基本要求,虽不能否认医疗机构均为营利性组织,但患者接受有偿的医疗服务实质上是一种消费行为。三是折中说。其认为,我国当前并未把所有医疗机构推向市场,根据国家相关政策,我国实行营利和非营利医疗机构分类管理,实行不同的财政、税收和价格政策。因此,应当根据医疗机构的性质选择适用《消费者权益保护法》或其他法律规定。① 虽然随着市场经济的发展,越来越多的营利性医疗机构开始涌现,并逐渐具备经营者的特点,此类医疗机构与患者之间也逐渐体现消费关系的特点,但对于医疗服务关系是否适用《消费者权益保护法》的问题,仍然要从医疗机构的性质、医疗服务的具体内容等方面进行衡量,属于营利性的医疗机构提供的医疗美容服务可以考虑适用《消费者权益保护法》的规定。

关于本案第二个争议问题,一审法院根据越秀区卫计局出具的《调查意见》,认定博仕门诊部向王某提供的手术服务超出其登记范围,但博仕门诊部仍隐瞒该事实导致王某误认其具备资质而接受手术,这构成对王某的欺诈。而二审法院在否定医疗美容服务适用《消费者权益保护法》的基础上,认为"博仕门诊部未能举证证实已向王某就其超出手术许可范围提供医疗美容作了说明,从缔约角度构成了欺诈",从而适用《合同法》第四十二条的缔约过失责任。博仕门诊部作为医疗机构应当如实向患者告知是否具有提供某种医疗美容服务的资质,如果明知自身不具备实施该项目的资质而未向患者告知,应属故意隐瞒真实情况而构成欺诈。在当事人未主张合同撤销的情况下,对于在合同缔结过程中因对方未履行告知义务产生的损害,有权向其主张损害赔偿责任。

---

① 王利明:《消费者的概念及消费者权益保护法的调整范围》,《政治与法律》2002 年第 2 期,第 9 - 10 页。

第三章 医事行政

第一节 医疗鉴定

案例 48 张某某同卵双胞胎的 DNA 鉴定①

一、基本案情

2012年6月30日下午,12岁女孩李某在放学路上失踪。6天后,警方在李某家邻居张某某家的化粪池中找到了李某的裸尸。现场勘验人员在张某某家的床席上发现一块红色斑迹,炕洞内发现一包女性衣服,经家属辨认是李某失踪当天所穿,检查裤子发现有透明反光的可疑斑迹。对两处斑迹的检验结果显示,床席上的红色斑迹是人血,DNA分型结果与被害人李某相同,李某裤子上的斑迹是人精斑,DNA分型结果与张某某相同,张某某有重大作案嫌疑。张某某到案后,对先奸后杀李某的作案事实供认不讳,警方将犯罪嫌疑人张某某移送检察机关。检察机关在审查中发现张某某有一个双胞胎弟弟,虽然犯罪嫌疑人张某某已交代作案事实,但为了排除合理怀疑,要求侦查机关对其弟也进行检验。检验结果令人吃惊,原来张氏兄弟是同卵双胞胎②,DNA分型完全相同。为排除张某某弟弟作案的可能,检察机关将案卷退回公安机关要求补充侦查,警方委托第四军医大学法医司法鉴定所进行鉴定。

二、诉讼过程及判决理由

第四军医大学法医司法鉴定所依法接受委托后即刻组成了鉴定小组,对张某某、张某某之弟按照行业标准进行了 STR(短串联重复序列)分型检验。经比对发现,其弟在常染色体 vWA 基因座上出现了少见的三个等位基因的现象,再次对其精液进行检验发现同样存在这一现象。而张某某的 vWA 基因座未出现三等位基因现象,现场精斑在 vWA 基因座上与张某某的 DNA 分型结果一致。以此为据,鉴定人出具鉴定意见:认为案件与弟弟无关,确定哥哥张某某为真凶。

---

* 本章案例由东南大学法学院研究生万诗琦和本科生赵毛毛搜集整理,后经研究生姜错明协助修改,最后由编者审核修改而成。

① 2018年4月12日司法部发布的 07 号司法鉴定指导案例。

② 同卵双胞胎是指由一个受精卵分裂发育而成的双胞胎,二者理论上具有完全相同的基因组。

至此,案件进入公诉阶段。开庭阶段,法院通知本案司法鉴定人出庭作证。经法院同意,检察机关聘请了一位公安机关 DNA 专家出庭协助。出庭鉴定人对 DNA 专家关于如何确定三等位基因现象出现的原因这一问题做出回答:如果多个基因座都出现三等位基因现象,一般来说污染的可能性大,如果仅是单个基因座出现,再经过重复检验结果一致的话,通常可以确定该结果是真实的。

最终,法院采信了鉴定意见并依法做出判决,犯罪嫌疑人张某某受到了法律的严惩。

三、关联法条

本案涉及司法鉴定,目前,我国尚无单独立法,相关法律依据是 2016 年司法部令发布的《司法鉴定程序通则》。该通则分总则、司法鉴定的委托与受理、司法鉴定的实施、司法鉴定意见书的出具、司法鉴定人出庭作证、附则共 6 章 50 条,内容包括申请者提出司法鉴定申请、司法鉴定机构和司法鉴定人进行司法鉴定活动应当遵循的方式、方法、步骤以及相关的规则和标准,保证司法鉴定工作的科学化、规范化,保障司法鉴定活动所涉及的相关人员的人格尊严,实现司法鉴定的公正、效率目标。

四、争议问题

通过常规的 DNA 检验无法确认真正的犯罪嫌疑人时,司法机关应如何排除合理怀疑进而锁定真凶?

五、简要评析

司法鉴定是指在诉讼活动中鉴定人运用科学技术或者专门知识对诉讼涉及的专门性问题进行鉴别和判断并提供鉴定意见的活动。本案涉及的司法鉴定属于法医物证鉴定[①]中的利用 DNA 技术进行个体识别。DNA 鉴定常见于确认亲子关系、离婚和财产分割、移民等领域,而在我国法律领域的主要作用表现在两方面:一是帮助警方锁定犯罪嫌疑人,二是使无数被拐卖或走失的儿童重回亲人怀抱。

本案中,司法鉴定人员通过比对同卵双胞胎 STR 分型结果,发现了二者在 vWA 基因座上分型结果不同,进而抓住这一点,利用重复检验和更换样本类型来证实这一结果的可靠性,从而科学地甄别了本案涉及的同卵双胞胎。现代法医学对非同卵双胞胎及其他个体的识别已经具备了非常成熟的技术,而在本案之前,对同卵双胞胎进行个体识别的案件仍属疑难复杂的案件,正是这种科技的进步使得原先的疑难案件寻找到了突破口。

司法部司法鉴定管理局特聘专家左芷津表示,DNA 之所以有如此强大的鉴定能力,

---

① 法医物证鉴定是指运用免疫学、生物学、生物化学、分子生物学等的理论和方法,利用遗传学标记系统的多态性对生物学检材的种类、种属及个体来源进行鉴定。主要包括:个体识别、亲权鉴定、性别鉴定、种族鉴定和种属认定等。

是因为 DNA 是从分子层面来区别个体,同卵双胞胎具有相同的遗传背景,但是可以通过检测后天产生抗体的相关基因的改变来进行鉴别,寻找后天所发生的不同。这就是破解本案的关键,运用高超的司法鉴定技术不仅成功锁定了犯罪嫌疑人、审结案件,对同卵双胞胎的甄别起到指导作用,更通过本案向社会公众普及了司法鉴定领域的法律规定,同时也展示了司法鉴定的先进技术和成果。

案例 49　王某医疗损害责任纠纷鉴定①

一、基本案情

2009 年 10 月 19 日,19 岁的女生王某用力大便时突感上腹剧痛,到某医院急诊住院,经检查被诊断为膈疝,医生建议手术治疗。10 月 22 日,王某和家属同意转外科治疗。转科后,王某腹痛症状一度缓解,但医生查房发现其全身情况较差,经询问,王某告知自己曾患甲状腺功能亢进并经放射性碘剂治疗。医生立即全面检查王某的甲状腺功能,发现其多项甲状腺功能指标已低到仪器无法测出,主管医生立即决定进行会诊。24 日晚王某呼吸困难症状忽然明显加重,25 日凌晨转入 ICU。25 日上午,医院组织会诊,医生们一致认为王某当前病情危重急需手术。主管医生将病情、会诊意见和极大的手术风险详细告诉王某和家属,他们都表示愿意承担手术风险并在手术同意书上签字。术后王某入住 ICU,一直处于昏迷状态并于 26 日被宣告死亡。

家属认为是医院的错误治疗行为导致了王某死亡,要求追究医院和手术医生的责任,不仅拒付住院费、治疗费还要求巨额赔偿。而医方认为不存在医疗过错,更不应承担赔偿责任。双方无法达成共识,王某家属一纸诉状把医院告上法庭。

二、诉讼过程及判决理由

法院受理后,委托中山大学法医鉴定中心对两方面进行鉴定:一是医院的医疗行为是否存在过错;二是若医方存在过错,该过错与王某死亡之间是否存在因果关系及原因力的大小。

由于家属不同意解剖,鉴定人只能依据病历资料进行推断和鉴定并告知风险,双方均签字同意。鉴定人认真查阅病历,综合各方意见,根据诊疗规范,向法庭出具了鉴定意见。但王某家属不同意鉴定意见,经法院同意聘请了一位医学专家出庭对鉴定意见进行质证。

鉴定意见认为:第一,医方对被鉴定人王某的医疗行为遵守临床规范,未发现诊疗过程存在明显过错;第二,被鉴定人王某死亡后果是其病情变化与转归的结果,与医疗行为之间存在因果关系的依据不足。首先,医方诊断为膈疝是正确和符合诊疗规范的。其

---

① 司法部 2018 年 4 月 12 日发布的司法鉴定 08 号指导案例。

次,膈疝的首选治疗是手术,当王某病情加重时更应及时手术,由于王某同时又是甲状腺功能低下患者,对麻醉药非常敏感,医方手术中已经适当减少了药物用量并加强了监护,尽到了预见义务与危险结果回避义务,医疗行为无过错和明显不妥。最后,对于被鉴定人来说,虽然手术风险极大,但若放弃手术死亡不可避免,选择手术则还有生机,且医院已向病人及家属说明了风险并取得同意,尽到了告知义务。

最终法院采信鉴定意见,综合全案情况,确认医院的医疗行为并无过错,不应对被鉴定人的死亡承担责任,判决驳回原告的诉讼请求。

三、关联法条

《中华人民共和国侵权责任法》

第五十四条 患者在诊疗活动中受到损害,医疗机构及其医务人员有过错的,由医疗机构承担赔偿责任。

第五十五条 医务人员在诊疗活动中应当向患者说明病情和医疗措施。需要实施手术、特殊检查、特殊治疗的,医务人员应当及时向患者说明医疗风险、替代医疗方案等情况,并取得其书面同意;不宜向患者说明的,应当向患者的近亲属说明,并取得其书面同意。

医务人员未尽到前款义务,造成患者损害的,医疗机构应当承担赔偿责任。

第六十条 患者有损害,因下列情形之一的,医疗机构不承担赔偿责任:

(一)患者或者其近亲属不配合医疗机构进行符合诊疗规范的诊疗;

(二)医务人员在抢救生命垂危的患者等紧急情况下已经尽到合理诊疗义务;

(三)限于当时的医疗水平难以诊疗。

前款第一项情形中,医疗机构及其医务人员也有过错的,应当承担相应的赔偿责任。

四、争议问题

本案医院在对患者进行救治的过程中是否存在医疗过错从而导致患者死亡?

五、简要评析

本案主要涉及的是医疗损害责任纠纷鉴定[①],鉴定属于常见的、易引发争议的事项。司法部将医疗损害责任纠纷鉴定要点归纳为:医院的诊疗过程是否存在过错;若医院诊疗过程中存在过错,该过错与患者死亡的结果之间是否存在关系及关系大小;在诊疗过程中,医院是否按规定尽到了说明义务,取得患者及家属的书面同意的义务;医疗产品是否有缺陷、该缺陷与患者死亡的后果之间是否存在因果关系及关系大小。本案中患者死

---

① 医疗损害责任纠纷鉴定是指依据《中华人民共和国侵权责任法》,司法鉴定人通过审查病历资料、检查被鉴定人或查阅病理及其他辅助检查资料,对医疗行为是否存在过失、患者的损害后果,以及医疗过失与损害后果间的因果关系以及原因力大小进行分析判断的过程。

亡是其自身疾病导致的必然结果,医院的诊疗行为并无过错。

正如鉴定人在法庭质证时指出,本案的特殊之处在于一是本案发生时国产甲状腺激素只有口服剂,而被鉴定人当时显然无法口服吸收;二是甲状腺激素水平恢复较慢,而病情危急不允许拖延。如果不及时手术,被鉴定人将死于膈疝导致的心肺功能衰竭;如果手术,被鉴定人甲状腺功能严重低下很可能引发严重的呼吸循环抑制,且此种情况一旦发生,在抢救上存在很大难度,加上膈疝影响心肺功能,极有可能引发呼吸心搏骤停,甚至死亡。在面临这种医学技术上的两难时,应当由医师进行专业裁量,并充分告知患者及其家属可能存在的方案及风险。本案中,尽管医院在术前预见了手术潜在风险,但进行手术是医师专业裁量的结果,是为患者争取最后生机的必然选择。在医疗行为全过程中,医方在专业诊断、治疗方案选择、告知义务履行等方面都符合程序和规范,医方在手术过程中针对可能出现的情况也采取了减少麻醉品用量等防范措施,尽到了注意义务和危险结果回避的义务。虽然最终出现了令人惋惜的结果,但结果的产生是由于当时医疗水平的限制,而医方本不存在任何过失,因此无需对结果承担法律责任。

本案的启示之处在于,作为患者,一方面,如果认为医疗机构在诊疗过程中因过错造成了损害结果,一定要保存好所有治疗的资料证据,必要的时候可以委托有资质的司法鉴定机构进行鉴定从而维护合法权益。另一方面,也应当正确看待医院的医疗行为,正视医疗风险,在维护自身利益的同时促进医患关系之间的和谐,维护社会的安定秩序。①

案例 50 马某法医精神病鉴定②

一、基本案情

2012 年 9 月 12 日上午,24 岁的青年马某朝邻居张某兄弟家的夹道里扔石头,被张某发现后双方起了争执。马某持刀刺中张某,并在追赶张某的过程中连续刺其胸部、腰部、背部 11 刀,致张某心脏破裂死亡。作案后,马某在家中被抓获。据他供述,杀死张某是因为听村民李某说,张某的儿子在网上说他偷花生的事,村里人也在议论,说他坏话,他认为是张某告诉他儿子的。自己在家还时常听见后墙响,马某怀疑是张某砸他家墙的声音,马某两次去砸张某家的墙,均被张某发现,遂怀恨在心。于是二人发生争执之后,马某将张某刺死。

二、诉讼过程及判决理由

由于案件事实清楚,马某作案动机明确,考虑到马某没有家族遗传病史且平素未见精神异常,辩护人未提出、司法机关未进行精神病鉴定,一审马某因故意杀人罪被判处死刑。

① 《司法部发布三个司法鉴定指导案例》,司法部政府网,2018 - 04 - 12。
② 2018 年 4 月 12 日司法部发布的 09 号司法鉴定指导案例。

二审时律师调查发现马某所称张某儿子在网上公布其偷花生一事系乌有,村民李某当时外出打工,从未向马某说及此事。因此律师判断马某可能存在精神异常,申请进行法医精神病鉴定①。法院审查后认为辩护律师的申请符合本案实际,确有必要进行鉴定,遂批准委托司法鉴定机构对马某作案时是否有精神障碍进行鉴定,如果有精神障碍,评定其刑事责任能力。

鉴定人分析认为,马某无端怀疑自己偷花生一事被人在网上公布,还凭空听见旁人说他坏话、听到有人砸他家墙壁,应该属于妄想与幻听,症状已持续一年多,涉案阶段也是如此。作案行为与精神症状直接相关,马某被精神症状驱动,丧失了对作案行为的实质性辨认能力。按照现行精神障碍诊断标准及刑事责任能力评定规范综合判断,鉴定意见为:马某患"精神分裂症"②,结合关押期间管教人员对马某言行的描述排除了其伪装的可能。马某作案时处于发病期,受精神病的影响,实质性辨认和控制能力完全丧失,应评定为无刑事责任能力。

经审理,法院采信司法鉴定意见,认定马某作案时处于精神病的发病期,辨认和控制能力完全丧失,应为无刑事责任能力人,不追究其刑事责任,依法对其实施强制医疗。

三、关联法条

《中华人民共和国刑法》

第十八条第一款 精神病人在不能辨认或者不能控制自己行为的时候造成危害结果,经法定程序鉴定确认的,不负刑事责任,但是应当责令他的家属或者监护人严加看管和医疗;在必要的时候,由政府强制医疗。

《司法鉴定程序通则》

第十九条 司法鉴定机构对同一鉴定事项,应当指定或者选择二名司法鉴定人进行鉴定;对复杂、疑难或者特殊鉴定事项,可以指定或者选择多名司法鉴定人进行鉴定。

第二十五条第二款 对被鉴定人进行法医精神病鉴定的,应当通知委托人或者被鉴定人的近亲属或者监护人到场见证。

第三十二条第二款 接受重新鉴定委托的司法鉴定机构的资质条件应当不低于原司法鉴定机构,进行重新鉴定的司法鉴定人中应当至少有一名具有相关专业高级专业技术职称。

四、争议问题

马某作案时是否有精神障碍以及是否存在伪装的可能性?

---

① 法医精神病鉴定是指运用司法精神病学的理论和方法,对涉及与法律有关的精神状态、法定能力(如刑事责任能力、受审能力、服刑能力、民事行为能力、监护能力、被害人自我防卫能力、作证能力等)、精神损伤程度、智能障碍等问题进行鉴定。

② 精神分裂症是一组病因未明的重性精神病,多在青壮年缓慢或亚急性起病,临床上往往表现为症状各异的综合征,涉及感知觉、思维、情感和行为等多方面的障碍以及精神活动的不协调。

五、简要评析

精神分裂症患者杀人的案件近年来越来越多地进入大众视线,此类患者的违法行为占司法精神病学总数的第一位。实际上,精神分裂症患者犯罪经法定鉴定程序被鉴定为无刑事责任能力才可能不负刑事责任,因此是否进行法医精神病鉴定以及鉴定结果对被鉴定人是否应当依法承担刑事责任有着重要意义。此类鉴定应该在司法局注册的专门鉴定机构进行,以确保其公平、正义。

精神障碍的临床症状复杂多样,可涉及感知觉、思维、情感、意志行为及认知功能等方面,个体之间症状差异很大,即使同一患者在不同阶段或病期也可能表现出不同症状。从行为表现看,精神障碍主要有以下几种,第一是实施危害行为的动机目的荒谬离奇,脱离现实;第二是歪曲危害行为的性质;第三是对危害行为的后果缺乏认识。有的症状比较明显,比较容易被发现、认同的,以行为紊乱为主要表现,即所谓"武疯子",对危害行为后果缺乏认识。但是以思维障碍为主的"文疯子"的异常行为或精神活动比较隐蔽,一般不会出现过激行为,因此难以察觉其存在精神异常。本案中的马某即为第二种情况,属于"文疯子",平时并未表现出精神异常的情况,也没有家族遗传病史,因此被误以为只是单纯的性格内向,不愿外出或与人交流,而非具有精神障碍。一旦放任其妄想,病人即有可能因病态推理而引发过激行为,危害公共安全,且难以预防。因此对涉案人员是否具有精神障碍需要依靠法医精神病鉴定,通过对被鉴定人家族遗传病史、身处环境、周边接触的人等情况的调查、对被鉴定人进行全面科学的精神检查和专业的精神病测试等方式来确认被鉴定人是否患有精神疾病以及是否存在伪装的可能,从而判断是否存在责任阻却事由,为法院的定罪量刑提供依据。

法医精神病鉴定首先要排除伪装的可能。本案中,被鉴定人马某从未接触过精神病学知识,其症状出现、演化符合疾病发展规律,到案后供述前后一致,旁证调查证实其怀疑内容的荒唐性。检查时症状流露自然,否认自己有精神病,据此可排除伪装精神病的可能。其发病症状与检查所见相互印证,根据现行精神障碍诊断标准及刑事责任能力评定规范综合判断,其表现完全符合诊断精神分裂症的症状标准、病程标准、严重程度标准和排除标准,因此判断马某患"精神分裂症",作案时处于发病期。

精神疾病司法鉴定常见于刑事或民事案件中涉案人员的精神状态鉴定(如刑事责任能力鉴定、民事行为能力鉴定)、精神损伤程度评定、伤残程度评定、因果关系评定、劳动能力评定等。鉴定结果对法院定罪量刑的巨大影响很容易引起社会舆论质疑,而且我国精神障碍患者群体较大,成了社会不容忽视的问题。本案展现了我国目前精神疾病司法鉴定的现状,也对未来有着一定启示作用:一方面,对于精神疾病司法鉴定机构鉴定工作要从多方面科学考量;另一方面,人们在生活中应当正视精神疾病,早发现早介入,避免最终酿成惨剧。①

第二节 精神卫生

案例 51 吴某某"被精神病"案②

一、基本案情

2004 年,家住河南省周口市川汇区小桥街道办事处高庄社区的吴某某因"家务和村务纠纷"上访,后被当地作为"维稳对象",先后被拘留、劳教。2008 年 7 月 26 日,吴某某在周口当地参加离婚案审理时,原周口市公安局沙南分局(第六分局)在没出示任何证件和手续的情况下,冲进法庭将吴某某带走并拘留 10 日,随后周口市川汇区小桥街道办事处和原周口市公安局沙南分局(第六分局)将吴某某送到河南省精神病院"治疗"132 天。

二、诉讼过程及判决理由

2013 年元月,吴某某认为原周口市公安局沙南分局(第六分局)送其到河南省精神病院的行为违法,向周口市中级人民法院提起诉讼,请求法院认定该行为违法。周口市中级人民法院于 2013 年 5 月 6 日对吴某某诉周口市公安局第六分局确认行政行为违法纠纷案作出(2013)周行初字第 2 号判决:确认原周口市公安局沙南分局(第六分局)将原告吴某某送往河南省精神病院的行为违法。周口市公安局第六分局不服一审判决,提起上诉,河南省高级人民法院依法组成合议庭,公开开庭审理本案,认为本案公安机关将吴某某送往河南省精神病院,没有相应的精神病司法医学鉴定,事实依据和法律依据不充分,因不具有可撤销内容,依法应当确认违法。二审法院于 2014 年 5 月 20 日对周口市公安局第六分局与吴某某行政确认上诉案作出(2013)豫法行终字第 00081 号判决:驳回上诉,维持原判。

三、关联法条

《中华人民共和国行政诉讼法》

第六十一条 人民法院审理上诉案件,按照下列情形,分别处理:

(一)原判决认定事实清楚,适用法律、法规正确的,判决驳回上诉,维持原判决;

(二)原判决认定事实清楚,但适用法律、法规错误的,依法改判;

(三)原判决认定事实不清,证据不足,或者由于违反法定程序可能影响案件正确判

---

① 《司法部发布三个司法鉴定指导案例》,司法部政府网,2018-04-12。
② 裁判法院:河南省高级人民法院。案号:(2013)豫法行终字第 00081 号。

决的,裁定撤销原判,发回原审人民法院重审,也可以查清事实后改判。当事人对重审案件的判决、裁定,可以上诉。

《最高人民法院关于执行〈中华人民共和国行政诉讼法〉若干问题的解释》

第五十七条 人民法院认为被诉具体行政行为合法,但不适宜判决维持或者驳回诉讼请求的,可以作出确认其合法或者有效的判决。

有下列情形之一的,人民法院应当作出确认被诉具体行政行为违法或者无效的判决:

(一)被告不履行法定职责,但判决责令其履行法定职责已无实际意义的;
(二)被诉具体行政行为违法,但不具有可撤销内容的;
(三)被诉具体行政行为依法不成立或者无效的。

四、争议问题

1. 周口市公安局第六分局将吴某某送到精神病院的行为应如何评价?
2. 如何防止以"精神病"为名侵犯公民权利的行为?

五、简要分析

21世纪的最初10年中,我国精神卫生问题严重,"被精神病"事件也屡屡发生,如山东省新泰市的孙某某因赴京上访被镇政府关进了精神病院20多天直至其签下保证书,河南省漯河市的徐某某因进京上访被乡政府关进精神病院6年半。在本案中,吴某某也是多次上访后,在其离婚诉讼中,公安机关未经相应精神病司法医学鉴定和吴某某本人的同意即将其送往河南省精神病院进行了长达132天的"精神病治疗",吴某某身心受到了严重伤害,出院后还被要求签署不再上访保证书。

精神病最大的特点在于"无法自证非病",医学研究证明严重精神病人往往不承认自己患有精神疾病,从而只要有权机关认为某人患有精神疾病就会被认定为精神病患者,这也是以前地方政府惩罚上访群众的"恶法"之一。这种通过"被精神病"非法限制了他人的人身自由,不当治疗还伤害其身体健康。此类案件都有一个重要特征:在缺乏严格的医学鉴定过程和结论的情况下,有的甚至无需经过执法机关,而是由受害人工作单位的领导直接拍板决定送医,背后折射出对公权力监督和约束的缺乏。

精神卫生问题并非是我国独有的问题,其普遍存在于世界各国。自19世纪起,随着患者权利的觉醒和精神病学家的号召,各国纷纷出台了精神卫生相关法律。1838年法国制定了世界上第一部《精神卫生法》,明确区分了精神病人和罪犯,规定了精神病患者的权益和禁止非法拘禁精神病患者。我国精神卫生立法也经历了一个漫长的过程,从1985年《中华人民共和国精神卫生法》(以下简称"精神卫生法")的起草直至2009年公开征求意见,2013年的正式实施。这也与精神障碍患者这个特殊群体的人权广泛涉及了医学、法律、社会等多方问题有关。在吴某某等的系列维权行为的推动下,2013年5

月1日,我国《精神卫生法》实施,明确了精神障碍患者"非自愿医疗"的概念、标准和程序等,从而阻止了任意认定精神病的行为,这也是与此类"被精神病"事件的法治相呼应。

案例52 精神障碍患者徐某诉监护人、医院案①

一、基本案情

2017年7月6日,司法鉴定科学技术研究所司法鉴定中心,给出了对徐某精神状态和民事行为能力的鉴定意见:"患有精神分裂症,目前病情缓解,应评定为具有完全民事行为能力。"经协商,院方同意在代理律师到场的情况下,为徐某办理出院手续。23岁时,徐某前往澳大利亚边打工边读语言学校,其间迷上赌博,输掉100多万元,一度在澳大利亚的慈善机构接受救济,此后又被告知由于身体原因未能取得签证,被遣返回国。当时,他已经产生了被监视、被跟踪的幻觉。

徐某曾在国内找过两份工作,但都做得不长久,表示想回澳大利亚,在越洋电话费上花掉上千元。2001年,徐某因此被送往上海市普陀区精神病院,并于一年后出院。两年后,徐某因在争吵中拿指甲划伤了父亲而被送入上海青春精神病康复院。此后他不断给父亲和居委会打电话,希望他们过来接自己。父亲年纪大了,找不到路,哥哥也不愿意。此后,继母去世,父亲得了老年痴呆。

徐某一共做过三次司法鉴定,第一次在2012年,鉴定意见是"精神分裂症残留期,具有限制民事行为能力";第二次在2014年,鉴定意见是"症状基本缓解,具有诉讼能力";第三次在2017年二审败诉后,鉴定意见为"患有精神分裂症,目前病情缓解,应评定为具有完全民事行为能力"。

二、诉讼过程及判决理由

2015年4月14日,上海市闵行区法院对徐某诉其监护人以及上海青春精神病康复院侵犯人身自由案做出一审判决,徐某败诉。驳回原告请求的理由有三个:一是徐某有既往病史;二是根据徐某的家庭状况,他出院后无人照顾,监护人有权决定他继续留院;三是徐某的状况不适用于《精神卫生法》。二审依旧以败诉告终,再审申请被驳回。

三、关联法条

《中华人民共和国民法总则》

第二十二条 不能完全辨认自己行为的成年人为限制民事行为能力人,实施民事法律行为由其法定代理人代理或者经其法定代理人同意、追认,但是可以独立实施纯获利

---

① 陈红梅:《"精神卫生第一案"中的法律知识梳理》,http://news.sina.com.cn/sf/expert/ls/2017-08-09/doc-ifyitamv7836071.shtml,2018年7月15日访问。

益的民事法律行为或者与其智力、精神健康状况相适应的民事法律行为。

第二十三条 无民事行为能力人、限制民事行为能力人的监护人是其法定代理人。

第二十四条 不能辨认或者不能完全辨认自己行为的成年人，其利害关系人或者有关组织，可以向人民法院申请认定该成年人为无民事行为能力人或者限制民事行为能力人。

被人民法院认定为无民事行为能力人或者限制民事行为能力人的，经本人、利害关系人或者有关组织申请，人民法院可以根据其智力、精神健康恢复的状况，认定该成年人恢复为限制民事行为能力人或者完全民事行为能力人。

《中华人民共和国精神卫生法》

第四十四条 自愿住院治疗的精神障碍患者可以随时要求出院，医疗机构应当同意。

对有本法第三十条第二款第一项情形的精神障碍患者实施住院治疗的，监护人可以随时要求患者出院，医疗机构应当同意。

医疗机构认为前两款规定的精神障碍患者不宜出院的，应当告知不宜出院的理由；患者或者其监护人仍要求出院的，执业医师应当在病历资料中详细记录告知的过程，同时提出出院后的医学建议，患者或者其监护人应当签字确认。

对有本法第三十条第二款第二项情形的精神障碍患者实施住院治疗，医疗机构认为患者可以出院的，应当立即告知患者及其监护人。

医疗机构应当根据精神障碍患者病情，及时组织精神科执业医师对依照本法第三十条第二款规定实施住院治疗的患者进行检查评估。评估结果表明患者不需要继续住院治疗的，医疗机构应当立即通知患者及监护人。

第八十二条 精神障碍患者或者其监护人、近亲属认为行政机关、医疗机构或者其他有关单位和个人违反本法规定侵害患者合法权益的，可以依法提起诉讼。

四、争议问题

徐某作为非自愿住院的精神障碍患者是否享有出院权？

五、简要分析

《精神卫生法》第三十条明确规定：除非诊断结论、病情评估表明，就诊者已经发生伤害自身的行为，或者有伤害自身的危险的，已经发生危害他人安全的行为，或者有危害他人安全的危险的，才能对其实施住院治疗，其余患者均应遵从自愿原则。自愿住院的精神病患者随时可以要求出院，医疗机构应当同意。但是法院认为徐某属于非自愿住院的精神病患者，判决书称，徐某经司法鉴定为限制民事行为能力人，本案原告属于非自愿住院治疗的精神疾病患者，不适用《精神卫生法》关于"自愿住院"的规定，其是否出院，目前仍然需要得到其监护人同意，故被告上海青春精神病康复院以未经原告监护人同意为由拒绝原告提出的出院要求,并无不妥。

我国民法通则中有关监护人制度的规定,与现行的精神卫生法存在冲突。前者规定无民事行为能力人、限制民事行为能力人的监护人是他的法定代理人,而精神病人即为无民事行为能力人或者限制民事行为能力人。然而,对于限制民事行为能力人而言,是否应当所有权利都被限制值得商榷。对于申请获得人身自由这一权利是否应该得到监护人的同意尤其值得探讨。这样的规定显然不利于精神障碍患者的权利保护,即使是限制民事行为能力人,"能力限制"的范围也应有相应的界限。通过出台具体的司法解释,具体规定哪些能力是被限制的,哪些能力是需要监护人授权的,而现行法律没有这类解释,换言之,限制民事行为能力人和无民事行为能力人是一样的,凡事都要听监护人的。特别是当限制民事行为能力人和其监护人的利益存在冲突时,监护人很可能滥用监护权,导致限制民事行为能力人的权利受到侵害。如在本案中,法庭在作出最终判决前,走访了徐某生母、徐某大哥、徐某二哥以及居委会干部,由于上述四者均表示无力在徐某出院后进行"监护",徐某除大哥外找不到其他监护人,他就只能在众人的"安排"下继续住院治疗,导致了徐某想出院而不能的情况的发生。

在国外的司法实践中,对限制民事行为能力人的权益保障还包括"分散授权"和"定期审查"两种制度探索。前者将被限制人的一些权利分散开来,不同的权利由不同的监护人负责保障;后者对被限制人的监护人进行定期审查,每隔一段时间查验其是否尽到监护义务,并征询被监护人意见适时合理更换监护人。这样的对监护人的权利限制性规定值得我国借鉴。

第三节 其他行政管理和监督

案例 53 贾某某诉晋城市卫生和计划生育委员会卫生行政管理案[①]

一、基本案情

2009 年,贾某某与冯某某、侯某某入股联营组建了晋城长城医院。2011 年,贾某某将其股权转让他人并欲退出晋城长城医院(以下简称"长城医院"),即向晋城市卫生和计划生育委员会(以下简称"晋城市卫生局")申请医师执业注册事项(执业地点)变更,晋城市卫生局答复贾某某须有原执业机构晋城长城医院在其提交的"医师变更执业注册申请审核表"(下称"审核表")上签署意见和盖章。贾某某遂请求长城医院签署意见和盖章,长城医院以双方对患者的医疗纠纷赔偿及协议的执行未得到彻底处理和解决为由,不予签署意见和签章。2014 年,贾某某就长城医院上述不予签署意见和盖章的行为进行了

---

① 裁判法院:最高人民法院第四巡回法庭。案号:(2017)最高法行申字第 1482 号。

劳动仲裁和民事诉讼,晋城市中级人民法院作出(2014)晋市法民终字第956号生效民事裁定,以其不属于民事案件受理范围为由,驳回起诉。同年,贾某某在上述情况没有发生变化的情况下,又向晋城市卫生局申请为其办理医师变更执业注册,因晋城市卫生局未再给其答复,贾某某遂于2015年向法院提起行政诉讼,请求判令晋城市卫生局为其办理变更注册手续,并判令相关人等赔偿其损失。

二、诉讼过程及判决理由

一审法院认为,根据卫生部1999年颁布施行的《医师执业注册暂行办法》第十六条之规定,"审核表"是申请人应当提供的要件之一,医师执业地点变更需取得原执业机构的意见和签章作为医师执业地点变更注册应具备的必要条件,晋城市卫生局对贾某某变更执业地点注册的申请作了必要的审查和审核,贾某某未能提供原执业机构同意调出和签章的相关证明,晋城市卫生局拒绝为其办理医师执业地点变更注册是合理、合法的,判决驳回贾某某的诉讼请求。贾某某不服判决结果,提起上诉。

二审法院认为,根据卫生部1999年颁布施行的《医师执业注册暂行办法》第十六条之规定,上诉人贾某某作为医师要变更执业地点离开长城医院,向卫生行政部门晋城市卫生局申请变更执业注册,并提交"审核表"等材料并无不妥之处;医师执业变更注册要取得原执业机构的同意等事项和程序,国家卫生行政部门是通过"审核表"的形式来规范的,从该表的监制机关和使用范围来看其效力等同于《医师执业注册暂行办法》,为此,向审批机关提交填写内容完整且符合要求的"审核表"是其申请注册的法定程序和条件;晋城市卫生局因上诉人贾某某不能提交符合条件的"审核表"而答复其不予注册是符合法律规定的,不存在不履行法定职责的情形;上诉人贾某某在晋城市卫生局作出答复后,又以同一事实和理由进行申请,晋城市卫生局虽未再进行答复,但并不构成不作为;因此维持原判,驳回贾某某的诉讼请求。贾某某向最高人民法院申请再审。

最高人民法院认为,因与原执业机构晋城长城医院存在纠纷,晋城长城医院未在"审核表"上签署意见和盖章,导致贾某某向原晋城市卫生局提交的"审核表"中"原执业机构意见"一栏空白,原晋城市卫生局依法告知其须有原执业机构晋城长城医院在其提交的"审核表"上签署意见和盖章,符合《中华人民共和国行政许可法》的规定。再审申请人在原晋城市卫生局履行告知义务后,又以同一事实和理由重复提出申请,原晋城市卫生局对于重复申请未予答复,亦不构成行政不作为。裁定驳回贾某某的再审申请。

三、关联法条

《中华人民共和国执业医师法》

第十七条 医师变更执业地点、执业类别、执业范围等注册事项的,应当到准予注册的卫生行政部门依照本法第十三条的规定办理变更注册手续。

《医师执业注册暂行办法》

第十六条 医师变更执业地点、执业类别、执业范围等注册事项的,应当到注册主管部门办理变更注册手续,并提交医师变更执业注册申请审核表、《医师资格证书》《医师执业证书》以及省级以上卫生行政部门规定提交的其他材料。

《医师执业注册管理办法》

第二十条第一款　医师变更执业地点、执业类别、执业范围等注册事项的,应当通过国家医师管理信息系统提交医师变更执业注册申请及省级以上卫生计生行政部门规定的其他材料。

第三款　医师变更主要执业机构的,应当按本办法第十二条的规定重新办理注册。

《中华人民共和国行政诉讼法》

第七十条　行政行为有下列情形之一的,人民法院判决撤销或者部分撤销,并可以判决被告重新作出行政行为:

(一)主要证据不足的;

(二)适用法律、法规错误的;

(三)违反法定程序的;

(四)超越职权的;

(五)滥用职权的;

(六)明显不当的。

《中华人民共和国行政许可法》

第三十二条第一款第(四)项　行政机关对申请人提出的行政许可申请,应当根据下列情况分别作出处理:

(四)申请材料不齐全或者不符合法定形式的,应当当场或者在五日内一次告知申请人需要补正的全部内容,逾期不告知的,自收到申请材料之日即为受理。

四、争议问题

"审核表"是否是申请办理医师执业注册事项变更的法定程序和条件?

五、简要评析

本案中晋城市卫生局不予办理医师执业地点变更的行为,从行政行为的性质上看,应当被认定为行政作为而非行政不作为。虽然晋城市卫生局不予办理医师执业地点变更在实体内容上是"不为",而且也存在不履行职责的可能性,但从行政程序上看,其作出"拒绝行为"属于一种积极的作为,是其行使行政权力的结果,这也是行政作为和行政不作为界限之所在。

因此,法院在审理该行政行为是否具有合法性时应当依据《中华人民共和国行政诉讼法》第七十条的6个标准进行审查,即主要证据是否充分,适用法律、法规是否正确,是否违反法定程序,是否超越职权,是否滥用职权,是否明显不当。此案中判定原晋城市卫生局不予办理医师执业地点变更注册是否具有合法性的关键在于适用法律、法规是否正确,即在贾某某因故无法获得原执业机构的签字、盖章而导致其只能用信息填写不完整的"审核表"向卫生行政部门申请的情况下,作为法律规定中"应当提供的要件之一"的"审核表",是否是贾某某进行注册的"绊脚石"?对此,涉及本案的三级法院都肯定了"审核表"的法律地位,将其作为办理医师执业地点变更注册的必备要件。

法律明确规定了在申请办理执业地点变更注册时应当提交"审核表"等材料,且"审核表"系由原卫生部监制、全国统一的制式表格,该表是为了落实《医师执业注册暂行办法》的内容而制定的,故表中需填写的事项均为申请变更注册的必要条件。"审核表"中存在"原执业机构意见"一栏,说明进行此项申请需要取得原执业机构的同意。本案当事人因与原执业机构即晋城长城医院对患者的医疗纠纷赔偿及协议的执行未得到彻底处理和解决而未能取得其同意,这不应当成为其要求通过递交信息填写不完整的"审核表"申请注册的依据。因此,原晋城市卫生局拒绝变更申请并履行告知义务的行为适用法律法规正确,具有合法性。

但本案如果发生在现在,卫生行政机关的行政行为将有所不同。2016年《"健康中国2030"规划纲要》提出了要积极探索医师自由执业,随着2017年《医师执业注册管理办法》的颁布施行,医师执业注册制度有所放宽。就本案中关于医师执业变更注册的规定,多数省级卫生计生行政部门在"医师执业、变更执业、多机构备案申请审核表"中取消了原执业机构意见栏,即医师申请变更执业地点的,不需要原执业机构同意,只要与拟执业机构达成合意即可办理变更手续,扩大了医师的执业自由,有利于卫生事业单位人事制度、薪酬制度的改革,优化医师的执业环境。

案例54 越南某公司诉国家食药总局案[1]

一、基本案情

越南某药品责任有限公司(以下简称"越南某公司")于2009年4月15日向中华人民共和国国家食品药品监督管理总局(以下简称"国家食药总局")提出了非洛地平控释片进口化学药品临床试验注册申请,国家食药总局于2009年4月20日受理并通知其缴费和进行药品注册检验。越南某公司进行了缴费、资料报送和样品送检工作。国家食药总局于2009年4月30日将相关申报资料移交药品审评中心,该中心于2010年2月9日将《综合审评意见》移交国家食药总局,该局于2010年8月9日将该意见退回药品审评中心,要求其作进一步审查,该中心于2010年11月12日重新作出《综合评审意见》后,国家食药总局于当日对越南某公司上述申请作出不批准注册(进行临床研究)的决定(批件号为2010104265),理由为:进口制剂中所用原料药应提供国家药品管理机构出具的允许该原料药上市销售的证明性文件,以及该药品生产企业符合药品生产质量管理规

---

[1] 裁判法院:最高人民法院。案号:(2014)行提字第27号。

范的证明性文件。而本品中所用原料药来源于浙江省某集团公司制药厂,该厂本无原料药的批准文号,申报资料中也未提供该原料药的合成工艺、结构确证、质量研究和稳定性研究等研究资料及生产厂符合药品质量管理规范的证明性文件。根据《药品注册管理办法》第九十五条和附件相关内容,不批准非洛地平控释片的注册申请。越南某公司不服,向一审法院提起行政诉讼。中国药品生物制品检定所于2010年11月17日作出中检药〔2010〕1922号"药品注册检验报告表"。

二、诉讼过程及判决理由

北京市高级人民法院于2012年5月18日对越南某公司诉中华人民共和国国家食品药品监督管理总局许可申请案作出(2012)高行终字第90号行政判决,已经发生法律效力。越南某公司不服,向最高人民法院申请再审,最高人民法院于2014年6月30日作出(2012)行监字第633号行政裁定提审本案,于2014年9月29日公开开庭审理本案。

最高人民法院梳理出的本案争议焦点为:① 被诉行为作出的时间是否超出法定期限;② 样品检验结果是否为被申请人作出被诉行为的必要条件;③ 被申请人在审查过程中是否应当要求再审申请人提供补充材料。

关于第一个焦点问题,药品审评中心的技术审评工作时间显然未遵守《药品注册管理办法》第一百五十条第一款的规定,而在依据《中华人民共和国行政许可法》第四十五条之规定将技术审评的时间扣除后,被诉行政行为作出时也超过了法定期限。原审法院没有将被申请人2010年2月9日至2010年8月9日之间第一次审查《综合评审意见》的时间记入被诉行为的作出时间,进而认定被诉行为没有超过法定期限错误。

关于第二个焦点问题,被申请人必须依据包括样品检验结果在内的"综合意见"作出审批决定,而不能只考虑技术审评意见。本案中,被诉通知作出的时间为2010年11月12日,而中国药品生物制品检定所出具"药品注册检验报告表"的时间为2010年11月17日,被诉行为明显违反了上述规定。原审法院及被申请人提出的技术审评报告和药品注册检验报告只要其中一项不符合要求,被申请人就可以依据《药品注册管理办法》第一百五十四条的规定,对申报药品作出不予批准的理由不成立。

关于第三个焦点问题,虽然《药品注册管理办法》第十三条规定"申请人应当提供充分可靠的研究数据,证明药品的安全性、有效性和质量可控性,并对全部资料的真实性负责",但并不表示只要申请人提供的资料不充分或者真实性存疑就可以对其申请直接作出不予审批的决定。被申请人应当审慎地履行审查职责并尽到善意的提醒义务,而不应当在本可能通过要求申请人予以解释或补充相关材料就可以对诉争药品是否满足安全性、有效性和质量可控性作出进一步评价的情况下,以申请人提供的资料欠缺、不充分和不符合要求为由,将申请人的临床试验申请予以驳回。

综上,最高人民法院经审理认定,国家食药总局作出的批件号为2010104265的《审批意见通知件》违法,并作出(2014)行提字第 27 号判决:撤销北京市高级人民法院(2012)高行终字第 90 号行政判决;撤销国家食药总局作出的批件号为 2010104265 的审批意见通知;责令国家食药总局在法定期限内对越南某公司提出的"非洛地平控释片化学药品临床试验申请"重新作出行政行为。

三、关联法条

《中华人民共和国行政许可法》

第三十二条 行政机关对申请人提出的行政许可申请,应当根据下列情况分别作出处理:

(一)申请事项依法不需要取得行政许可的,应当即时告知申请人不受理;

(二)申请事项依法不属于本行政机关职权范围的,应当即时作出不予受理的决定,并告知申请人向有关行政机关申请;

(三)申请材料存在可以当场更正的错误的,应当允许申请人当场更正;

(四)申请材料不齐全或者不符合法定形式的,应当当场或者在五日内一次告知申请人需要补正的全部内容,逾期不告知的,自收到申请材料之日起即为受理;

(五)申请事项属于本行政机关职权范围,申请材料齐全、符合法定形式,或者申请人按照本行政机关的要求提交全部补正申请材料的,应当受理行政许可申请。

行政机关受理或者不予受理行政许可申请,应当出具加盖本行政机关专用印章和注明日期的书面凭证。

第四十二条第一款 除可以当场作出行政许可决定的外,行政机关应当自受理行政许可申请之日起二十日内作出行政许可决定。二十日内不能作出决定的,经本行政机关负责人批准,可以延长十日,并应当将延长期限的理由告知申请人。但是,法律、法规另有规定的,依照其规定。

《中华人民共和国药品管理法》

第二十九条 研制新药,必须按照国务院药品监督管理部门的规定如实报送研制方法、质量指标、药理及毒理试验结果等有关资料和样品,经国务院药品监督管理部门批准后,方可进行临床试验。药物临床试验机构资格的认定办法,由国务院药品监督管理部门、国务院卫生行政部门共同制定。

完成临床试验并通过审批的新药,由国务院药品监督管理部门批准,发给新药证书。

《药品注册管理办法》

第三条 药品注册,是指国家食品药品监督管理局根据药品注册申请人的申请,依照法定程序,对拟上市销售药品的安全性、有效性、质量可控性等进行审查,并决定是否同意其申请的审批过程。

第九十二条 国家食品药品监督管理局药品审评中心依据技术审评意见和样品检验结果等,形成综合意见,连同相关资料报送国家食品药品监督管理局,国家食品药品监督管理局依据综合意见,做出审批决定。符合规定的,发给《药物临床试验批件》;不符合规定的,发给《审批意见通知件》,并说明理由。

第九十五条　申请进口药品制剂,必须提供直接接触药品的包装材料和容器合法来源的证明文件、用于生产该制剂的原料药和辅料合法来源的证明文件。原料药和辅料尚未取得国家食品药品监督管理局批准的,应当报送有关生产工艺、质量指标和检验方法等规范的研究资料。

第一百五十条　技术审评工作时间按照下列规定执行:

(一)新药临床试验:90日;获准进入特殊审批程序的品种:80日;

(二)新药生产:150日;获准进入特殊审批程序的品种:120日;

(三)对已上市药品改变剂型和仿制药的申请:160日;

(四)需要进行技术审评的补充申请:40日。

进口药品注册申请的技术审评时间参照前款执行。

第一百五十二条　国家食品药品监督管理局应当在20日内作出审批决定;20日内不能作出决定的,经主管局领导批准,可以延长10日,并应当将延长时限的理由告知申请人。

第一百五十四条　有下列情形之一的,国家食品药品监督管理局不予批准:

(一)不同申请人提交的研究资料、数据相同或者雷同,且无正当理由的;

(二)在注册过程中发现申报资料不真实,申请人不能证明其申报资料真实的;

(三)研究项目设计和实施不能支持对其申请药品的安全性、有效性、质量可控性进行评价的;

(四)申报资料显示其申请药品安全性、有效性、质量可控性等存在较大缺陷的;

(五)未能在规定的时限内补充资料的;

(六)原料药来源不符合规定的;

(七)生产现场检查或者样品检验结果不符合规定的;

(八)法律法规规定的不应当批准的其他情形。

四、争议问题

国家食药总局是否能以越南某公司提交的申报材料不足直接拒绝批准其申请?

五、简要评析

在越南某公司提交的申报材料中,虽然载明的原料药制造企业浙江某集团公司制药厂没有获得原料药生产的相关批件,但是根据《药品注册管理办法》第九十五条之规定"原料药和辅料尚未取得国家食品药品监督管理局批准的,应当报送有关生产工艺、质量指标和检验方法等规范的研究资料",越南某公司虽未主动报送原料药的有关生产工艺、质量指标和检验方法等规范的研究资料,国家食药总局应当要求其补正,而非直接作出不予批准的决定。国家食药总局的处理方式,使越南某公司需要在补充材料后重新缴纳4万余元的注册费方能使申报药品重新进入审核程序,没有充分保护申请人的相关合法权益,属于行政裁量不当。

《药品注册管理方法》中有关药品安全性、有效性和质量可控性的规定,是药品市场准入的前置性管理制度。虽然我国法律对此作出了明确的规定,但现实中存在着申请基数大、质量参差不齐与审查资源有限、效率不高的矛盾。对此,拥有药品批准权力的相关行政机构如何提高效率,规制行政裁量至关重要:过于严格可能使药品难以上市,造成药品研发行业的萎缩;过于宽松可能导致不安全、效用差、质量不可靠的药物进入市场,危及患者的安全。当前,药品注册审批由国家药品监督管理局行使,可以通过增加评审人员、合理下放审批权限、建立多种评审形式等方式提高审批效率,通过提高评审透明度、细化评审裁量标准等限制裁量空间,保障注册审批的公正合理。

案例 55　全国首例医生状告警察和官员对医闹伤医不作为案[①]

一、基本案情

2017年4月23日上午8时许,刘某与其父亲陪同其母亲到湘雅三医院老年科就诊,因其母亲病情比较严重,于是接诊医生江某某建议其挂急诊就诊。但因无法满足患者及其家属立即住院的要求,接诊医生江某某遭到患者家属刘某的殴打,由此造成江医生受伤(经法医鉴定,构成轻微伤)及其眼镜被打坏,且造成诊室内一片狼藉,诊疗秩序完全被扰乱,科室被迫停诊。事发后湘雅三医院立即报警,当天下午2时逃脱的刘某到岳麓公安分局银盆岭派出所接受调查。长沙市公安局岳麓分局对其作出罚款500元的行政处罚,江某某不服行政处罚决定,向长沙市人民政府提起行政复议。

二、行政复议过程及理由

长沙市人民政府认为:长沙市公安局岳麓分局的行政处罚决定适用法律错误,撤销了长沙市公安局岳麓分局的第一次行政处罚决定即岳公(银)决字〔2017〕第0766号,并责令其重新作出处罚决定。长沙市公安局岳麓分局据行政复议重新作出处罚决定,对刘某扰乱医疗秩序的违法行为予以减轻处罚,对其罚款从500元降至200元。

本案利害关系人江某某不服长沙市公安局岳麓分局重新作出的行政处罚决定,再次依法申请行政复议。长沙市人民政府在第二次复议结果中肯定并维持了长沙市公安局岳麓分局重新作出的处罚决定。江某某因此提起行政诉讼,向长沙市岳麓区人民法院起诉长沙市公安局岳麓分局和长沙市人民政府在医闹伤医事件中存在行政不作为。

[①] 《首例医生状告警察对医闹伤医不作为!我看到了中国法治的未来》,http://news.medlive.cn/all/info-news/show-139551_97.html,2018年7月15日访问。

2018年7月13日,岳麓区人民法院一审判决驳回江某某的全部诉讼请求。江某某依法提起上诉,二审将于2018年11月1日在长沙市中级人民法院开庭审理。

三、关联法条

《中华人民共和国行政诉讼法》

第二十五条第一款　行政行为的相对人以及其他与行政行为有利害关系的公民、法人或者其他组织,有权提起诉讼。

《最高人民法院关于适用〈中华人民共和国行政诉讼法〉的解释》

第十二条　有下列情形之一的,属于行政诉讼法第二十五条第一款规定的"与行政行为有利害关系":

（一）被诉的行政行为涉及其相邻权或者公平竞争权的;

（二）在行政复议等行政程序中被追加为第三人的;

（三）要求行政机关依法追究加害人法律责任的;

（四）撤销或者变更行政行为涉及其合法权益的;

（五）为维护自身合法权益向行政机关投诉,具有处理投诉职责的行政机关作出或者未作出处理的;

（六）其他与行政行为有利害关系的情形。

《中华人民共和国治安管理处罚法》

第二十三条第一款　有下列行为之一的,处警告或者二百元以下罚款;情节较重的,处五日以上十日以下拘留,可以并处五百元以下罚款:

（一）扰乱机关、团体、企业、事业单位秩序,致使工作、生产、营业、医疗、教学、科研不能正常进行,尚未造成严重损失的。

第四十三条第一款　殴打他人的,或者故意伤害他人身体的,处五日以上十日以下拘留,并处二百元以上五百元以下罚款;情节较轻的,处五日以下拘留或者五百元以下罚款。

四、争议问题

1. 江某某是否有权提起行政诉讼?

2. 本案被申请人长沙市公安局岳麓分局、行政复议机关长沙市人民政府是否存在行政不作为?

五、简要评析

本案系全国首例医生状告警察和官员对医闹伤医不作为案,对行政行为解决医闹问题具有重要意义,本案截至2018年6月仍处于行政诉讼审理阶段,尚未作出生效判决。本案涉及的主要问题有:① 江某某是否有权提起行政诉讼;② 本案被申请人长沙市公安局岳麓分局、行政复议机关长沙市人民政府是否存在行政不作为。

本案中,江某某在刘某的医闹过程中受到刘某对其进行的人身伤害,经法医鉴定,该伤害构成轻微伤,江某某系长沙市公安局岳麓分局对刘某进行行政处罚的利害关系人,依据《中华人民共和国行政诉讼法》第二十五条第一款,江某某有权提起诉讼。

长沙市公安局岳麓分局的作为义务的法律依据有:其一是《中华人民共和国治安管理处罚法》第四十三条第一款的规定:"殴打他人的,或者故意伤害他人身体的,处五日以上十日以下拘留,并处二百元以上五百元以下罚款;情节较轻的,处五日以下拘留或者五百元以下罚款。"其二是《中华人民共和国治安管理处罚法》第二十三条第一款的规定:"有下列行为之一的,处警告或者二百元以下罚款;情节较重的,处五日以上十日以下拘留,可以并处五百元以下罚款:(一)扰乱机关、团体、企业、事业单位秩序,致使工作、生产、营业、医疗、教学、科研不能正常进行,尚未造成严重损失的。"在本案中,长沙市公安局岳麓分局就刘某的行为作出的行政处罚符合法律规定的处罚幅度,不存在行政不作为。复议机关长沙市人民政府就长沙市公安局岳麓分局的两次行政处罚分别作出撤销并责令重新作出行政处罚与维持决定的复议决定,履行了复议机关所应履行的法定义务,不存在行政不作为。因此,此处的"不作为"并非法律上的不作为,而是行政管理角度的"不作为",本案的合法性审查的落脚点不在于公安机关是否存在行政不作为,而在于公安机关做出的行政行为是否恰当,是否满足行政处罚的公正性原则。依据《中华人民共和国行政诉讼法》第七十条6种人民法院可以判决撤销或者部分撤销,并可以判决被告重新作出行政行为的情形中,本案主要需要判断的是公安机关的行政行为是否存在明显不当。虽然刘某的行为扰乱了医疗秩序,造成了当时医师的轻微伤和财产损失,但公安机关有权在法律、法规规定的行政处罚范围内进行行政裁量,做出处罚决定,最终作出200元的处罚决定不应当被认定为明显不当。被害人江某某应当依据《侵权责任法》第三条、第十六条、第十九条等通过民事诉讼的方式请求损害赔偿,而非通过行政诉讼的方式请求撤销行政处罚,期望作出更严厉的处罚。

本案暴露的重要问题是当前社会环境下,医师的工作安全得不到保障,对于轻微的医疗暴力行为,《中华人民共和国治安管理处罚法》对此类行为的行政处罚规定并不能使医生群体甚至社会满意,未达到教育以及对医闹问题的限制、解决的目的。这也需要立法进一步明确、执法与司法进一步落实,使当前医闹行政处罚不力、不当的问题得到解决,从而维护正常的医疗秩序,保护医师和其他患者的健康权。

案例 56　王某某诉深圳市市场监督管理局①

一、基本案情

2014年9月,王某某向深圳市市场监督管理局(以下简称"市监局")提起对深圳希

---

① 裁判法院:广东省深圳市福田区人民法院。案号:(2015)深福法行初字第574号。

玛林顺潮眼科医院(以下简称"希玛眼科医院")的匿名举报,认为希玛眼科医院在《深圳都市报》刊登的医疗广告与行政机关批准的样件不符且内容非法,还以本院职工作为患者形象欺诈公众。

市监局接到举报后立即对希玛眼科医院立案调查。经查,该广告内容主要为"员工摘镜留影,希玛员工体验飞秒激光神奇摘镜之旅,手术前和手术后的照片对比,祝某等14名希玛林顺潮眼科医院员工的信息,这些信息包括员工所在部门、近视度数、散光度数、激光切削时间、术前术后右左眼对比""本期特邀香港深圳两地眼科教授林教授和肖主任"和"飞秒激光矫视技术"。

市监局于2015年1月作出深市监稽罚字〔2015〕1号行政处罚决定书,决定对深圳希玛林顺潮眼科医院作出责令停止发布该违法广告,处以30 000元罚款的行政处罚。并于同年2月作出深市监稽罚字〔2015〕30号行政处罚决定书,决定对深圳报业集团作出责令停止发布该违法广告,处以30 000元罚款的行政处罚。王某某认为市监局认定希玛眼科医院发布在《深圳都市报》的广告属于医疗广告的行政行为错误,向法院提起行政诉讼。在庭审时,还增加了两项诉讼请求:① 依据《中华人民共和国行政诉讼法》第六十一条请求法院确认或判决市监局确认希玛眼科医院在《深圳都市报》第09版发布的广告属于虚假违法的广告;② 依据《中华人民共和国行政诉讼法》第四十一条请求法院调取被告制作保存的与深市监稽罚字〔2015〕1号、深市监稽查罚字〔2015〕30号行政处罚决定书相关的全部案卷。

二、诉讼过程及判决理由

根据《医疗广告管理办法》第二条之规定,法院确认"深圳希玛林顺潮眼科医院"广告是利用报纸媒介直接介绍医疗机构和医疗服务的广告,符合规定中的定义,虽未标注医疗广告审查证明文号,但并不足以否定其医疗广告的属性。市监局在深市监稽罚字〔2015〕1号行政处罚决定书中认定希玛眼科医院发布的"深圳希玛林顺潮眼科医院"广告属于医疗广告并无不当,予以支持。该医院所提交的相关证据材料并未显示含有虚假内容,也没有其他证据证明涉案广告属于虚假广告,故王某某主张的依据不足,法院不予支持。

本案中,希玛眼科医院、深圳报业集团在发布涉案医疗广告时未标注该医疗广告审查证明文号,未按照《广东省医疗广告审查证明》核准的广告成品样件内容发布涉案医疗广告,违反了《医疗广告管理办法》第十四条和第十七条的规定,涉案广告属于含有涉及医疗技术、××患者、卫生技术人员名义、形象作证明的情形,违反了《医疗广告管理办法》第七条的规定,市监局依据《医疗广告管理办法》第二十二条的规定分别对希玛眼科医院、深圳报业集团作出的行政处罚,适用法律正确,处罚适当。

根据《中华人民共和国国家赔偿法》第二条之规定,市监局并无违法行为且王某某亦未提供有效的证据证明其有由市监局的违法行为造成的损失存在,故请求市监局赔偿误工费、交通费、精神抚慰金缺乏法律依据和事实依据。根据《最高人民法院关于执行〈中华人民共和国行政诉讼法〉若干问题的解释》第四十五条规定,原告当庭新增的两项诉讼请求属于起诉状送达被告后提出新的诉讼请求的情况,且未提出正当理由,不予准许。

三、关联法条

《中华人民共和国广告法》

第二十八条 广告以虚假或者引人误解的内容欺骗、误导消费者的,构成虚假广告。

广告有下列情形之一的,为虚假广告:

(一)商品或者服务不存在的;

(二)商品的性能、功能、产地、用途、质量、规格、成分、价格、生产者、有效期限、销售状况、曾获荣誉等信息,或者服务的内容、提供者、形式、质量、价格、销售状况、曾获荣誉等信息,以及与商品或者服务有关的允诺等信息与实际情况不符,对购买行为有实质性影响的;

(三)使用虚构、伪造或者无法验证的科研成果、统计资料、调查结果、文摘、引用语等信息作证明材料的;

(四)虚构使用商品或者接受服务的效果的;

(五)以虚假或者引人误解的内容欺骗、误导消费者的其他情形。

《医疗广告管理办法》

第二条 本办法所称医疗广告,是指利用各种媒介或者形式直接或间接介绍医疗机构或医疗服务的广告。

第七条 医疗广告的表现形式不得含有以下情形:

(一)涉及医疗技术、诊疗方法、疾病名称、药物的;

(二)保证治愈或者隐含保证治愈的;

(三)宣传治愈率、有效率等诊疗效果的;

(四)淫秽、迷信、荒诞的;

(五)贬低他人的;

(六)利用患者、卫生技术人员、医学教育科研机构及人员以及其他社会社团、组织的名义、形象作证明的;

(七)使用解放军和武警部队名义的;

(八)法律、行政法规规定禁止的其他情形。

第十四条 发布医疗广告应当标注医疗机构第一名称和《医疗广告审查证明》文号。

第十七条 医疗机构应当按照《医疗广告审查证明》核准的广告成品样件内容与媒体类别发布医疗广告。

第二十二条 工商行政管理机关对违反本办法规定的广告主、广告经营者、广告发布者依据《广告法》《反不正当竞争法》予以处罚,对情节严重,造成严重后果的,可以并处一至六个月暂停发布医疗广告,直至取消广告经营者、广告发布者的医疗广告经营和发布资格的处罚。法律法规没有规定的,工商行政管理机关应当对负有责任的广告主、广告经营者、广告发布者给予警告或者处以一万元以上三万元以下的罚款;医疗广告内容涉嫌虚假的,工商行政管理机关可根据需要会同卫生行政部门、中医药管理部门作出认定。

《中华人民共和国国家赔偿法》

第二条　国家机关和国家机关工作人员行使职权,有本法规定的侵犯公民、法人和其他组织合法权益的情形,造成损害的,受害人有依照本法取得国家赔偿的权利。

四、争议问题

1. 深圳希玛眼科医院广告的属性是什么?
2. 市监局的行政行为是否具有合法性?

五、简要评析

虚假广告,就是指广告内容是虚假的或者是容易引人误解的,一方面是指商品宣传的内容与所提供的商品或者服务的实际质量不符,另一方面就是指可能使宣传对象或受宣传影响的人对商品的真实情况产生错误的联想,从而影响其购买决策的商品宣传。主要表现形式为消息虚假、品质虚假、功能虚假、价格虚假、证明材料虚假等。

由于广告传递的是虚假的信息,消费者和使用者会因此陷入误区,一旦消费者或使用者将虚假广告信以为真,就会有不同程度的经济损失甚至人身损害。因此,我国《中华人民共和国广告法》(以下简称《广告法》)规定了广告必须真实的基本要求。一旦违反法律规定发布虚假广告,就要承担相对应的行政责任、民事责任,利用虚假广告骗取钱财达到一定数额或者情节严重的行为还要承担刑事责任。

医疗广告,是指利用各种媒介或者形式直接或间接介绍医疗机构或医疗服务的广告。《医疗广告管理办法》对医疗广告做出了详细的规定,上文提到,此处不再赘述。

在本案中,希玛眼科医院存在的问题是未依法在刊登广告时标注医疗广告审查证明文号,且利用其职工作为患者的形象来证明其医疗技术,毫无疑问,这是违反《医疗广告管理办法》第七条、第十四条之规定的,属于违法行为,应当予以行政处罚。但这两处错误是否能够说明该广告为虚假广告呢?根据深圳市监局和法院判决来看,不能将其作为虚假广告,这个观点也应当得到肯定。根据《广告法》和《医疗广告管理办法》的规定,希玛眼科医院刊登的广告主要是介绍医疗服务以招徕患者,性质属于医疗广告无疑,然而其内容并未满足《广告法》第二十八条规定的五种虚假广告的情形,并非虚假广告,只是其职工作为患者身份比较敏感,说服力不高。但在案件调查过程中,希玛眼科医院提供的患者相关资料并未出现问题,作为原告的王某某也没有任何证据证明该广告存在虚假或令人误解的内容。此种情况下,无论是市监局作出行政处罚的行政行为还是法院依法审判的行为都是事实清楚、有法可依的。

案例57 金某某、金某等与苏州市卫生局行政监督案①

一、基本案情

2010年2月28日上午,朱某某因精神病复发入住苏州市广济医院(以下简称"宁济医院"),其间苏州市广济医院对其进行了氟哌啶醇加东莨菪碱肌注治疗。当晚朱某某被转至苏州市立医院北区进行抢救,于次日凌晨死亡。2013年4月1日,朱某某的丈夫金某某以及子女金某、朱某等人向苏州市卫生局提交《履行查处医疗违法行为职责申请书》,要求苏州市卫生局对广济医院违规用药、杜撰病历资料和未及时合规抢救患者等三项医疗违法行为进行查处,在申请书所附的《病房录像和院方病历记录的出入之处》中指出医院病历十处记载不实。2013年5月27日,苏州市卫生局作出"回复函"并送达当事人。金某某、金某、朱某不服,经复议后向苏州市姑苏区人民法院提起行政诉讼。朱某某死亡后,应家属要求病历资料当日即被封存,诉讼中金某某、金某、朱某及苏州市卫生局均未能提供护理记录等病历原始资料,但双方对举报材料中描述的护理记录内容均表示认可。

二、诉讼过程及判决理由

2013年12月12日,苏州市姑苏区人民法院作出(2013)姑苏行初字第0086号判决,撤销苏州市卫生局于2013年5月27日"回复函"中第一、第二项答复内容,驳回金某某、金某、朱某要求撤销第三项答复内容的诉讼请求,并要求苏州市卫生局于判决生效之日起30个工作日内对金某某、金某、朱某要求查处广济医院杜撰病历资料的事项重新作出处理并书面答复。金某某、金某、朱某以及苏州市卫生局对该判决均未提起上诉。

2014年1月3日,苏州市卫生局委托苏州市卫生监督所就广济医院是否存在杜撰病历资料事项进行调查。在调查核实的基础上,苏州市卫生局于2014年2月10日作出苏卫医便〔2014〕007号函,认为没有足够证据证明患者朱某某在广济医院的住院病历为杜撰。金某某、金某、朱某对该函复不服,再次向法院提起行政诉讼。苏州市姑苏区人民法院立案受理后,经审理认定,苏州市卫生局作出的函复事实清楚,证据充分,适用法律法规正确,作出(2014)姑苏行初字第0039号判决:驳回金某某、金某、朱某要求撤销苏州市卫生局苏卫医便〔2014〕007号函的诉讼请求。上诉人金某某、金某、朱某不服一审判决,提起上诉,苏州市中级人民法院于2014年7月22日立案受理后,依法组成合议庭,于8月15日公开开庭审理了本案。法庭审理认为根据原卫生部《病历书写基本规范》第十六条,第十七条第二款,第二十二条第一款、第二款第(八)项、第(二十三)项的规

---

① 裁判法院:江苏省苏州市中级人民法院。案号:(2014)苏中行终字第00153号。

定,住院病历内容包括住院病案首页、入院记录、病程记录、手术同意书、医嘱单、辅助检查报告单等资料。其中,入院记录应当于患者入院后 24 小时内完成;因抢救急危患者,未能及时书写病历的,有关医务人员应当在抢救结束后 6 小时内据实补记,并加以注明;病重(病危)患者护理记录是指护士根据医嘱和病情对病重(病危)患者住院期间护理过程的客观记录,并应当根据相应专科的护理特点书写,记录时间应当具体到分钟。本案中,住院病历对朱某某入院后的病情和诊疗过程均有记载,但由于护理记录等病历内容是医护人员在相关诊疗行为完成后进行的回顾性记录,因此,朱某某病历中存在护理记录的时间及内容与录像中反映的实际护理活动不完全一致的情况。苏州市卫生局接到举报后,委托苏州市卫生监督所对举报事项进行调查核实,据此认定患者朱某某在苏州市广济医院的住院病历并非杜撰,并函复金某某等的行为,符合法律规定。最终,二审法院作出(2014)苏中行终字第 00153 号判决驳回上诉,维持原判。

三、关联法条

《医疗机构管理条例》

第五条第一款、第二款　国务院卫生行政部门负责全国医疗机构的监督管理工作。

县级以上地方人民政府卫生行政部门负责本行政区域内医疗机构的监督管理工作。

《中华人民共和国执业医师法》

第四条　国务院卫生行政部门主管全国的医师工作。县级以上地方人民政府卫生行政部门负责管理本行政区域内的医师工作。

第二十三条　医师实施医疗、预防、保健措施,签署有关医学证明文件,必须亲自诊查、调查,并按照规定及时填写医学文书,不得隐匿、伪造或者销毁医学文书及有关资料。

医师不得出具与自己执业范围无关或者与执业类别不相符的医学证明文件。

《最高人民法院关于执行〈中华人民共和国行政诉讼法〉若干问题的解释》

第五十六条　有下列情形之一的,人民法院应当判决驳回原告的诉讼请求:

(一)起诉被告不作为理由不能成立的;

(二)被诉具体行政行为合法但存在合理性问题的;

(三)被诉具体行政行为合法,但因法律、政策变化需要变更或者废止的;

(四)其他应当判决驳回诉讼请求的情形。

《中华人民共和国行政诉讼法》

第六十一条　人民法院审理上诉案件,按照下列情形,分别处理:

(一)原判决认定事实清楚,适用法律、法规正确的,判决驳回上诉,维持原判;

(二)原判决认定事实清楚,但是适用法律、法规错误的,依法改判;

(三)原判决认定事实不清,证据不足,或者由于违反法定程序可能影响案件正确判决的,裁定撤销原判,发回原审人民法院重审,也可以查清事实后改判。当事人对重审案件的判决、裁定,可以上诉。

四、争议问题

1. 苏州市卫生局作出的回复函是否正确、合法？
2. 行政机关在接到因医疗纠纷引发的投诉时，应如何处理好行政行为与民事纠纷之间的关系？

五、简要分析

本案是因一起医疗纠纷引发的多个诉讼。具体而言，一个因医疗纠纷引发的民事诉讼，另一个因原告对卫生行政机关对其举报医院违规用药、杜撰病历资料和未及时合规抢救患者三个医疗违法行为的答复不满提起的两项行政诉讼，包括对苏州市卫生局2013年5月27日"回复函"的不服，后该回复函被苏州市姑苏区人民法院部分撤销，以及对2014年2月10日做出的苏卫医便〔2014〕007号函的不服。

就苏州市卫生局第二次做出的苏卫医便〔2014〕007号函是否正确、合法问题，虽然苏州市广济医院病历资料存在护理记录中记载的时间与真实情况不完全一致，但由于护理记录为事后回顾性记录，这仅能说明苏州市广济医院在病历记录中存在瑕疵，并不等同于医院就存在杜撰病历资料的行为，因此法院也未支持金某某等人撤销苏卫医便〔2014〕007号函的诉讼请求。

本案原本属于民事纠纷，当事人通过举报投诉的方式，希望借助卫生行政部门对医疗违法行为的查处权确认医疗机构存在篡改病历资料等违法情形。因此，对于本案金某某等人通过举报投诉的行为处理医疗民事纠纷的方式，卫生行政部门应当有所为，有所不为。本案涉及医疗事故鉴定，苏州市姑苏区人民法院法官陈某等认为，对于需通过医疗事故技术鉴定才能得出结论的事项，行政监督机关应告知当事人先行鉴定，再据此判定医院是否存在违法违规行为；对非医疗事故技术鉴定范围且属行政监督机关职权范围的事项，行政监督机关应依职权进行调查并回复当事人。医疗事故鉴定是医疗纠纷诉讼的环节之一，行政权力虽然对行政违法行为有认定、处置权，但是不能被"利用"成为替代医疗事故专业鉴定的手段。卫生行政部门在处置因医患纠纷引发的举报投诉时，不宜将行政权力过早介入民事纠纷领域。

第四章 医事犯罪[*]

第一节 非法行医

案例 58　胡某某非法行医案[①]

一、基本案情

被告人胡某某将吕某收为自己的弟子,传授其自称的"自然大法"等理论。吕某利用由胡某某亲自传授养生、治病之道的名义开办"自然大法培训班"。2013年8月30日,胡某某让云某某等人按照其传授的方法饮用了"五味汤",当晚就有几名学员出现上吐下泻的反应,2013年8月31日,云某某再次饮用"五味汤"后,于当日19时许出现严重呕吐、抽搐、昏迷等症状,当晚22时30分云某某因机体脱水、水电解质平衡紊乱和急性呼吸循环功能障碍经抢救无效死亡,另一名学员农某某也出现昏迷症状,后被送往新安县人民医院抢救脱险。

二、诉讼过程及判决理由

根据上述事实和相关证据,洛阳市中级人民法院以非法行医罪分别判处被告人胡某某有期徒刑15年,剥夺政治权利5年,并处罚金20万元;判处被告人吕某有期徒刑11年,剥夺政治权利3年,并处罚金10万元;判处被告人唐某某有期徒刑3年,并处罚金3万元;对被告人贺某某免予刑事处罚;被告人胡某某、吕某、唐某某、贺某某共同赔偿附带民事诉讼原告人云某某、李某某各项经济损失共计85 889元。

宣判后,原审附带民事诉讼原告人云某某、李某某及原审被告人胡某某、吕某均不服,分别提出上诉。二审法院审理认为一审审理查明的事实与原判相同,原判认定的证据经一审当庭举证、质证,查证属实,予以确认。上诉人胡某某、吕某的上诉理由及其辩护人的辩护意见均不能成立,不予采纳。驳回上诉,维持原判。河南省高级人民法院裁定为终审裁定。

---

[*]　本章案例由东南大学法学院本科生尹灏、何敏鑫、掌博文、杨玉洁、谢微微、曹睿搜集整理,后经研究生姜错明、吴晶协助修改,最后由编者审核修改而成。
[①]　裁判法院:河南省高级人民法院。案号:(2015)豫法刑二终字第00007号。

三、关联法条

《中华人民共和国刑法》

第三百三十六条第一款 未取得医生执业资格的人非法行医,情节严重的,处三年以下有期徒刑、拘役或者管制,并处或者单处罚金;严重损害就诊人身体健康的,处三年以上十年以下有期徒刑,并处罚金;造成就诊人死亡的,处十年以上有期徒刑,并处罚金。

四、争议问题

1. 胡某某是否有非法行医的故意?
2. 吕某是否是非法行医罪的主犯?

五、简要评析

胡某某不具备行医资格,却伙同吕某在互联网上公开发布其采用"五味疗法"可治疗糖尿病、白血病、艾滋病、各类癌症,能使人百病不生的宣传文章,然后又以举办"培训班"的名义,联系或痴迷中医或求医问药的云某某、黄某等十余人参加,由胡某某向大家教授其"五味疗法"和"吐故纳新疗法",其实质具有非法行医的主观故意。当云某某按照胡某某讲授的方法做后出现昏迷症状时,胡某某又指使吕某等人采取毫无科学性的方法进行救治,并灌入胡某某配制的不明液体,最终导致云某某死亡的后果。胡某某等人的行为不仅侵犯了他人的身体健康,同时也侵犯了国家对医疗机构和医务人员的管理秩序,符合非法行医罪的法律规定。

关于上诉人吕某在本案中的地位和作用,吕某明知胡某某不具备行医资格,却在胡某某的授意下在网上建立博客,对胡某某的"五味疗法"能治疗各种疾病进行宣传,后来又牵头举办了此次"培训班",并指使唐某某作为培训班的联络人,贺某某负责"培训班"的日常开支,其在该"培训班"中起组织、指挥作用,系本案主犯。

案例59 何某某非法行医案[①]

一、基本案情

被告人何某某称其有一"家传秘方"治疗蛇伤。2001年7月26日,农妇李某下田劳作时被蛇所咬伤,向其求助。何某某向其收取了50元费用,到脉旺镇的中药材公司买了点中药,并向一个处于哺乳期的妇女讨要了一点乳汁,搅拌后涂抹于患者伤处。第二天李某出现了深度中毒的迹象,家人将其送到汉川市中医院抢救,李某到达医院经医生检查后,其家属被告知伤者已经死亡。

[①] 裁判法院:湖北省孝感市中级人民法院。案号:(2016)鄂09刑再字第4号。

二、诉讼过程及判决理由

一审汉川市人民法院审理认为,被告人何某某在未取得医生资格证书和行医执照的情况下,为李某用"家传秘方"治疗蛇伤,致李某病情恶化,抢救无效死亡。另认定:被告人何某某案发时从事教师职业,案发前曾多次治过蛇毒;其用于治疗受害人蛇毒的药方系自行配制。据此,原判以被告人何某某犯非法行医罪,判处有期徒刑 12 年,剥夺政治权利 2 年,并处罚金 2 000 元。

一审宣判后,被告人何某某提出上诉,其辩护人主张何某某没有主观故意,且 1997 年刑法关于非法行医罪的设立,主要是针对不具有医学专业知识,在社会上打着治病救人旗号招摇撞骗的人,从立法精神看可排除像何某某这样偶用"家传秘方"治病救人的人。

2002 年 6 月,二审孝感市人民法院审理认为,上诉人何某某诊治好病人之后,病人及其家属一般会给 100—200 元左右的感谢费,可见具有牟利的目的,其行为具备犯罪的基本特征,具有社会危害性和刑事可罚性。针对上诉人辩护人的辩护意见,法院认为,只要触犯了我国刑法规定构成非法行医罪的行为,都属于法律追究的范围,并无法外的特殊公民,故不予采纳。对于辩护人提出的"何某某没有主观故意"的辩护意见,经查,上诉人何某某明知自己没有从事医疗的合法身份、资质和基本条件,为他人以"家传秘方"治疗蛇伤,有可能发生因耽误治疗而致人死亡的后果,却轻信或者放任了该后果的发生,执意为受害人李某进行治疗,最终发生了致人死亡的严重后果,属于间接故意,故法院未予采纳。综上,裁定驳回起诉,维持原判。

2012 年 12 月、2013 年 7 月,何某某向孝感市中级人民法院、湖北省高级人民法院提出申述,均被驳回。后何某某向最高人民法院提出申诉。2014 年 9 月最高人民法院认为何某某的申诉符合《中华人民共和国刑事诉讼法》第二百四十二条第(三)项"原判决、裁定适用法律确有错误的",指令湖北省高级人民法院对本案进行再审。湖北省高级人民法院裁定撤销湖北省高级人民法院(2002)第 055 号刑事附带民事裁定及汉川市人民法院(2002)川刑初字第 017 号刑事附带民事判决中的刑事部分判决,并发回汉川市人民法院重新审判。

汉川市人民法院于 2016 年 8 月 4 日作出(2015)鄂汉川刑再字第 55 号刑事判决。原审被告人何某某不服,提出上诉。孝感市中级人民法院认为事实清楚,决定不开庭审理,判决驳回上诉,维持原判。

何某某再次提出申诉,湖北省最高人民法院于 2017 年 9 月 29 日通知驳回其申诉请求。

三、相关法条

《中华人民共和国刑法》

第三百三十六条第一款　未取得医生执业资格的人非法行医,情节严重的,处三年以下有期徒刑、拘役或者管制,并处或者单处罚金;严重损害就诊人身体健康的,处三年以上十年以下有期徒刑,并处罚金;造成就诊人死亡的,处十年以上有期徒刑,并处罚金。

《最高人民法院关于审理非法行医刑事案件具体应用法律若干问题的解释》

第一条　具有下列情形之一的,应认定为刑法第三百三十六条第一款规定的"未取得医生执业资格的人非法行医":

（一）未取得或者以非法手段取得医师资格从事医疗活动的;

（二）个人未取得《医疗机构执业许可证》开办医疗机构的;

（三）被依法吊销医师执业证书期间从事医疗活动的;

（四）未取得乡村医生执业证书,从事乡村医疗活动的;

（五）家庭接生员实施家庭接生以外的医疗行为的。

四、争议问题

何某某的行为是否构成非法行医罪？

五、简要评析

本案的审判过程一波三折,就何某某的行为,一审、二审法院均认为其行为构成非法行医罪,而其本人不服判决,认为自己不构成非法行医罪。经过上诉、申诉、发回重审、上诉、申诉,最终还是以非法行医罪定罪处罚。何某某的行为究竟是否构成非法行医罪？

根据《中华人民共和国刑法》第三百三十六条的规定,非法行医罪构成要件主要有四：一是未取得医生执业资格的人。医生执业资格需满足经考试取得执业医师资格证书（或执业助理医师资格）并经注册取得医师执业证书且在执业地点获得医疗机构执业证书。本案中被告人显然未能满足这一主体要件。二是实施了从医的行为。医业一是要求医疗行为,二是要求以其为业。根据《最高人民法院关于审理非法行医刑事案件具体应用法律若干问题的解释》第六条,医疗活动、医疗行为参考《医疗机构管理条例实施细则》中的诊疗活动和医疗美容。诊疗活动是指通过各种检查,使用药物、器械及手术等方法,对疾病作出判断和消除疾病、缓解病情、减轻痛苦、改善功能、延长生命、帮助患者恢复健康的活动。医疗美容是指使用药物以及手术、物理和其他损伤性或者侵入性手段进行的美容。医疗行为有广义、狭义之分,广义的是指出于医疗目的实施的行为,狭义的是指广义医疗行为中,不由医师实施便会对人体造成危险的行为。本案中被告的蛇毒救治,至少是符合狭义的医疗行为。且被告的行为满足反复、继续实施的医疗行为的条件,此外以医疗为业也并不要求以行医作为唯一职业。因此,可以认定其行为构成医疗行为。三是行为人对病人伤亡结果存在间接故意的罪过而不是业务过失的罪过。在认识因素上,行为人既知晓自己缺乏行医技能和控制病情发展的能力,又明白病人在得不到有效及时治疗时会伤残直至死亡,所以不是疏忽大意的过失;在意志因素上,对病人的伤残、死亡采取了漠然视之、听之任之的放纵态度。本案中被告以"家传秘方"为被害人治疗蛇伤,因此前已经多次治好蛇毒,固无论被害人还是被告人均信赖此秘方,难以认定行为人对病人的伤亡存在故意。四是须达到"情节严重"的程度。本案中的被告擅自为他人治疗蛇伤,并导致他人死亡,显然也符合这个要件。因此,法院判决被告构成非法行医罪并无不妥。

案例 60　秦某某非法行医案①

一、基本案情

2007 年 6 月,秦某某在未取得"医疗机构执业许可证"的情况下开设诊所行医。2008 年 2 月 12 日,谢某超夫妇带其生病的儿子谢某明到秦某某的诊所就医。秦某某对谢某明进行诊断后,在未对谢某明进行皮试的情况下即安排其女儿秦某按自己开具的处方对谢某明进行输液治疗。在输液过程中,谢某明出现呼吸困难,秦某某在对谢某明进行人工吸痰、皮下注射肾上腺素后,将谢某明急转罗店镇卫生院抢救。谢某明经抢救无效于当日 12 时许死亡。

二、诉讼过程及判决理由

一审法院审理认为,被告人秦某某虽然取得了医师资格证书、医师执业证书等证书,但其执业注册地为深圳华程门诊部,且未依法取得"医疗机构执业许可证"便开办医疗机构,非法行医且造成就诊人死亡,其行为符合非法行医罪的构成要件,故构成非法行医罪。秦某某上诉称:一审判决认定其行为与造成被害人死亡有直接因果关系事实不清,证据不足,由于受害人死亡原因不明,要求重新鉴定或补充鉴定;其具有医师资格证书和医师执业证书,不符合非法行医罪的主体要件,一审判决适用法律错误;其为受害人就诊的行为不存在故意或过失,被害人在注射后发生的过敏反应属于个人体质问题,其死亡属意外事件。请求改判宣告无罪。

二审法院审理认为,经湖北同济法医学司法鉴定中心鉴定:谢某明符合药物过敏性休克死亡,而秦某某在未进行皮试情况下即进行治疗,其非法行医行为与被害人死亡存在直接的因果关系;秦某某虽然取得了医师资格证书、医师执业证书等证书,但其执业注册地为深圳华程门诊部,在京山县未依法取得"医疗机构执业许可证",申诉人及其辩护人认为秦某某的行为不构成非法行医罪的申诉理由及辩护意见不能成立。秦某某申诉及辩护人提出:① 申诉人具备医师资格,且医学中级职称,其不构成非法行医的主体;② 秦某某无"医疗机构执业许可证"行医,不应定性为刑法意义上的非法行医,而应定性为行政法意义上的非法行医;③ 申诉人为被害人看病就诊的行为没有违反医疗技术操作规程,导致被害人死亡属意外事件,故向最高人民法院申请再审。

---

① 裁判法院:最高人民法院。案号:(2014)刑核字第 13 号。

最高人民法院再审认为,原审被告人秦某某的行为构成非法行医罪。其非法行医造成就诊人死亡,依法本应在有期徒刑 10 年以上量刑。鉴于秦某某具有医师资格证书和医师执业证书,此前已在当地从医多年,且案发后积极赔偿被害方经济损失,有明显悔罪表现,故对其可在法定刑以下判处刑罚。核准湖北省高级人民法院以原审被告人秦某某犯非法行医罪,在法定刑以下判处有期徒刑 4 年,并处罚金 1 万元的刑事判决。

三、关联法条

《中华人民共和国刑法》

第三百三十六条第一款 未取得医生执业资格的人非法行医,情节严重的,处三年以下有期徒刑、拘役或者管制,并处或者单处罚金;严重损害就诊人身体健康的,处三年以上十年以下有期徒刑,并处罚金;造成就诊人死亡的,处十年以上有期徒刑,并处罚金。

四、争议问题

1. 被告人是否构成非法行医的主体?
2. 被告行为是刑法上的非法行医还是行政法上的非法行医?

五、简要评析

针对案件的争议点,首先对非法行医罪主体资格进行分析。2008 年的《最高人民法院关于审理非法行医刑事案件具体应用法律若干问题的解释》第一条规定,未取得医生执业资格的人非法行医是指:"(一)未取得或者以非法手段取得医师资格从事医疗活动的;(二)个人未取得《医疗机构执业许可证》开办医疗机构的;(三)被依法吊销医师执业证书期间从事医疗活动的;(四)未取得乡村医生执业证书,从事乡村医疗活动的;(五)家庭接生员实施家庭接生以外的医疗行为的。"2016 年 12 月,最高人民法院修改了该司法解释,删去了第一条第(二)项,即"个人未取得《医疗机构执业许可证》开办医疗机构的"。

行为人行为时间是 2008 年 2 月,关于 2008 年 5 月生效之司法解释是否适用于本案,《最高人民法院、最高人民检察院关于适用刑事司法解释时间效力问题的规定》第二条规定"对于司法解释实施前发生的行为,行为时没有相关司法解释,司法解释施行后尚未处理或者正在处理的案件,依照司法解释的规定办理"。因此该司法解释可以适用本案。

从主体要件看,被告人具有医师资格证书,但其注册的执业地点为深圳市宝安区华程门诊部,其未取得湖北省京山县罗店镇仁和街其女儿经营的保健品店的"医疗机构执业许可证",因此符合 2008 年《最高人民法院关于审理非法行医刑事案件具体应用法律若干问题的解释》第一条第(二)项"个人未取得《医疗机构执业许可证》开办医疗机构的"的主体要件,所以被告人在此地从事医疗活动符合非法行医的主体要求。

按现行《最高人民法院关于审理非法行医刑事案件具体应用法律若干问题的解释》，秦某某已经不符合非法行医罪的主体要件。这也引发了一个刑法与行政法上非法行医比较的问题。刑法强调的是个人获得医生执业资格，不是强调获得医疗机构执业许可证。这里追究刑事责任的，严格说来应当是指"未取得医生执业资格的人非法行医"的行为人，而不是擅自开办医疗机构者。根据《医疗机构管理条例》的规定，只有取得"医疗机构许可证"才能开展诊疗活动。已经取得医师资格，经注册获得医师执业证书的人，未领取"医疗机构执业许可证"而行医的，虽然属于非法行医，但行为性质仅属于行政违法，应当给予行政处罚。对于个人未取得"医疗机构执业许可证"开办医疗机构，如果自己和雇用者都具有医生执业资格，而不具有"医疗机构执业许可证"，从事医疗活动，只能被视为"行政法意义上的非法行医"，而不是"刑法意义上的非法行医"。如果自己和雇用的人均不具有医生执业资格而从事非法行医，或者直接从事诊疗的人不具有医生执业资格，情节严重的，才能被视为"刑法意义上的非法行医"。

案例61 彭某某非法行医案①

一、基本案情

被告人彭某某居住在深圳市宝安区松岗街道××村三巷1号，其在住处开设一家无名小门诊，该门诊无相关专业检查设备，也无任何营业执照。2012年5月2日15时许，被害人陈某乙因身体不适来到该小门诊看病，对被告人称自己肚子痛，喉咙有痰。被告人彭某某在未了解被害人既往病史和给其进行相关检查的情况下，认为被害人陈某乙系吃错东西引致肠胃发炎，遂给被害人陈某乙开了"黄连素""强的松""先锋"等消炎的口服药和"甘草片"，让被害人拿回家按时服用，陈某乙支付了8元药品费。当晚21时许，被害人陈某乙服下药后睡觉。第二天早上陈某乙女儿陈某甲发现其昏迷不醒，后经120医生到场后抢救无效死亡。经鉴定，被害人陈某乙在左冠状动脉前降支粥样硬化Ⅱ级及慢性甲状腺炎等病变基础上，符合因患××致心性猝死。

另查明，被告人彭某某曾于1993年8月至1995年8月参加茂名市卫生局举办的医士岗位培训班，并于2007年1月取得药师资格证，持有广东省初级专业技术资格证。被害人陈某乙曾因双肺感染、双侧胸腔积液、ⅰ型呼吸衰竭、冠状动脉粥样硬化性心脏病等病症于2011年4月9日至2011年4月22日在高州市人民医院住院治疗。

二、诉讼过程及裁判理由

一审法院审理认为，被告人彭某某无视国家法律，在未取得医生执业资格的情况下从事医疗活动，情节严重，其行为已构成非法行医罪。公诉机关指控罪名成立。依照相

---

① 裁判法院：广东省深圳市中级人民法院。案号：(2015)深中法刑一终字第459号。

关法律判决：被告人彭某某犯非法行医罪，判处有期徒刑 1 年 6 个月。

后彭某某上诉，认为自己根本没有非法行医，自己不是医生，不会看病，住处不是门诊，因此请求上诉法院改判。

二审法院审理认为，上诉人彭某某无视国家法律，在未取得医生执业资格的情况下从事医疗活动，情节严重，其行为已构成非法行医罪。原审判决根据上诉人的犯罪事实、情节、对社会的危害程度，对其科刑并无不当，上诉人及其辩护人所提的上诉理由，无事实与法律依据，不予采纳。原判认定事实清楚，证据确实充分，适用法律正确，审判程序合法。依照之规定，驳回上诉，维持原判。

三、关联法条

《中华人民共和国刑法》

第三百三十六条第一款　未取得医生执业资格的人非法行医，情节严重的，处三年以下有期徒刑、拘役或者管制，并处或者单处罚金；严重损害就诊人身体健康的，处三年以上十年以下有期徒刑，并处罚金；造成就诊人死亡的，处十年以上有期徒刑，并处罚金。

《最高人民法院关于审理非法行医刑事案件具体应用法律若干问题的解释》

第一条　具有下列情形之一的，应认定为刑法第三百三十六条第一款规定的"未取得医生执业资格的人非法行医"：

（一）未取得或者以非法手段取得医师资格从事医疗活动的；

（二）个人未取得《医疗机构执业许可证》开办医疗机构的；

（三）被依法吊销医师执业证书期间从事医疗活动的；

（四）未取得乡村医生执业证书，从事乡村医疗活动的；

（五）家庭接生员实施家庭接生以外的医疗行为的。

四、争议问题

1. 非法行医罪的认定是否要求有固定场所，且以获利为目的？
2. 被告人彭某某与被害人的死亡是否存在因果关系？

五、简要评析

依照我国现行法律规定，非法行医罪是指未取得医生执业资格的人，擅自从事医疗活动，情节严重的行为。其中，"取得医生职业资格"就需要同时具有三证：第一，根据我国执业医师法要求，通过我国执业医师法考试，获得执业医师或者执业助理医师资格证书。第二，经注册取得医师执业证书。第三，自己开设的医疗机构或所在医疗机构应当依法取得"医疗机构执业许可证"。那么无法满足上述 3 个要求的行医人员，就构成了非法行医罪的主体。从本案来看，被告人彭某某，属于未取得执业医师证且在未取得"医疗机构执业许可证"的场所行医。取得药师资格证的彭某某并没有诊断、治疗、开处方等权利,符合非法行医罪的主体构成要件。虽然从司法实践上来看,非法行医人员一般会以牟利为目的,并且在固定场所进行,但非法行医罪并不以上述两要素作为法律构成要件,只要行为人在未取得医师资格的情况下从事医疗活动并且情节严重,就构成非法行医罪。

本案中,彭某某的行为与被害人的死亡结果之间存在因果关系。彭某某的行为虽未直接导致被害人死亡,但其在给被害人开药时,未了解被害人既往病史,也未对被害人进行必要的检查,在治疗条件有限的条件下,仅单凭被害人主诉病症就开药对被害人陈某乙进行治疗,虽与陈某乙死亡之间无直接因果关系,但一定程度上延误了被害人疾病的治疗,因此存在过错,且有经法定程序所做出的鉴定意见予以佐证。因此可以认为彭某某的行为与被害人的死亡结果之间有一定的因果关系。彭某某无视国家法律,在未取得医生执业资格的情况下从事医疗活动,情节严重,其行为应当构成非法行医罪。

案例62 赖某某非法行医案①

一、基本案情

2012年2月至2014年1月16日,被告人赖某某在未取得"医疗机构执业许可证"的情况下,在晋江市梅岭街道双沟社区菜市场内开办一家无名诊所。2012年2月22日、2013年1月21日,被告人赖某某因未取得"医疗机构执业许可证"擅自开展诊疗活动两次被晋江市卫生局行政处罚。但事后被告人赖某某仍继续在上述地点非法开办诊所并开展诊疗活动。2014年1月16日,晋江市公安局联合晋江市卫生局查获上述诊所,并当场抓获被告人赖某某。另,赖某某已取得乡村医生资格证书及"泉州市村卫生所(室)许可证",在晋江市磁灶镇岭畔村有取得医疗机构执业许可证和医师从医资格。

二、诉讼过程及裁判理由

一审法院审理认为,被告人赖某某的行为已构成非法行医罪。赖某某归案后能如实供述自己的罪行,予以从轻处罚。判处被告人赖某某拘役3个月又14天,并处罚金2 000元。后被告人不服,提出上诉。

二审法院审理认为,上诉人赖某某未取得医生执业资格而非法行医,且情节严重,其行为已构成非法行医罪,鉴于其归案后如实供述自己的罪行,予以从轻处罚。原判定罪准确,量刑适当,适用法律正确,审判程序合法。上诉人赖某某及其辩护人的辩称缺乏法律依据,不予采纳。出庭检察员建议驳回上诉,维持原判的意见,依法可以成立,予以采

---

① 裁判法院:福建省泉州市中级人民法院。案号:(2016)闽05刑终字第794号。

纳。据此,驳回上诉,维持原判。本裁定为终审裁定。

三、关联法条

《中华人民共和国刑法》

第三百三十六条第一款　取得医生执业资格的人非法行医,情节严重的,处三年以下有期徒刑、拘役或者管制,并处或者单处罚金;严重损害就诊人身体健康的,处三年以上十年以下有期徒刑,并处罚金;造成就诊人死亡的,处十年以上有期徒刑,并处罚金。

《最高人民法院关于审理非法行医刑事案件具体应用法律若干问题的解释》

第一条　有下列情形之一的,应认定为刑法第三百三十六条第一款规定的"未取得医生执业资格的人非法行医":

（一）未取得或者以非法手段取得医师资格从事医疗活动的;
（二）个人未取得《医疗机构执业许可证》开办医疗机构的;
（三）被依法吊销医师执业证书期间从事医疗活动的;
（四）未取得乡村医生执业证书,从事乡村医疗活动的;
（五）家庭接生员实施家庭接生以外的医疗行为的。

四、争议问题

1. 注册地之外设点行医是否属于非法行医？
2. 赖某某的非法行医行为是否达到"情节严重"的程度？

五、简要评析

医生由于其职业的特殊性,经常会出现在一地执业,但在另一地出诊的情况,现实中已经取得合法行医资格,但超出注册执业地点行医的医生较为常见,因此跨地域执业是否构成非法行医罪,存在一些争议。一种观点认为,行为人已经取得了医生执业资格,不能成为非法行医罪主体。另一种观点则认为,虽然行为人已经取得了执业资格,但其超出了规定的地域限制,仍然构成非法行医罪。

在本案中,赖某某之前在晋江市梅岭街道双沟社区未取得"医疗机构执业许可证"便开办诊所,擅自开展诊疗活动而被两次行政处罚,属于因非法行医被行政处罚的,并非仅仅属于行医不规范而被行政处罚,且其仅具有乡村医生的资格,不适用多点行医的相关政策;其虽然具有乡村医生资格,但取得的"医疗机构执业许可证"中开办的晋江市磁灶镇岭畔村第一卫生所的地址系在晋江市磁灶镇岭畔村,原卫生部在2005年的规范性文件中即规定乡村医生必须在取得"医疗机构执业许可证"的村医疗卫生机构执业,违反该规定的应按非法行医予以处罚。

赖某某取得的医疗机构执业许可证行医地点是在晋江市磁灶镇,而其在指定区域之外的梅岭街道便不具有行医资格,其在梅岭街道开办诊所行医的行为属于非法行医,且其因非法行医已受到两次行政处罚后又非法行医,依照上面的司法解释,应属情节严重的非法行医行为。因此,法院认定其构成非法行医罪是妥当的。

当然,跨地域执业也存在着以下两种合法情况:第一,紧急情况的调遣。根据《中华人民共和国执业医师法》第二十八条规定:遇有自然灾害、传染病流行、突发重大伤亡事故及其他严重威胁人民生命健康的紧急情况时,医师应当服从县级以上人民政府卫生部门的调遣。第二,合法的批准。我国《医师执业注册暂行办法》也规定,医生变更执业地点,应办理变更手续,但经医疗、预防、保健机构批准的卫生支农、会诊、进修、进行学术交流、承担政府交办的任务和卫生行政部门批准的义诊除外。

第二节 人类辅助生殖技术

案例63 赖某与邓某甲非法行医案[①]

一、基本案情

2016年6月,年仅17岁的少女梁某某经朋友介绍,认识了诺贝尔起源科技公司(代孕中介公司)工作人员邓某甲和赖某,双方商定了卖卵价格,共计1.5万元。随后中介人员邓某甲和赖某陪同梁某某面试、体检,并到沙太南路某中医骨科诊所输注促排卵的药物十多天,其间,邓某甲、赖某陪同梁某某面试、体检、打促排卵针等及安抚其情绪。2016年10月6日上午,梁某某由邓某甲送至中转点安排麻醉取卵,后由其他同案人(均另案处理)带梁某某至一无名别墅行取卵手术,手术过程梁某某全程不清楚。10月9日下午,梁某某因身体严重不适,处于休克状态,被送南方医院抢救。经司法鉴定,梁某某双侧卵巢破裂,须手术治疗,损伤程度为重伤二级。

二、诉讼过程及裁判理由

受理法院认为,被告人邓某甲、赖某结伙非法行医,情节严重,其行为已构成非法行医罪。被告人邓某甲在明知他人实施非法取卵手术的情况下,仍协助他人联系、接送被害人实施非法取卵手术,并致被害人重伤,其行为已构成了非法行医罪的共犯,应当以非法行医罪定罪处罚。2017年4月26日,广州市白云区人民法院以非法行医罪分别判处邓某甲、赖某有期徒刑1年和10个月,并处罚金5 000元和3 000元。

三、关联法条

《中华人民共和国刑法》

第三百三十六条第一款 未取得医生执业资格的人非法行医,情节严重的,处三年

[①] 裁判法院:广东省广州市白云区人民法院。案号:(2017)粤0111刑初字第568号。

以下有期徒刑、拘役或者管制，并处或者单处罚金；严重损害就诊人身体健康的，处三年以上十年以下有期徒刑，并处罚金；造成就诊人死亡的，处十年以上有期徒刑，并处罚金。

四、争议问题

代孕行为是否构成犯罪？

五、简要评析

本案为广东首例成功追究刑事责任的代孕案件。在本案中，被告人在明知他人实施非法代孕和取卵手术的情况下，仍散布广告、组织和协助他人实施非法代孕和取卵等行为，并致被害人受重伤，其行为已构成非法行医罪的共犯，确实应当以非法行医罪定罪处罚。邓某甲、赖某犯罪后如实供述罪行，均可从轻处罚。鉴于2被告人均系初犯，且当庭自愿认罪，又积极委托家属赔偿被害人的损失，并取得被害人的书面谅解，可酌情从轻处罚。

在本案中，更值得关注的是代孕问题。目前，我国法律关于代孕的规定，主要集中在原卫生部颁布的《人类辅助生殖技术管理办法》。《人类辅助生殖技术管理办法》第三条第二款规定，"禁止以任何形式买卖配子、合子、胚胎。医疗机构和医务人员不得实施任何形式的代孕技术"。第二十二条规定，"开展人类辅助生殖技术的医疗机构违反本办法，有下列行为之一的，由省、自治区、直辖市人民政府卫生行政部门给予警告、3万元以下罚款，并给予有关责任人行政处分；构成犯罪的，依法追究刑事责任：（一）买卖配子、合子、胚胎的；（二）实施代孕技术的；（三）使用不具有《人类精子库批准证书》机构提供的精子的；（四）擅自进行性别选择的；（五）实施人类辅助生殖技术档案不健全的；（六）经指定技术评估机构检查技术质量不合格的；（七）其他违反本办法规定的行为"。依据上述规定，目前代孕行为不符合《人类辅助生殖技术管理办法》的相关规定，主要属于行政违法行为，但如果不涉及非法行医、遗弃、过失致人死亡或重伤等罪名时，不会被追究刑事责任。

由于代孕涉及一系列的法律问题和伦理问题，目前各国对于代孕的法律规制主要有三种模式：第一种是完全禁止模式，即一概禁止代孕，并且规定了严格的惩罚措施。第二种是意思自治模式，即尊重当事人意愿，依照双方当事人签订的契约，进行较低程度的监管和介入。第三种是准收养模式，即代孕人成为代孕子女法律上的母亲，委托人则依照收养制度，成为该子女的养父母。目前多数国家禁止代孕，即使是附条件有限开放代孕的，也将商业代孕规定为犯罪行为。但值得注意的是，许多地区逐步从严禁代孕逐渐转变为附条件开放代孕。但代孕存在的争议仍然十分广泛，比如，它是否等同于买卖婴儿？代孕母亲是否等于物化人体器官？代孕母亲出现流产时谁负责？婴儿先天残疾，双方都不接受怎么办？代孕母亲后悔，不愿交出婴儿怎么办？还有随之产生的一系列伦理问题，都尚待解决。代孕技术的运用使得不孕不育的夫妻（特别是妻子子宫存在生育障碍的情形)能够获得拥有自己遗传基因的子女,赞成代孕合法化的最大理由就在于应当尊重患有生育障碍的夫妇拥有自己下一代的幸福追求权。但商业代孕确实弊端太多,应当严厉禁止,附条件有限开放代孕应当是一种发展趋势,但法律该如何限制和保障,都存在一定困难。而且还涉及伦理、心理甚至宗教的问题,并非仅仅从立法层面将代孕合法化就可以解决。

案例 64　马某非法进行节育手术案[①]

一、基本案情

1999年5月1日,原审上诉人马某取得执业医师资格证书。2001年1月1日,马某与当时工作单位永兴县复和乡卫生院签订停薪留职合同。根据合同约定,马某停薪留职时间为2001年1月1日至12月31日,但实际在之后的2002年及2003年马某均未回复和乡卫生院上班,卫生院视其为继续停薪留职。2002年3月1日,原审上诉人马某经注册取得医师执业证书,证书上注册登记执业类别为临床,执业范围为内科、外科,执业地点为复和乡卫生院。原审上诉人马某在2000年5月至2002年12月期间,6次为7名妇女施行输卵管复通手术,收取费用30 060元。

二、诉讼过程及裁判理由

一审法院认为马某未经计划生育主管行政部门批准,未取得"医疗机构执业许可证",超出其医师执业证书注册登记的执业地点,擅自多次为他人进行输卵管复通术,行为已构成非法进行节育手术罪。据此判决被告人马某犯非法进行节育手术罪,判处有期徒刑2年6个月,并处罚金,且追缴赃款。之后,被告上诉。经审理二审法院认为,上诉人马某上诉提出原审判决认定不是事实的辩解理由不能成立,不予采纳。据此裁定驳回上诉,维持原判。

三、关联法条

《中华人民共和国刑法》

第三百三十六条第二款　未取得医生执业资格的人擅自为他人进行节育复通手术、假节育手术、终止妊娠手术或者摘取宫内节育器,情节严重的,处三年以下有期徒刑、拘役或者管制,并处或者单处罚金;严重损害就诊人身体健康的,处三年以上十年以下有期徒刑,并处罚金;造成就诊人死亡的,处十年以上有期徒刑,并处罚金。

四、争议问题

本案中被告的行为是否构成非法进行节育手术罪?

[①] 裁判法院:湖南省高级人民法院。案号:(2014)湘高法刑再终字第3号。

五、简要评析

本案中,被告人马某于 2002 年 3 月 1 日取得医师执业证书,在此前,马某为多名妇女实施输卵管复通手术,已构成非法进行节育手术罪;2002 年 3 月 1 日之后,马某虽然取得医师执业证书,但当时其已办理停薪留职手续,并且其医师执业证书上注册登记执业类别为临床,执业范围为内科、外科,执业地点为复和乡卫生院,因此,马某并不符合我国《计划生育技术服务管理条例》中对从事与计划生育有关的临床服务人员资质的相关规定。马某在不具有从事与计划生育技术服务有关的医师执业资格的情况下,为多名妇女进行输卵管复通手术,应当构成非法进行节育手术罪。

刑法理论通常将《中华人民共和国刑法》第三百三十六条第二款规定的非法进行节育手术罪视为非法行医罪的特别规定,但是从本罪的表述和本罪的立法目的来看,本罪主要侵犯的法益是国家的计划生育管理秩序,违反了我国计划生育法律法规。与非法行医罪的常见案件不同,由于进行节育手术需要一定的医学专业技术,所以实践中,多数违反计划生育法律法规给他人实施节育手术的人是具有医师执业资格的,那么将这些具有医师执业资格的人,排除在此罪之外,就不利于保护本罪需要维护的法益,使刑法无法起到预防犯罪的作用。

但本罪目前最大的问题是其保护的法益——国家计划生育管理秩序已经发生了根本性的变革。我国《中华人民共和国人口与计划生育法》已经于 2016 年 1 月 1 日生效,该法第十九条第二款规定,"国家创造条件,保障公民知情选择安全、有效、适宜的避孕节育措施。实施避孕节育手术,应当保证受术者的安全"。第十八条第一款规定:"国家提倡一对夫妻生育两个子女。"第二十条规定:"育龄夫妻自主选择计划生育避孕节育措施,预防和减少非意愿妊娠。"这就意味着该法提倡一对夫妻生育两个子女,同时对于夫妻选择避孕的措施也进行了自由化处理,非法进行节育手术罪其实已经被搁置。非法进行节育手术罪涉及未取得医生执业资格的人,为他人实现再生育目的,实施虚假节育手术或节育复通术等,以对抗计划生育部门的行为。育龄夫妻只要采取合法的避孕措施,都符合现在的人口与计划生育法的规定,因此,育龄夫妻可以自由地选择有资质的医院和医生为其进行节育复通手术、避孕手术或者节育手术,不必再像以前一样偷偷摸摸地找不具备行医资质的人进行手术。该罪侵犯的是国家计划生育制度和公共卫生秩序,在计划生育制度逐渐宽松的现在,如果计划生育政策被停止,本罪独特的保护法益将不复存在,那么该罪可能也要随之退出历史舞台。到时,相关的违法行为就可以依照非法行医罪或医疗事故罪进行处理。

案例 65　郭某某、徐某某非法进行节育手术案①

一、基本案情

被告人郭某某于 2011 年 9 月在常熟市尚湖镇练塘大道 17 号投资经营常熟济民诊所。在负责管理济民诊所期间,郭某某为谋取非法利益,在明知该诊所所持"医疗机构执业许可证"诊疗科目中无"计划生育专业",不具备"母婴保健技术服务执业许可证",不能开展终止妊娠手术,且在被告人徐某某未取得"医师资格证书""医师执业证书""母婴保健技术合格证"等情况下,聘用并指使被告人徐某某冒名"石娟"在该诊所妇科从事医师执业活动并进行终止妊娠手术。

被告人徐某某于 2013 年 3 月 5 日开始在济民诊所使用药物非法为沈某进行终止妊娠手术,3 月 8 日,被害人沈某在引产过程中大出血。当日中午,被告人郭某某、徐某某将被害人沈某送往常熟市第一人民医院抢救。后沈某因抢救无效于当日死亡。经南京医科大学司法鉴定所鉴定,被害人沈某系在低位胎盘、胎盘植入子宫肌层及粘连的基础上,采取药物流产,胎儿娩出后,其因胎盘娩出困难加之处理不及时而出血不止,终因失血性休克死亡。

二、诉讼过程及裁判理由

受理法院认为,被告人郭某某、徐某某违反我国《中华人民共和国执业医师法》的规定,擅自为他人进行终止妊娠手术,造成就诊人死亡,其行为已构成非法进行节育手术罪,系共同犯罪,应依法分别予以惩处。被告人郭某某、徐某某在共同犯罪中均起主要作用,均系主犯,均应当按照其参与的全部犯罪处罚,两人均判处有期徒刑 5 年,并处罚金 2 万元。

三、关联法条

《中华人民共和国刑法》

第二十五条第一款　共同犯罪是指二人以上共同故意犯罪。

第二十六条第一款　组织、领导犯罪集团进行犯罪活动的或者在共同犯罪中起主要作用的,是主犯。

第三百三十六条第二款　未取得医生执业资格的人擅自为他人进行节育复通手术、假节育手术、终止妊娠手术或者摘取宫内节育器,情节严重的,处三年以下有期徒刑、拘役或者管制,并处或者单处罚金;严重损害就诊人身体健康的,处三年以上十年以下有期徒刑,并处罚金;造成就诊人死亡的,处十年以上有期徒刑,并处罚金。

---

① 裁判法院:江苏省常熟市人民法院。案号:(2014)熟刑初字第 0025 号。

四、争议问题

1. 徐某某受聘在郭某某经营的诊所里工作,受郭某某指示为沈某进行终止妊娠手术,是主犯还是从犯?
2. 郭某某并未参与实施手术,两人能否构成共同正犯?

五、简要评析

非法进行节育手术罪是指未取得医生执业资格的人,擅自为他人进行节育复通手术、假节育手术、终止妊娠手术或者摘取宫内节育器,情节严重的行为。本案中的被告擅自为他人进行终止妊娠手术,并造成就诊人死亡,情节严重,显然应当属于非法进行节育手术罪。难点在于对两被告的共犯关系的认定。

根据《中华人民共和国刑法》第二十六条第一款的规定:"组织、领导犯罪集团进行犯罪活动的或者在共同犯罪中起主要作用的,是主犯。"据此,在一般共同犯罪中起主要作用的犯罪分子即为主犯。具体表现为:在共同犯罪中直接造成严重危害结果,积极献计献策,在完成共同犯罪中起着关键作用,在共同犯罪中罪行重大或情节特别严重。对于从犯,我国刑法第二十七条第一款的规定为:"在共同犯罪中起次要或辅助作用的,是从犯。"徐某某辩称自己是受郭某某的雇佣和指使才实施了犯罪行为,是辅助行为,起次要作用,当属从犯。但她作为一个完全民事行为能力人,应当具有一般人的谨慎和理性,在明知自己不具备相关资质的情况下,应当认识到自己医疗水平不高却仍为他人进行节育手术。徐某某因盲目自信而实施的手术,是导致被害人死亡的严重危害结果发生的直接原因,在犯罪中起到了主要作用,应为主犯。

共同正犯是各行为人在共同实现构成要件的意思下,相互利用、补充对方的行为,从而使各行为人成为一个整体行为,进而实现构成要件的情形。因此,成立共同正犯,要求客观上有共同实施行为的事实(行为的分担),主观上有共同的行为意思(意思的联络)。

因此,郭某某虽然没有参与手术,但其在诊所所持"医疗机构执业许可证"诊疗科目中无"计划生育专业",不具备"母婴保健技术服务执业许可证",不能开展终止妊娠手术的情况下,仍聘任未取得医师执业资格的徐某某在该诊所从事妇科诊疗活动并进行终止妊娠手术,即与徐某某形成了为沈某进行终止妊娠手术的默契,有了共同的行为意思。郭某某为徐某某提供诊所工作场所、器材,对徐某某能够实施手术提供了必要条件,其与徐某某的行为相互利用、相互补充,构成了非法进行节育手术罪的一个整体行为。因此两者能够构成非法进行节育手术罪共同正犯。

案例 66　朱某某非法进行节育手术案[①]

一、基本案情

被害人朱某丙来到温州高新技术产业开发区都市妇科门诊部（以下简称"都市妇科门诊部"）咨询引产事宜，时任都市妇科门诊部医生的许某某（无医师执业资格，另案处理）将其介绍到温州市龙湾区蒲州街道社区卫生服务中心屿田社区卫生服务站（以下简称"屿田服务站"），并让时任都市妇科门诊部B超室医生的被告人朱某某（无医师执业资格）带朱某丙至屿田服务站。赵某某（无医师执业资格，已判）在屿田服务站接诊，并让朱某丙缴纳7 000元后，连续三日让朱某丙服下引产药（米非司酮）。同月23日，赵某某、许某某、朱某某等人在屿田服务站内非法为朱某丙进行终止妊娠手术。其间，许某某、赵某某负责引产手术的具体操作，朱某某进行B超影像辅助手术操作。

因手术使用暴力钳刮术，造成朱某丙子宫破裂。赵某某、许某某等人未意识到子宫破裂病情，继续使用暴力，致创面进一步扩大，病情急剧恶化，错失抢救时机，最终导致朱某丙失血性休克，多器官功能衰竭，心跳、呼吸停止死亡。经鉴定，医方在对朱某丙诊疗过程中，存在无引产指征的情况下给予引产术，术前准备不充分，引产术方法不正确，术中观察不严密，操作暴力，转诊上级医院不及时的医疗过错行为，与孕产妇的最终死亡后果存在直接因果关系，应负完全责任。

二、诉讼过程及裁判理由

经审理，一审法院以非法进行节育手术罪判处被告人朱某某有期徒刑6年6个月。上诉法院认为朱某某明知都市妇科门诊部经营范围并无引产项目，仍受许某某指使将被害人带至明显不具有实施引产手术条件的屿田服务站，并于三日后协助许某某、赵某某等人直接实施引产手术，足以认定朱某某具有非法进行节育手术的共同犯罪故意。朱某某不具有医师执业资格，直接参与手术操作，负责B超造影辅助手术进行。术后因被害人身体剧痛，朱某某再次对被害人进行B超检查仍未能发现被害人病危情况。朱某某系本次医疗事故中医疗过错行为的直接实施人员之一，其行为系被害人死亡的直接原因。因此，原判鉴于朱某某在共同犯罪中所起作用小，系从犯，且被害人家属获得经济赔偿并予以谅解，已依法予以较大幅度减轻处罚，朱某某及其辩护人要求二审再予从轻改判的理由不足，不予采纳。原判定罪和适用法律正确，量刑适当。

三、关联法条

《中华人民共和国刑法》

第三百三十六条第二款　未取得医生执业资格的人擅自为他人进行节育复通手术、

[①] 裁判法院：浙江省温州市中级人民法院。案号：（2015）浙温刑终字第487号。

假节育手术、终止妊娠手术或者摘取宫内节育器,情节严重的,处三年以下有期徒刑、拘役或者管制,并处或者单处罚金;严重损害就诊人身体健康的,处三年以上十年以下有期徒刑,并处罚金;造成就诊人死亡的,处十年以上有期徒刑,并处罚金。

第二十六条第一款　组织、领导犯罪集团进行犯罪活动的或者在共同犯罪中起主要作用的,是主犯。

第二十七条第一款　在共同犯罪中起次要或者辅助作用的,是从犯。

四、争议问题

1. 朱某某不清楚许某某、赵某某不具备医师执业资格,亦不清楚屿田服务站的经营范围,是否具有非法进行节育手术的共同犯罪故意?

2. 朱某某的行为与被害人死亡是否存在因果关系?

五、简要评议

进行合法引产手术需较强的医疗卫生条件才能进行。被害人在都市妇科门诊部就诊咨询引产手术,无医师执业资格的朱某某明知都市妇科门诊部经营范围并无引产项目,仍受许某某指使将被害人带至明显不具有实施引产手术条件的屿田服务站,并于三日后协助许某某、赵某某等人直接实施引产手术,足以认定朱某某具有非法进行节育手术的共同犯罪故意。朱某某在共同犯罪中所起作用小,系从犯。朱某某系本次医疗事故中医疗过错行为的直接实施人员之一,其行为系被害人死亡的直接原因。根据医学鉴定书,被害人朱某丙的死亡原因为医方的医疗过错行为,主要表现为在无引产指征的情况下给予引产术,引产术方法不正确,术中观察不严密,操作暴力,转诊上级医院不及时。朱某某不具有医师执业资格,其受许某某指使,将被害人引至屿田服务站,并直接参与了B超造影等手术操作,术后被害人身体剧痛,朱某某再次对被害人进行B超检查仍未能发现被害人病危情况。综上,朱某某未取得医生执业资格,擅自结伙为他人实施终止妊娠手术,致一人死亡,法院判决其行为构成非法进行节育手术罪并无不妥。

案例 67　汪某、郝某非法进行节育手术案[①]

一、基本案情

1999年12月,被告人汪某取得医师资格证书,2001年注册在萧县白土镇中心卫生院,2012年2月,未取得医疗机构执业许可证而开设诊所,为育龄妇女桑某实施终止妊娠手术,并收取2 000元现金;2012年12月21日下午,汪某在宿州市汴河中路幸福村铁路宿舍7号楼2单元202室郝某的租房处为埇桥区桃园镇浍光村育龄妇女马某甲做引

---

① 裁判法院:安徽省宿州市中级人民法院。案号:(2014)宿中刑终字第00420号。

产手术并收取马某甲1 000元,在手术过程中造成马某甲宫颈严重撕裂大出血,马某甲经抢救无效后死亡。

二、诉讼过程及裁判理由

一审法院认定,被告人汪某未取得医疗机构执业许可证而开办医疗机构为桑某实施终止妊娠手术,在未经批准的行医场所擅自为马某甲进行终止妊娠手术并造成马某甲死亡,其行为已构成非法行医罪。被告人郝某为被告人汪某提供非法行医场所,为共犯,其行为也构成非法行医罪。汪某上诉称自己有行医资格,不属于"未取得医生职业资格的人",不构成非法行医罪。二审法院认为:上诉人汪某、原审被告人郝某均未取得"医疗机构执业许可证"而开办医疗机构,上诉人汪某在自己开办的诊所为孕妇桑某实施终止妊娠手术被查处后,又租用郝某擅自开办的诊所擅自为马某甲进行终止妊娠手术并造成马某甲死亡,二人的行为已构成非法进行节育手术罪。原审被告人郝某为汪某提供非法进行节育手术场所,造成一名就诊人死亡,其行为也构成非法进行节育手术罪。汪某系主犯,郝某系从犯。撤销二人非法行医罪的判定,改判非法进行节育手术罪。

三、关联法条

《中华人民共和国刑法》

第三百三十六条 未取得医生执业资格的人非法行医,情节严重的,处三年以下有期徒刑、拘役或者管制,并处或者单处罚金;严重损害就诊人身体健康的,处三年以上十年以下有期徒刑,并处罚金;造成就诊人死亡的,处十年以上有期徒刑,并处罚金。

未取得医生执业资格的人擅自为他人进行节育复通手术、假节育手术、终止妊娠手术或者摘取宫内节育器,情节严重的,处三年以下有期徒刑、拘役或者管制,并处或者单处罚金;严重损害就诊人身体健康的,处三年以上十年以下有期徒刑,并处罚金;造成就诊人死亡的,处十年以上有期徒刑,并处罚金。

四、争议问题

非法进行节育手术罪与非法行医罪认定的区别。

五、简要评析

非法进行节育手术罪是指未取得医生执业资格的人擅自为他人进行节育复通手术、假节育手术、终止妊娠手术或者摘取宫内节育器,情节严重的行为。本罪侵犯的是复杂客体,其主要侵犯的法益是国家的计划生育政策和制度以及公共卫生。本罪主要表现为未取得医生执业资格的一般主体明知自己无权为他人实施计划生育手术,但为了牟取不法利益或者基于其他考虑,擅自为他人进行节育复通手术、假节育手术、终止妊娠手术或者摘取宫内节育器,情节严重的行为。而非法行医罪是指未取得医生执业资格的人擅自从事医疗活动,情节严重的行为。如私设诊所和私自挂牌行医导致严重后果的行为。这二者存在一些重合和交叉,非法进行节育手术罪与非法行医罪一并规定在《中华人民共和国刑法》第三百三十六条,与非法行医罪是特殊与一般的关系。非法行医罪为一般罪名,实施节育复通手术、假节育手术、终止妊娠手术或者摘取宫内节育器的行为也属于行医范围,是非法行医的一种特殊表现形式。由于《中华人民共和国刑法》第三百三十六条第二款特别规定了本罪,如果未取得医生执业资格的人擅自为他人进行节育复通手术、假节育手术、终止妊娠手术或者摘取宫内节育器,情节严重的,即以本罪认定。在行为主体行为符合非法进行节育手术罪的构成要件时,即不具备行医资格且进行节育相关的手术,应判非法进行节育手术罪,而在其他未取得医生执业资格,擅自从事医疗活动导致严重后果的情况下,则以非法行医罪论处。

结合本案的具体情况,上诉人汪某、原审被告人郝某均未取得"医疗机构执业许可证"而开办医疗机构,上诉人汪某在自己开办的诊所为孕妇桑某实施终止妊娠手术被查处后,又租用郝某擅自开办的诊所擅自为马某甲进行终止妊娠手术导致了严重的后果,造成马某甲死亡,其行为应当适用特别法,故以非法进行节育手术罪论处。

案例 68　王某某过失致人死亡一案①

一、基本案情

被告人王某某系商洛市商州区大荆镇普陀村医生。1991 年 3 月 18 日,商州区麻街镇中流村村民王某乙找到王某某,要求王某某给其妻子周某某取节育环,王某某随即携带工具到王某乙家给周某某偷取节育环,在取环过程中致周某某子宫、肠管破裂,引起急性弥漫性腹膜炎,同月 20 日,周某某终因并发急性感染中毒性休克死亡。案发后,王某某外逃,2010 年 8 月 14 日被公安机关抓获。本案在审理过程中,经本院主持调解,被害人家属郭某某、郭某甲、李某某与被告人王某某达成赔偿协议,王某某赔偿郭某某、郭某甲、李某某各项经济损失共计 21 500 元。三被害人家属对被告人的行为表示谅解,并建议对其从轻处理。

二、诉讼过程及裁判理由

法院认为,被告人王某某虽有医生执业资格,但私自给他人摘取节育环,致人死亡,其行为已构成过失致人死亡罪,公诉机关指控其犯过失致人死亡罪的事实清楚,证据充分,罪名成立,依法应予惩处。被告人王某某在审理中能坦白认罪,积极配合家属赔偿受害方损失,取得了受害方的谅解,可酌情对其从轻处罚。判决如下:被告人王某某犯过失致人死亡罪,判处有期徒刑 3 年。

---

① 裁判法院:陕西省商洛市商州区人民法院。案号:(2011)商区法刑初字第 00003 号。

三、关联法条

《中华人民共和国刑法》

第二百三十三条 过失致人死亡的,处三年以上七年以下有期徒刑;情节较轻的,处三年以下有期徒刑。本法另有规定的,依照规定。

第三百三十五条 医务人员由于严重不负责任,造成就诊人死亡或者严重损害就诊人身体健康的,处三年以下有期徒刑或者拘役。

第三百三十六条第二款 未取得医生执业资格的人擅自为他人进行节育复通手术、假节育手术、终止妊娠手术或者摘取宫内节育器,情节严重的,处三年以下有期徒刑、拘役或者管制,并处或者单处罚金;严重损害就诊人身体健康的,处三年以上十年以下有期徒刑,并处罚金;造成就诊人死亡的,处十年以上有期徒刑,并处罚金。

四、争议问题

1. 医疗事故罪与过失致人死亡罪的竞合处理。
2. 医疗事故罪与非法进行节育手术罪的界限。

五、简要评析

医疗事故罪与过失致人死亡罪在诸多方面存在类似之处,即两者在主观方面都存在过失,结果都造成了被害人的死亡。但是因为医疗事故罪属于特殊罪名,具有一定的特殊性,在适用上与过失致人死亡罪仍存在着较大的差别,所以需要注意两者之间存在的区别。首先主体不同,医疗事故罪是针对医务人员的,适用于特殊主体;其次,主观过失的性质不同,医疗事故罪属于业务过失,而过失致人死亡罪的过失则属日常生活中的过失;再次,客观方面不同,医疗事故罪的客观方面表现为在诊疗护理工作中,严重不负责任,违反规章制度或诊疗护理操作常规,不履行或者不正确履行诊疗护理职责;最后是客体不同,过失致人死亡罪侵害的客体是人的生命健康权利,而医疗事故罪侵害的客体主要是医疗机构的管理秩序。在本案中,尽管王某某作为医生是去私人家中进行医疗活动,但仍属于其职务范围内的行为,属于医疗诊治过程中出现的致人死亡,因此,法院对其行为的性质认定欠妥,认定成立医疗事故罪应该更为恰当。

而非法进行节育手术罪与医疗事故罪的界限在于:首先,行为主体不同。前罪的主体是未取得医生执业资格的人,也就是不具有国家规定的从事诊疗活动资格的人;医疗事故罪的主体是医务人员,一般是经过卫生行政主管部门批准、承认,或者经过专业培养考核合格,取得相应资格并从事医疗工作的人员。两罪主体的区别在于主体资格的合法性。其次,主观故意不同。前罪在主观上表现为故意,即明知自己不具有医生执业资格而为他人进行节育复通手术、假节育手术、终止妊娠手术或者摘取宫内节育器;医疗事故罪在主观上表现为过失,即严重不负责任的心态。最后,行为要件不同。前罪以情节严重作为成立犯罪的要件;医疗事故罪要求造成就诊人死亡或者严重损害就诊人身体健康的后果,才予以刑事追究。本案中的被告人王某某并非是未取得医生执业资格的人,虽然他超出了自己的执业范围、变更了执业地点,但这只是属于行政违法行为,应当依照卫生法律、法规和规章的规定,予以行政处罚,而不是非法进行节育手术的适格主体。

第三节 医疗事故

案例69 李某某医疗事故案[①]

一、基本案情

2011年12月28日下午3时,陈某入住福建省长乐市医院(以下简称"长乐医院")妇产科,当天值班的医师吴某是陈某的首诊医师。吴某经过常规体格检查并未发现陈某有所异常。陈某入院当天即回家过夜。12月29日上午,陈某回医院做了抽血、验尿、B超、心电图等相关检查,随后自行离开。10时30分吴某下班时,陈某的各项检查结果尚未作出,吴某也没有继续跟踪化验结果,也未交代医生代为查看。

2011年12月31日14时,陈某返院待产,21时24分产妇陈某分娩下女婴后出现阴道出血不止的情况。21时37分,李某某医生接产房电话后前往处理,发现陈某宫缩欠佳,注射药液后宫缩转好,但阴道仍见持续性出血,便通知二线值班医生王某,王某检查后,与李某某缝合伤口,术后,王某决定给予产妇陈某输血800 ml和输液、血检等检查。23时,产妇陈某开始输血,王某认为产妇陈某病情稳定,便离开产房,并叮嘱李某某有情况随时汇报。

2012年1月1日1时,李某某见产妇陈某尿量少,给陈某开出一支20 mg速尿(呋塞米)针剂后,产妇陈某尿量仍未明显增多,李某某电话请示王某,王某指示李某某继续给陈某输液。2时,陈某排尿300 ml,阴道出血10 ml,2时35分,产妇陈某被送出产房,2时45分,产妇陈某出现面色苍白、情绪较为烦躁的状态,3时20分,产妇陈某出现谵妄。李某某接到报告后立即电话通知王某,3时29分王某赶到病房后立即通知三线医生实施抢救,3时50分产妇陈某心电波消失,4时30分产妇陈某被宣布死亡。陈某死亡后,化验报告单才被发现,其中有4项指标存在异常:红细胞挤压43.8%,尿蛋白3+,白蛋白21.4 g/L,纤维蛋白原5.76 g/L。

二、诉讼过程及裁判理由

一审法院认为被告人李某某未检查产妇的化验报告单、分析化验结果,提出进一步

[①] 判决法院:福建省福州市仓山区人民法院。案号:(2015)仓刑初字第1027号。

检查或治疗意见,不能及时了解病情,未充分做好防治产后出血的准备工作,对病人认识不足,不能及时发现危急情况,以致不能立即采取抢救措施,造成产妇病情持续恶化,导致其最终死亡。被告人李某某的诊疗行为与产妇陈某的死亡结果存在刑法上的因果关系。鉴于长乐医院管理存在重大疏漏,产妇陈某的死亡后果是由长乐医院多名医生的不当行为所致,被告李某某犯罪情节轻微,判决被告李某某医疗事故罪,免予刑事处罚。

三、关联法条

《中华人民共和国刑法》

第三百三十五条 医务人员由于严重不负责任,造成就诊人死亡或者严重损害就诊人身体健康的,处三年以下有期徒刑或者拘役。

四、争议问题

被告人李某某是否违背注意义务,构成严重不负责任?

五、简要评析

医务人员严重不负责任对就诊人造成损害后果是医疗事故罪构成要件的核心。医务人员严重不负责任,是指医务人员在诊疗护理过程中,违反诊疗护理规章制度和技术操作规程,不履行或者不正确履行诊疗护理职责,粗心大意,马虎草率。根据《最高人民检察院、公安部关于公安机关管辖的刑事案件立案追诉标准的规定(一)》第五十六条规定,医疗事故罪造成就诊人死亡或者严重损害就诊人身体健康的严重不负责任行为包括:擅离职守的;无正当理由拒绝对危急就诊人实行必要的医疗救治的;未经批准擅自开展试验性医疗的;严重违反查对、复核制度的;使用未经批准使用的药品、消毒药剂、医疗器械的;严重违反国家法律法规及有明确规定的诊疗技术规范、常规的;其他严重不负责任的情形。本案中李某某积极进行抢救,并未出现上述前六种情形,也不存在与前六种情形相当的其他严重不负责任行为。李某某唯一与"不负责任"可能相关的医疗行为只有其并未检查患者的化验报告单,未对产妇病情有足够了解,但李某某未查看化验报告单的行为并不构成刑法上的"严重不负责任"。首先,李某某并非产妇的首诊负责医师,在交接班医生未交代查看化验报告单,需要特别注意的情形下,不应当对其科以过重的义务,未进行化验报告的追踪不应当属于"严重不负责任"。其次,本案涉及医疗团队组织性过错以及医院管理方面的过错,应当肯定本案中李某某等医务人员之间存在信赖关系,根据信赖原则,李某某应当可以相信首诊医生已经看过化验报告单,陈某不存在特殊情况,因此李某某未查看化验报告单的行为并未构成"严重不负责任"。

此外,李某某未按照《病历书写基本规范》要求的"医方书写病历必须使用蓝色或黑色墨水,出现错误要在错字上画'双线'于原址,并保持原记录清晰、可辨",直接涂改输血记录,是否属于"严重不负责任"?该行为虽然违反医疗卫生管理法律、行政法规、部门规章和诊疗护理规范、常规,但与孕妇的最终死亡不具有因果关系,因此不应认定被告人李某某的行为构成严重不负责任。

医疗事故罪的责任形式要求存在过失。判断过失的存在与否,就是判断对注意义务是否违反。判断注意义务的要点在于对具体危险性的认识,即对结果发生前所产生预兆的认识,并以此为前提参考当时的医疗水平和主观方面,从而判断对结果是否具有具体预见可能性。本案中,产妇出血量偏多,李某某及二线医师王某对症进行治疗,后判断陈某生命体征平稳。因此,李某某对产妇的死亡并无具体危险性的认识,不存在结果预见的可能性。产妇死后并未进行尸检,并不能得知明确的死因,参考医学会鉴定结果,产妇死因可能是产后出血性休克致死,伴急性肺动脉肺血栓栓塞导致死亡,或呕吐物窒息死亡。对于第一种可能性,李某某的行为仅能被认定属于经验不足或者医疗技术不佳,在无预见和应当预见自己医疗技术不能处理该疾病的可能性下,不构成刑法上的过失。对于第二种、第三种可能性,根据当时情形判断,应当认定李某某已经尽到一般合理医师在相同情形下做出的合理措施,尽到了诊疗义务,不能被认定为医疗事故罪。对于产妇的死亡,应当认定为无从预防的非因医疗过失的医疗伤害,不应当追究李某某的刑事责任,但针对医疗管理中的过失,被害人家属可以请求民事损害赔偿。

案例 70 南京市儿童医院医生医疗事故案[①]

一、基本案情

2009 年 11 月 1 日上午,患儿徐某因发热被送到南京市江宁区医院检查并住院,第二天徐某右眼红肿,11 月 3 日在医生建议下转至南京市儿童医院治疗。3 日上午,根据血检报告,眼科医生初步诊断为蜂窝组织炎并安排徐某住院治疗,还在病历上注明,要求住院后眼科医生结合内科医生马上进行会诊。下午 2 时,医院给徐某做了眼部 CT,医生说没有多大问题,并说下班后会把资料和情况交代给晚上的值班医生,但直到晚上,也没有医生前来过问。

下午 6 点多,徐某父亲发现徐某眼睛红肿更加严重,就跑到值班医生办公室找医生毛某,发现他正在忙着"玩游戏"。毛某称自己是值班医生,不是管床医生,小孩情况也不清楚,得等第二天管床医生过来再说。清晨 5 时多,徐某呼吸也开始减弱,其父外出寻找紧急治疗,七分钟后抢救医生拎着急救箱赶来,迅速对徐某实施抢救,但徐某最终因抢救无效死亡。

二、诉讼过程及裁判理由

案发后南京市卫生局成立了由卫生行政主管部门工作人员、医患纠纷调解部门专

[①] 《医生网上"偷菜"致患儿死亡续:医生当时写论文》,http://news.sohu.com/20091111/n268108216.shtml,2018 年 7 月 15 日访问。

家、新闻单位记者等共14人组成的第三方调查组,最终调查认定值班医生毛某存在值班期间玩游戏的事实。同时毛某面对病患家属的多次请求,未能充分重视,没有施行相关救助措施阻止病情发展,没有组织相关科室的会诊。值班医生毛某存在失职行为。据此对值班医生毛某的处理结果为:吊销医师执照并行政开除。医院与患者家属在南京市鼓楼区人民调解委员会的调解下,双方达成调解协议。依据该协议,南京市儿童医院赔偿患者家属死亡赔偿金、丧葬费以及精神抚慰金,共51万元。

三、关联法条

《中华人民共和国刑法》

第三百三十五条　医务人员由于严重不负责任,造成就诊人死亡或者严重损害就诊人身体健康的,处三年以下有期徒刑或者拘役。

四、争议问题

上班时网上玩"偷菜"的医生毛某是否属于严重不负责任?

五、简要评析

医务人员严重不负责任,是指医务人员在诊疗护理过程中,违反诊疗护理规章制度和技术操作规程,不履行或不正确履行诊疗护理职责,粗心大意,马虎草率。由此可见"严重不负责任"的含义应包括两个方面:客观上存在违反诊疗护理规章制度和技术操作规程,不履行或不正确履行诊疗护理职责的行为,具有违法性;主观上行为人存在粗心大意,马虎草率,即过失。①

当前司法实务中对严重不负责任的判断依据主要为《最高人民检察院、公安部关于公安机关管辖的刑事案件立案追诉标准的规定(一)》。依据其中第五十六条第二款规定:"具有下列情形之一的,属于本条规定的'严重不负责任':(一)擅离职守的;(二)无正当理由拒绝对危急就诊人实行必要的医疗救治的;(三)未经批准擅自开展试验性医疗的;(四)严重违反查对、复核制度的;(五)使用未经批准使用的药品、消毒药剂、医疗器械的;(六)严重违反国家法律法规及有明确规定的诊疗技术规范、常规的;(七)其他严重不负责任的情形。"

本案中,南京市儿童医院医生毛某对患儿病情判断上的失误导致对病情的凶险性估计不足,客观行为上符合《最高人民检察院、公安部关于公安机关管辖的刑事案件立案追诉标准的规定(一)》第五十六条第二款第(二)项,"(二)无正当理由拒绝对危急就诊人实行必要的医疗救治的",主观上,在面对患儿徐某的加重病症时未能表现出作为"一般医生"所具有的谨慎态度,系疏忽大意造成的过失。主、客观一致,应当认定毛某的行为

---

① 赵博:《医疗事故罪"严重不负责任"行为之认定》,2015年东南大学硕士论文,第10页。

属于"严重不负责任",符合医疗事故罪构成要件。

然而,本案中仅有南京市卫生局在南京市儿童医院前两次公布的调查均遭受公众质疑的情况下组织成立第三次调查并公布调查结果,对涉案医生毛某处以吊销医师执照并行政开除的行政处罚,以及南京市儿童医院与受害人家属达成的51万元赔偿协议。本案中的南京市儿童医院医生毛某并未被追究刑事责任,主要体现了两方面的问题:其一,公安机关缺乏针对医疗事故的专业性判断,医疗事故罪作为一项业务类犯罪,具有很强的专业性,在缺乏相应专家的情况下难以针对医疗行为作出准确评价以确定是否需要进行立案侦查,这就导致了在该案中公安机关面对这类医疗事故罪的问题时,容易出现严重的不作为现象;其二,医疗行业者的法律意识淡薄,在政府有关部门以及南京市儿童医院对本案进行调查并公布结果认定本案医生毛某存在严重不负责任之后,并未意识到该行为可能构成犯罪,认为对毛某进行行政处罚并对受害人家属进行充分补偿就已处理完毕,无需追究其他法律责任。可能正是以上原因导致本案最终仅停留在行政处罚与民事赔偿而未追究刑事责任。

案例71 张某某医疗事故案①

一、基本案情

2008年8月9日8时许,被告人张某某应常某某之邀,到天津市宝坻区大钟庄镇东鲁沽村常某某家中为常某某之妻白某某看病,在给白某某输液治疗过程中,张某某将阿米卡星与庆大霉素两种药物混合同时使用,并在输液后立即离开现场。后白某某在输液过程中病情加剧,未能得到及时抢救最终死亡。

二、诉讼过程及裁判理由

一审法院审理认为被告人张某某作为医务人员,在给患者治疗过程中,严重不负责任,造成患者死亡,负事故的主要责任,其行为已构成医疗事故罪。天津市宝坻区人民检察院指控被告人犯罪及罪名成立,量刑建议适当。张某某到案后如实供述自己的罪行,系坦白;且张某某对被害人家属进行了经济补偿,并得到了谅解,均属法定或酌定从轻处罚情节。因此,判决被告人张某某犯医疗事故罪,判处有期徒刑六个月缓刑一年。

三、关联法条

《中华人民共和国刑法》

第三百三十五条 医务人员由于严重不负责任,造成就诊人死亡或者严重损害就诊人身体健康的,处三年以下有期徒刑或者拘役。

---

① 裁判法院:天津市宝坻区人民法院。案号:(2015)宝刑初字第230号。

四、争议焦点

被告人张某某在输液后离开现场是否构成"严重不负责任"行为?

五、简要评析

本案中,张某某是大钟医院的下属单位大钟庄镇俭字沽村社区医疗服务站的乡村医生,具有天津市卫生局颁发的执业许可证和乡医资格证两个证件,符合本罪的主体要件。

从行为要件看,医疗事故罪要求医务人员行为严重不负责任,造成就诊人死亡或者严重损害就诊人身体健康。医务人员严重不负责任是指医务人员在诊疗护理过程中,违反诊疗护理规章制度和技术操作规程,不履行或不正确履行诊疗护理职责,粗心大意,马虎草率。这种诊疗护理规章制度和技术操作规范可以是成文的,也可以是约定俗成在实践中应当遵守的。① 根据诊疗规范,医生给患者输液,用药后要观察 15 分钟左右,待患者没有不良反应才离开,离开后由护士进行看护。本案中,张某某在开始输液后即离开患者家,违反了诊疗规范,造成了抢救环境不佳、抢救不及时,导致患者死亡。此外,张某某将阿米卡星和庆大霉素联用为患者输液,两种药物均为氨基糖苷类抗菌药,合用提高了药品不良反应——神经肌肉接头阻滞的程度,可引起呼吸抑制,在药理学上一般不能联用。而且根据天津市宝坻区医学会鉴定,患者输液速度为 196—140 滴/分钟,超过诊疗常规滴注速度,也构成了对诊疗规范的违反。因此,张某某的行为属于严重不负责任。

对于自己的行为,张某某作为一名医务人员,本应该预见多项违反诊疗规范的行为可能造成危害患者的后果,由于疏忽大意而没有预见或过于自信能够避免,属于责任要素中的过失。但本案也反映当下一个现实,乡村医生医疗条件有限,一般都是给患者看完病就离开,没人进行看护,一般都是让家属进行看护。虽然实践中这种做法可能形成了一定的"惯例",但错误的"惯例"并不能成为刑法上的责任阻却事由。临床实践中应当以患者的安全为第一考虑因素,应当在有限的医疗条件中尽可能保障患者安全,遵守好诊疗规范。

案例 72　整容昏迷九年案②

一、基本案情

2008 年 8 月 4 日 14 时,患者张某某到北京名会红医疗美容诊所进行切眉、高分子重睑、无痕紧致提升、玻尿酸、外路眼袋+填内沟、颊脂垫、吸脂(腰腹一圈 8 个部位)等美容手术。手术分两场,第一台手术为"切眉、高分子重睑、上睑吸脂",第二场手术是"腰腹吸

---

① 张明楷:《刑法学(下)》,法律出版社,2016 年,第 1123 页。
② 《"绝望整容院"超量麻醉怠慢抢救,致人昏迷成植物人只被罚三千元》,http://news.sina.com.cn/s/wh/2017—12—21/doc—ifypxrpp3175768.shtml,2018 年 7 月 15 日访问。

脂手术、颊脂垫摘除、颞面部筋膜悬吊和外路眼袋术"。第一台手术于8月5日凌晨完成，随后进行第二台手术，第二台手术由余某某担任麻醉师，主刀医生王某某进行腰腹吸脂手术。王某某在张某某的腰腹髂部注入总量约为4 000 ml左右的肿胀液。手术过程中，当包扎完毕腰腹部，再包扎头部时，患者出现呼吸困难，王某某同时松开包扎，麻醉师采取了抢救措施，并拨打了120急救电话。120急救医生到诊所了解情况后，立即将患者送往北京朝阳医院救治。患者直到现在还仍处于昏迷中。案发后，两份鉴定都认为，造成张某某植物人生存状态的是缺血缺氧性脑病的损害后果，与医方使用利多卡因、肾上腺素总量过大，延误抢救时机以及麻醉意外有直接因果关系。

二、诉讼过程及裁判理由

2009年12月底，北京市朝阳区卫生局针对涉案美容诊所作出行政处罚决定书（朝卫医罚字〔2009〕828号），行政处罚书认定本案中的医疗美容诊所并无麻醉资质，却超量使用麻醉剂，吊销其医疗机构职业许可证，处罚金3 000元。次年，主刀医生王某某的医师执业证书被吊销。

2015年，北京市朝阳区卫计委将案件移送到了公安机关。由于麻醉医生于案发后已自杀身亡，公安机关于2016年1月立案，同年11月刑事拘留主刀医生王某某，向检察院批捕时未获准，王某某仅被取保候审。北京市朝阳区检察院向警方出具的《不批准逮捕理由说明书》称："本案现缺乏公安机关委托第三方鉴定机构所做的专门的《医疗事故技术鉴定》，缺少关键性证据。"而由于案发北京名会红医疗美容诊所提供的诊疗记录与其他医院的记录前后矛盾，诊所行为存在不合法的问题，家属最初不能做医疗事故鉴定。因为医疗事故鉴定的前提条件是承认诊疗行为合法、病历材料真实。然而患者家属维权多年，经历两次司法鉴定之后，司法鉴定报告仍不被检方所认可，检方仍以无医疗事故鉴定为由不批准逮捕。至此本案陷入僵局未再有进展。

三、关联法条

《中华人民共和国刑法》

第三百三十五条　医务人员由于严重不负责任，造成就诊人死亡或者严重损害就诊人身体健康的，处三年以下有期徒刑或者拘役。

第三百三十六条第一款　未取得医生执业资格的人非法行医，情节严重的，处三年以下有期徒刑、拘役或者管制，并处或者单处罚金；严重损害就诊人身体健康的，处三年以上十年以下有期徒刑，并处罚金；造成就诊人死亡的，处十年以上有期徒刑，并处罚金。

四、争议问题

本案被告医生的行为是构成医疗事故罪还是构成非法行医罪？

五、简要评析

医疗事故罪与非法行医罪均属于危害公共卫生方面的犯罪，二者在客观上都可能造成就诊人死亡或严重损害就诊人身体健康的后果。非法行医罪与医疗事故罪的主要区别在于其主体是否为医务人员，医疗事故罪的主体应为医务人员。关于医务人员的资格认定，一般而言即卫生技术人员，是指经过医药院校教育，或经各级卫生机构毕业训练后从事医疗实践的工作人员，或经过考核和卫生行政机关批准或承认，取得相应资格的各类各级卫生技术人员。根据原卫生部《卫生技术人员职称及晋升条例(试行)》规定，将卫生技术人员分为四类：医疗防疫人员、药剂人员、护理人员、其他技术人员。无论何种卫生技术人员，都需要取得相应的资格。此外，医疗机构中其他负有保障患者生命健康而具有某种特定义务的主体也可能被认定为医务人员，即医院行政、后勤等人员如直接参与到诊疗活动中，对诊疗活动产生了实质影响，也应当被认定为医务人员。因此，医疗事故罪和非法行医罪的主体也可能有重合的部分。此外，医疗事故罪责任要素为过失，而非法行医罪的责任要素为故意。

本案中被告有两人，其中主刀医生王某某持有医师执业资格证，符合医疗事故罪的主体要件。此外其对肿胀液调配不当，导致患者利多卡因过量以及麻醉并发症，极大可能进一步导致患者缺血缺氧性脑病，并且其还存在延误施救的行为。如果以上事实都能被证据证明，那么被告王某某的行为就符合严重不负责任，严重损害就诊人身体健康的医疗事故罪的成立要件，应当被认定为医疗事故罪。而本案中为张某某进行麻醉的麻醉医生余某某于案发时刚从某部队医院转业，手上并无医师执业证，明知自己不具有麻醉师执业资格仍进行麻醉行为，以此为业，主体上不属于医务人员，主观上存在非法行医的故意，因此不宜被认定为医疗事故罪，而应以非法行医罪定罪处罚。

在本案中，因麻醉师余某某案发后已经自杀身亡，所以未被追究非法行医罪的刑事责任。而主刀医生王某某至今仍未被追究刑事责任的原因，主要在于仍然欠缺医疗事故技术鉴定这一关键证据。这也说明我国的医疗事故鉴定制度急需改革与完善。

案例 73　孙某某医疗事故案[①]

一、基本案情

2012年2月10日，具有医师执业证书的后白壁村卫生室医生孙某某在其医疗单位之外的安阳县白壁镇后白壁村兴某某的租房处为其进行治疗。在孙某某给患者治疗过程中，存在抗生素应用不合理，使用抗生素级别过高的情形，同时因未在医疗机构输液，孙某某对患者抢救不及时，采取措施不得力，患者兴某某经抢救无效死亡。

[①] 裁判法院：河南省安阳县人民法院。案号：(2013)安刑初字第00009号。

二、诉讼过程及裁判理由

法院认为,被告人孙某某作为医务人员,在从医过程中严重不负责任,造成就诊人抢救无效死亡,其行为构成医疗事故罪。公诉机关指控罪名成立,予以支持。被告人孙某某的辩护人主张孙某某不做过敏试验不存在过错,该案被害人的体质是受害结果发生的直接诱因,被告人孙某某及时采取抢救措施,其行为不符合医疗事故罪的构成要件。经河南省医学会医疗事故技术鉴定,本案属于一级甲等医疗事故,被告人孙某某存在过失行为,且与患者死亡之间存在因果关系,作为医方承担主要责任。被告人孙某某能够如实供述自己的犯罪事实,系初犯,且与被害人家属就民事部分达成调解协议,全部赔偿被害方损失,取得被害人家属的谅解,故对其予以从轻处罚。最终,法院判决被告人孙某某犯医疗事故罪,判处有期徒刑八个月,缓刑一年。

三、关联法条

《中华人民共和国刑法》

第三百三十五条　医务人员由于严重不负责任,造成就诊人死亡或者严重损害就诊人身体健康的,处三年以下有期徒刑或者拘役。

四、争议问题

被告人孙某某在非医疗单位进行诊疗活动是否构成医疗事故罪?

五、简要评析

本案的争议焦点在于被告人在非医疗单位进行诊疗治病的行为能否构成医疗事故罪。医疗行为指的是具有医师资格的医务人员与患有一定疾病的患者之间基于自愿原则进行的以治疗疾病为目的的诊断治疗护理行为。有学者认为,医疗行为应当发生在正常合法的医疗活动中,否则不成立医疗事故罪。这种观点是不正确的。判断医疗行为合法性的标准有以下几个要件:第一,主体满足合法医务人员的资格。如果是医师需要取得三证,即经考试取得执业医师资格证书(或执业助理医师资格),经注册取得医师执业证书,并且在执业地点获得医疗机构执业许可证。第二,医疗范围标准符合医学适应性,即该行为的实施是为维持、恢复患者的生命和健康所必需的。第三,具备医术正当性,即该行为应当符合当时的医学水准。第四,获得患者的同意,即在给予充分说明基础上所获得的患者同意。只要符合这几个要件,该医疗行为就是合法的。可见,医疗行为并不一定要在医疗机构内才能进行。本案中的被告人违反医疗常规,乱用抗生素,且抢救不及时,采取措施不得力,因其严重不负责任,造成就诊人死亡。因此,法院判其成立医疗事故罪是妥当的。

案例 74　孙某医疗事故案[①]

一、基本案情

2013年11月30日上午,患者孙某某随其母亲高某来到双辽市辽南街张家村刘某某家。当日12时多高某见孙某某咳嗽得厉害,找来双辽市辽南街张家村第一卫生所医生孙某为孙某某诊治。孙某为孙某某测量体温、听诊后确诊为上呼吸道感染。之后孙某未经试敏便将2.0 g头孢、200 ml病毒灵兑了150 ml的0.9%的氯化钠注射液为其静脉注射。注射药物时孙某某出现药物过敏症状。现场孙某未对孙某某采取急救措施,孙某某被送到双辽市中医院后,经抢救无效死亡。

二、诉讼过程及裁判理由

法院审理认为,被告人孙某在为他人诊治过程中,违反诊治护理操作常规,造成就诊人死亡,其行为已构成医疗事故罪,公诉机关指控的罪名成立。被告人孙某主张自己不应承担全部责任,被害人的母亲亦应承担部分责任。因患儿死亡原因明确,被告人孙某在诊疗过程中存在严重过失行为,且被告人的过失行为与患儿过敏性休克导致的死亡后果之间存在直接因果关系,所以,法院没有采信被告的辩解。结合案件的起因、情节及给被害人造成的后果,法院判决被告人孙某犯医疗事故罪,判处有期徒刑三年。

三、关联法条

《中华人民共和国刑法》

第三百三十五条　医务人员由于严重不负责任,造成就诊人死亡或者严重损害就诊人身体健康的,处三年以下有期徒刑或者拘役。

四、争议焦点

被告人的过失行为与患儿死亡后果之间是否存在直接因果关系?

五、简要评析

本案的关键在于被告人的过失行为与患儿过敏性休克导致死亡后果之间是否存在直接因果关系。医疗行为自身具有侵袭性、复杂性、合作性,因此医疗事故中的因果关系表现为多因一果、多因多果、一因多果以及多种原因的竞合、介入和叠加等。因此必须坚持全面分析原则,多方面考虑各种因素,全面分析各种危害行为与危害结果之间有无内在联系,有何种性质的联系,联系的程度等。同时,不仅要考虑人的行为因素,也要全面

[①] 裁判法院:吉林省双辽市人民法院。案号:(2015)双刑初字第89号。

评价自然因素、疾病本身的转归、并发症等因素,并分析出行为因素与非行为因素作用的比重,为最终确定行为因素在因果关系中的决定程度打下基础。医疗事故罪中的确定性原则强调不能存在疑问,必要时借助科技手段,同时综合考量医务人员的医疗行为、病人自身的体质因素、疾病本身的特点、药物的副作用和检查治疗手段的侵略性等因素。

本案中,被告人孙某在为他人诊治过程中未经试敏便将 2.0 g 头孢、200 ml 病毒灵兑了 150 ml 的 0.9% 的氯化钠注射液为患者静脉注射,属于"严重违反国家法律法规及有明确规定的诊疗技术规范、常规的"行为,并最终造成了患儿过敏性休克死亡。虽然患儿死亡是因为本身对头孢菌素过敏造成的,但对抗生素过敏是医学临床的常识性问题,具有结果回避的可能性。孙某违反诊疗操作规范,其未经皮试注射头孢的行为与患儿死亡之间具有引起与被引起的关系,且提供了主要的原因力,存在因果关系,因此被告人的行为构成医疗事故罪。

第四节　安乐死与尊严死

案例 75　王某某杀母案[①]

一、基本案情

被告人王某某之母夏某某长期患病,1984 年 10 月曾经被医院诊断为"肝硬化腹水"。1987 年的 6 月 23 日,夏某某因肝硬化晚期腹胀伴严重腹水,被送进了汉中市传染病医院。王某某和妹妹向主治大夫蒲某某询问了病情。蒲大夫在介绍治疗已没有希望的同时,还向其讲了国外关于"安乐死"的情况。随后 6 月 27 日,夏某某病情加重,痛苦烦躁,多次昏迷,喊叫想死。王某某请求雷院长采取措施让母亲早点咽气,免受痛苦,遭到拒绝。其又请求主治医生蒲某某,亦遭到拒绝。在王某某再三要求并表示愿意签字承担责任后,蒲某某给夏某某开了 100 mg 复方冬眠灵,并在处方上注明是家属要求,王某某在处方上签了名。蒲某某又指派陕西省卫校实习学生蔡某、戚某等人给夏某某注射。当日下午 1 时至 3 时,王某某见其母未死,便两次去找之后的值班医生李某某,在其要求之下,李某某又给夏某某开了 100 mg 复方冬眠灵,由值班护士赵某某注射。夏某某于 6 月 29 日凌晨 5 时死亡。

二、诉讼过程及判决理由

公诉人认为,被告人蒲某某身为主管医生,故意对肝硬化病人夏某某使用慎用或忌

[①] 《全国首例安乐死始末:蒲连升、王明成故意杀人案》,http://www.dffyw.com/sifashijian/jj/201202/27638.html,2018 年 7 月 15 日访问。

用药物复方冬眠灵,并强令实习学生进行注射,指示接班医生继续使用该药,加速夏某某死亡。被告人王某某不顾医院领导人劝阻,坚决要求对其母夏某某注射药物促其速死,并在医生用药的处方上签字,表示对其母的死亡承担责任。被告人蒲某某、王某某的行为均已触犯《中华人民共和国刑法》第二百三十二条的规定,构成故意杀人罪。辩护律师认为,被告人蒲某某、王某某的行为与死者夏某某的死亡之间没有直接的因果关系,不具备犯罪构成的四个要件,故 2 被告人的行为不构成犯罪,应当宣告无罪。

一审陕西省汉中市人民法院认为,被告人王某某在其母夏某某病危濒死的情况下,再三要求主管医生蒲某某为其母注射药物,让其母无痛苦地死去,虽属故意剥夺其母生命权利的行为,但情节显著轻微,危害不大,不构成犯罪。被告人蒲某某在王某某的再三请求下,亲自开处方并指使他人给垂危病人夏某某注射加速死亡的药物,其行为亦属故意剥夺公民的生命权利,但其用药量属正常范围,不是造成夏某某死亡的直接原因,情节显著轻微,危害不大,不构成犯罪,宣告被告人蒲某某、王某某无罪。

一审宣判后,被告人蒲某某、王某某对判决无罪表示基本满意,但对判决书中认定他们的行为属于故意剥夺他人的生命权利表示不服,提出上诉,要求二审法院改判。同时,汉中市人民检察院认为,蒲、王两被告人在主观上有非法剥夺他人生命权利的故意,在客观上又实施了非法剥夺他人生命权利的行为,社会危害性较大,符合我国刑法规定的故意杀人罪的基本特征,已构成故意杀人罪。据此,以原判定性错误、适用法律不当为理由,向陕西省汉中地区中级人民法院提出抗诉。

二审陕西省汉中地区中级人民法院认为,上诉人王某某在夏某某死亡已成不可逆转的定局的情况下,选择了减轻夏某某死亡痛苦的方法,虽是剥夺其母延续短暂生命的行为,但这是在上述特定情况下所为的特定行为,没有达到刑法规定的构成犯罪的那种社会危害性的程度。上诉人蒲某某为夏某某注射复方冬眠灵的总量没有超出正常范围,仅加深了患者的昏迷程度,加速了死亡,并非其死亡的直接原因,但注射药物的目的是为了促使夏某某死亡,其行为亦属剥夺公民生命权利的故意行为,因情节显著轻微,危害不大,故蒲、王二上诉人均不构成犯罪。原审人民法院对本案认定的事实清楚,证据确实、充分,定性准确,审判程序合法,适用法律和判决结果是适当的,应予维持,抗诉和上诉的理由不能成立。法院于 1992 年 3 月 25 日依法裁定:驳回汉中市人民检察院的抗诉和蒲某某、王某某的上诉,维持汉中市人民法院对本案的判决。

三、关联法条

《中华人民共和国刑法》

第十条 一切危害国家主权和领土完整,危害无产阶级专政制度,破坏社会主义革命和社会主义建设,破坏社会秩序,侵犯全民所有的财产或者劳动群众集体所有的财产,侵犯公民私人所有的合法财产,侵犯公民的人身权利、民主权利和其他权利,以及其他危害社会的行为,依照法律应当受刑罚处罚的,都是犯罪;但是情节显著轻微危害不大的,不认为是犯罪。

第二百三十二条　故意杀人的,处死刑、无期徒刑或者十年以上有期徒刑;情节较轻的,处三年以上十年以下有期徒刑。

《中华人民共和国刑事诉讼法》

第十一条　有下列情形之一的,不追究刑事责任,已经追究的,应当撤销案件,或者不起诉,或者宣告无罪:

(一)情节显著轻微、危害不大,不认为是犯罪的;

(二)犯罪已过追诉时效期限的;

(三)经特赦令免除刑罚的;

(四)依照刑法告诉才处理的犯罪,没有告诉或者撤回告诉的;

(五)被告人死亡的;

(六)其他法律、法令规定免予追究刑事责任的。

四、争议问题

被告王某某与蒲某某的行为是否构成故意杀人罪?

五、简要评析

本案被称为"中国首例安乐死案",引起社会各界的极大关注。所谓安乐死,通常是指"为免除患有不治之症、濒临死亡的患者的痛苦,受患者嘱托而使其无痛苦地死亡"。它可分为不作为的安乐死(消极的安乐死)和作为的安乐死(积极的安乐死)。前者指对濒临死亡的患者,经其同意不再采取治疗措施任其死亡。这种行为不构成故意杀人罪。后者是有意缩短患者生命的安乐死,即为了免除患者的痛苦而提前结束其生命。张明楷教授又将其细化为三种情况:"一是没有缩短患者生命的安乐死(真正的安乐死),这种行为不构成犯罪。二是具有缩短生命危险的安乐死(间接安乐死),这种行为虽然具有缩短患者生命的危险,但实施上没有缩短患者生命,也不成立故意杀人罪。三是作为缩短患者生命手段的安乐死(积极安乐死),即为了免除患者痛苦,而提前结束其生命的方法。"[①]对于积极安乐死,依照我国现行刑法,仍然构成故意杀人罪,并且不能根据《中华人民共和国刑法》第十三条"但书",即"情节显著轻微危害不大的,不认为是犯罪"而作无罪处理。因为该条"但书"只是概括性宣示,不能作为具体犯罪的出罪根据。一个行为是否构成犯罪,唯一根据是该罪的具体构成要件。

本案作为我国首个实施安乐死的案件,具有重大的影响力,但是该案的判决并不代表一审、二审的法官认为安乐死可以构成违法阻却事由,法官在阐明判决理由时,技巧性地引用了刑法"但书"的规定,试图对被告人的行为进行模糊处理,回避了安乐死行为本

---

① 张明楷:《刑法学(下)》,法律出版社,2016年,第848页。

身合法性的争议。但本案一出立即引发了学术界包括法律界和医学界的广泛讨论。继首案之后,也出现了很多安乐死案件。理论界对于安乐死的合法性问题争议很大。在司法实践中,主要用"故意杀人罪"来处理"积极安乐死"事件。对于"消极安乐死"和"间接安乐死",并没有将其作为犯罪来处理。

就本案而言,两个被告人为夏某某注射复方冬眠灵以提前结束其生命,可以被评价为实施积极安乐死,但这还不能当然地认定二人构成故意杀人罪。法院的核心判决理由在于注射复方冬眠灵与被害人的死亡结果没有直接因果关系以及情节显著轻微危害不大。从相当因果关系的角度来看,可以将被告人注射复方冬眠灵的行为看作是"介入因素"进行判断。首先,被害人自身的疾病对被害人最终的死亡结果具有因果关系;其次,介入因素本身我们姑且将其评价为较为异常;最后要判断介入因素本身对被害人最终死亡的结果所起的作用的大小。一方面要看介入因素本身导致结果发生的危险性大小,另一方面要看介入因素有无阻断先前行为所制造的危险流。由于注射复方冬眠灵的总量没有超出正常范围,仅加深了患者的昏迷程度,加速了死亡,并非其死亡的直接原因,因此被告人的行为与结果之间不具有相当因果关系。从此角度而言,法院对因果关系的判断是正确的。对于二上诉人的上诉理由"其行为不属于故意剥夺他人的生命权利"这一点,笔者认为尽管一审法院判决二人不构成故意杀人罪,从犯罪客观方面阻却了其违法性,但是就其行为本身而言,属于明知自己的行为会致人死亡而希望这种结果发生,因此认定其主观故意是没有疑问的。至于出罪则是另一回事了。但是,正如我们前面提到的,不能仅仅以"情节显著轻微危害不大"为由出罪。此外,安乐死一般需要由当事人自己提出。而本案中被告人王某某是否有资格请求医生对其母亲实施安乐死也是值得商榷的。

本案,其涉及的不仅仅是法律问题,更涉及伦理、道德问题,尤其是在中国这个注重亲情、文化、伦理的国家。该案为医事法开创了一个新的研究领域,也为法学家以及医学家提出了值得深思的难题。

案例 76 何某某杀妻案[①]

一、基本案情

何某某家位于陕西省勉县褒城镇红星村二组。15 年前,其妻徐某某患上了类风湿病。2005 年前,徐某某病情加重,长期瘫痪在床,类风湿病刚开始是肩胛骨疼,后来疼到腿、膝盖,每次疼起来的时候就坐卧不安,尤其是阴雨天,徐某某的哀号,令全家人心力交瘁。徐某某不止一次地提出要丈夫帮自己了结生命,但都被何某某拒绝。直到 2009 年

[①] 《丈夫为瘫痪妻子实施安乐死被判刑引发争论》,http://js.qq.com/a/20140513/028552.htm,2018 年 7 月 15 日访问。

11月1日,何某某用最后的14片安眠药为饱受病痛折磨的妻子了结了痛苦。

二、诉讼过程及裁判理由

经审理,法院采纳了检察机关的量刑意见,最终判处何某某有期徒刑3年。本判决主要基于以下3点理由:首先,尸检报告证实徐某某系自身疾病所致多脏器功能衰竭而死,其生前所服用的安定药物对死亡具有一定促进作用,但作用轻微;其次,被告人与被害人结婚多年,感情尚好,自被害人患病以来,被告人极力照顾,其子女、邻居均予证实;最后,被告人在村子里一贯表现良好,案发后如实供述,自愿认罪,认罪态度好,子女均不希望家庭悲剧继续扩大。

三、关联法条

《中华人民共和国刑法》

第二百三十二条 故意杀人的,处死刑、无期徒刑或者十年以上有期徒刑;情节较轻的,处三年以上十年以下有期徒刑。

四、争议问题

何某某喂其妻子14片安眠药是否构成故意杀人罪?

五、简要评析

本案与中国首例安乐死案件较为相似,都是被告人为了帮助被害人去除疼痛而实施了积极安乐死行为。安乐死的权利来源是死亡权,而在生命权神圣不可侵犯的前提下,人是否享有死亡权?从传统道德理论来看,人不享有死亡权,只享有生存权,认为"生命是上帝赋予,也只有上帝才能夺走""生命是法律保护的绝对权利",然而随着对人性尊严、生命价值保障的不断发展,公众舆论针对安乐死合法化的呼声逐渐增多。

参照刑法学界的通说,刑法学上有研究意义的安乐死形态有消极安乐死、间接安乐死以及积极安乐死。消极安乐死是指为了不延长患者疼痛而不继续或者中止积极治疗行为的行为。间接安乐死是指以去除或缓和患者疼痛为目的间接性地提早了患者死期的行为。积极安乐死是指应死期临近正遭受疼痛折磨的患者本人的要求,为了解除患者的疼痛而终结其生命的行为。其中,消极安乐死和间接安乐死属于合法行为,而关于积极安乐死争议较大。司法实务部门目前仍然严厉禁止积极安乐死,一般仍然作为故意杀人罪处理,不过在量刑上有从轻的倾向。本案中的被害人虽然正处于疼痛难忍的状态,但是否属于临近死期、是否存在本人当时的真实要求其实并不明了,因此,该案并不属于严格意义上的积极安乐死。

本案与中国首例安乐死案非常相似,显示了法理与情理的内在冲突,这不仅引起了广泛的社会讨论,而且也将推动我国安乐死问题法制化进程。但我国还未通过立法对积极安乐死予以合法化,本案被告的行为虽然是出于帮助被害人解脱痛苦的善意,但毕竟是故意地缩短了被害人的生命,符合刑法故意杀人罪的构成要件,应当作为犯罪处理。但依据法院的尸检报告,徐某某系自身疾病所致多脏器功能衰竭而死,其生前所服用的安定药物对死亡具有一定促进作用,但作用轻微。而且被告何某某存在如实供述,自愿认罪的情形,再加上被告的一贯品行较好,几乎不存在再犯可能性,适合从轻处罚。因此,法院判处了故意杀人罪的法定最低刑有期徒刑3年,这样的定罪量刑基本合适。

案例77 冯某故意杀人案①

一、基本案情

2014年9月,被害人刘某某不慎摔伤,导致右侧股骨颈骨折,瘫痪在床且非常疼痛,遂产生轻生念头,多次向照料其的孙女纪某某、孙女婿冯某夫妇索要安眠药欲自杀。2014年10月3日,刘某某又向冯某夫妇索要安眠药,冯某在明知刘某某欲自杀且过量安眠药物会导致死亡的情况下,将一瓶阿普唑仑安眠药交给刘某某服用,直至2014年10月7日冯某迫于其他亲属的压力才对刘某某进行救治,次日刘某某因救治无效死亡。经法医鉴定,被害人刘某某系阿普唑仑中毒合并肺部感染死亡。2014年10月8日被告人因涉嫌故意杀人被刑事拘留,2015年1月26日被提起公诉。

二、诉讼过程及裁判理由

公诉机关认为,被告人冯某故意非法剥夺他人生命,其行为触犯了《中华人民共和国刑法》第二百三十二条之规定,应以故意杀人罪追究其刑事责任,要求对冯某依法判处。法院认为,被告人冯某对于他人要求自杀的行为提供帮助,且在自杀行为施行后未履行抢救义务,其行为与被害人的死亡之间具有刑法上的因果关系,触犯了《中华人民共和国刑法》第二百三十二条之规定,构成故意杀人罪。同时,被告人冯某的行为基于其家庭生活特别困难、被害人非常痛苦且无有效治疗手段等前提下,其主要目的是帮助被害人解脱痛苦,其主观恶性与客观危害都较他种杀人行为明显轻。根据刑法理论,被害人的同意是阻却或减少可归责性的重要事由,但我国司法实务尚不认可安乐死行为的合法性,故被告人的行为仍应以故意杀人罪追究责任。被告人冯某对被害人的死亡持放任态度,是间接故意杀人,属于故意杀人中情节较轻的情况。被告人与被害人系祖孙关系,其故意杀人的行为系应被害人的主动要求,社会危害性较小,被害人其他家属对被告人冯某表示谅解,并请求法院对冯某从轻处罚,被告人冯某认罪态度较好,可酌情从轻处罚。处其缓刑不会对社会造成重大不良影响,可依法适用缓刑。最终判决被告人冯某犯故意杀人罪,判处有期徒刑3年,缓刑4年。

---

① 裁判法院:山东省武城县人民法院。案号:(2015)武刑初字第10号。

三、关联法条

《中华人民共和国刑法》

第七十二条　对于被判处拘役、三年以下有期徒刑的犯罪分子,同时符合下列条件的,可以宣告缓刑,对其中不满十八周岁的人、怀孕的妇女和已满七十五周岁的人,应当宣告缓刑:

(一)犯罪情节较轻;

(二)有悔罪表现;

(三)没有再犯罪的危险;

(四)宣告缓刑对所居住社区没有重大不良影响。

宣告缓刑,可以根据犯罪情况,同时禁止犯罪分子在缓刑考验期限内从事特定活动,进入特定区域、场所,接触特定的人。

被宣告缓刑的犯罪分子,如果被判处附加刑,附加刑仍须执行。

第二百三十二条　故意杀人的,处死刑、无期徒刑或者十年以上有期徒刑;情节较轻的,处三年以上十年以下有期徒刑。

四、争议问题

协助自杀的行为刑法该如何评价?

五、简要评析

协助自杀,又分为医助自杀和非医助自杀。医助自杀其实也可被认为是积极安乐死行为的一种变化形态。其法律评价和积极安乐死一样,存在激烈争议。目前世界上除了荷兰和比利时外,几乎所有的国家都禁止积极安乐死。但在瑞士和美国的几个州,医助自杀已经通过立法予以合法化。

对于非医助自杀行为的性质,刑法理论界暂时还没有形成定论,主要存在以下几种观点。观点一:自杀行为不具有违法性,无罪,也即实行者无罪,根据共犯从属性原则,帮助者也应无罪。观点二:自杀行为具有违法性,只是刑法无法谴责自杀者,无法使其承担责任。也即实行者在客观阶层具有违法性,是一种"犯罪"行为,根据共犯从属性,帮助者也有罪。观点三:自杀行为是合法、违法之外的第三种情形,是一种法外空间的情形,不能被评价为违法。根据共犯从属性,帮助者应无罪。①

协助自杀是指对于已有自杀意思的人的自杀行为进行直接结束生命之外的其他帮助行为。具体分为两种情形:①为他人自杀提供便利条件,不成立故意杀人罪。例如提

---

① 周光权:《教唆、帮助自杀行为的定性 "法外空间说"的展开》,《中外法学》2014年第5期,第1164-1179页。

供针剂、药物或者自杀工具,而自杀行为是他人本人实行的。在这种情况下,尽管帮助行为与自杀之间具有因果关系,也不能按照故意杀人罪处理。② 协助自杀者实施了杀人行为,使其实现自杀,此时要定故意杀人罪。尽管对自杀者来说这是一种自杀,但对于帮助者来说这是一种杀人。在这种情况下,即使有自杀者的承诺,也不能成为杀人者免责的事由,对此仍应按照故意杀人罪处理。总之,"协助自杀行为仅在对于他人自杀起到了重要作用时,才能被评价为故意杀人行为;虽然对他人的自杀进行了帮助,但帮助行为对于他人的自杀所起作用较小的,不宜以故意杀人罪追究刑事责任。"①

本案中,虽然被告人冯某仅为被害人准备安眠药,服用行为是被害人自己实施的,所起作用较小,但之所以认定其提供药物也构成故意杀人罪,主要是因为本案中被告和被害人关系比较特殊(具有救助义务),对于亲人要求自杀的行为提供帮助,且在自杀行为施行后未履行抢救义务,其行为与被害人的死亡之间具有刑法上的因果关系。同时结合行为人的主观恶性与客观危害性较轻,并考虑到人情伦理等对被告人适用缓刑,较能符合社会公众的心理与感情。这是我国司法机关在处理此类案件时的惯用方法。这种做法在中国社会具有可接受性与妥当性,但是在刑法罪刑法定原则下,其刑法依据依然需要进一步探讨。

案例78 深圳"拔管杀妻"案②

一、基本案情

2009年2月9日,文某某妻子胡某在家中昏倒,文某某发现后,与胡母将其送往深圳市第二人民医院ICU。治疗期间胡某一直昏迷不醒,有心跳、血压,靠呼吸机维持呼吸,医院向胡某亲属发出病危通知书。2009年2月16日,文某某进院探望,向护士了解到妻子病情未见好转,连植物人都不如,就趴在床前哭泣。过了一会儿,文某某将胡某身上的呼吸管、血压监测管等医疗设备拔掉。护士与医生见状上前制止,但文某某一直趴在胡某身上,阻止医生救治,并说病人太痛苦了,要放弃治疗。约1小时后,胡某死亡。经法医检验鉴定,死者胡某检见脑血管畸形(小脑与脑桥、第三脑室交界部位)伴破裂出血;死亡原因为死者住院期间有自主心跳,而无自主呼吸,由呼吸机维持呼吸,被拔去气管插管之后致呼吸停止死亡。

二、诉讼过程及裁判理由

一审深圳市中级人民法院认为,文某某的拔管行为属于故意剥夺他人生命,依法应成立故意杀人罪,但情节较轻,应在3年以上10年以下有期徒刑的法定刑幅内对其处

---

① 刘艳红:《刑法学(下)》,北京大学出版社,2014年,第195页。
② 参见百度百科,https://baike.baidu.com/item/%E6%B7%B1%E5%9C%B3%E6%8B%94%E7%AE%A1%E6%9D%80%E5%A6%BB%E6%A1%88/3413284,2018年7月15日访问。

罚。文某某案后能够主动投案且对其犯罪事实供认不讳，依法应认定为自首，依法可予减轻处罚。文某某表示愿意全额赔偿被害人近亲属所遭受的经济损失，并已全额给付，应认定为具有明显的认罪悔罪表现，依法可以从轻处罚。综合评判，本案发生于配偶之间，文某某系初犯，故意杀人但属情节较轻，能够自首，能够积极赔偿被害人的近亲属所遭受的经济损失以及众多居民联名请求法院从轻处罚等，对文某某宣告缓刑确实不致再危害社会，法院决定对文某某依法宣告缓刑。对辩护人所提请求从轻、减轻处罚的辩护意见，予以采纳。法院一审判决文某某犯故意杀人罪，判处有期徒刑3年，缓刑3年。

二审广东省高级人民法院认为，文某某拔管直接导致胡某死亡，故意杀人罪成立。控方指控被告因小三杀害被害人的说法不予采纳。考虑到文某某有自首情节，在胡某发病后，积极送其入院，且在医院精心照顾胡某，在医院确认胡某不可治的情况下才冲动拔管，依法维持原判。

三、关联法条

《中华人民共和国刑法》

第二百三十二条 故意杀人的，处死刑、无期徒刑或者十年以上有期徒刑；情节较轻的，处三年以上十年以下有期徒刑。

四、争议问题

放弃治疗的尊严死行为是否合法？

五、简要评析

相较于本书上述"王某某杀母案"做出的无罪判决，本案中对于文某某是否构成故意杀人罪不存在过多争议，争议的焦点在于文某某杀妻的行为是否属于情节较轻，能否适用缓刑。从判决结果上看，法院认为本案发生于配偶之间，文某某属于初犯，其能够自首，能够积极赔偿被害人的近亲属所遭受的经济损失以及众多居民联名请求法院从轻处罚等，认为其社会危害性不大，对文某某可以适用缓刑。

本案其实还涉及另一个重要问题——尊严死。近年随着医疗水准的进步，延命治疗呈逐渐扩大之势。尊严死的法律问题也引起了人们的关注。2012年，来自医学界的人大代表向全国人大提交了用来认可生前预嘱法律效力的立法案①，虽然未能获得通过，但经媒体报道后，引起了社会的广泛关注。面对死亡，人们为了死得有尊严，是否可以放弃延命医疗？是否应该对一个晚期阿尔茨海默症患者插管？是否应该放弃对一个不太

---

① 《顾晋代表建言：推广"尊严死"很有必要》，http://www.npc.gov.cn/npc/dbdhhy/12_1/2013-03/09/content_1773463.htm，2018年7月15日访问。

可能醒过来的植物人的医疗支持？何时撤除对终末期患者的生命维持装置？尊严死不同于安乐死，支持尊严死也不等同于支持安乐死，两者需要加以区分。安乐死是患者授权医生使用药物帮助其快速死亡，也可以说是在医生帮助下的患者自杀。尊严死并不是提前结束人的生命，而是为了抵抗生命的被管理化，在尊重个人意愿的前提下，不延长患者的死亡过程，让其有尊严地迎接自然死亡。如果说安乐死看中的是尽量减轻患者的病痛，那么尊严死则更注重患者在经受病痛和抢救的折磨之前能够保持自己的尊严而体面地死去。二者具有本质区别。安乐死虽然其适用对象仍受病痛折磨，但尚存对外界的感知能力以及表达能力，应当尊重病患所享有的决定自己生命的权利和继续生存的意愿，而绝对不能允许他人加以干涉。而尊严死的适用对象主要为植物人等晚期患者，绝大多数已不具备表达能力。当然，本案中的患者入院才一星期，是否完全不具有恢复可能性还难以断定，所接受的医疗还不能被称为延命治疗，因此，本案能否被称为严格意义上的尊严死可能存在一定争议。

我国目前还没有专门针对尊严死的法律，司法实务部分也并没有完全禁止尊严死，只要满足一定的条件，对其是持允许态度的。具体而言，判例有比较重视患者晚期状态的程度、患者家属的意见等倾向，但其背后的理论根据却并不清晰。当下，关于尊严死最为有力的学说，是以"患者的自我决定权"为根据的治疗中止合法说。其代表是重视"生前预嘱"的见解。另一个与此相近的见解是重视家属意见，其理由是家属的意见符合患者本人的推定意思，或者家属拥有患者默认的授权。针对这两种观点，存在如下批判意见：即使是患者本人事前所表达的生前预嘱，到实行医疗中止行为时也存在变更的可能。就算家属的意见符合患者本人意思的可能性高，其毕竟不是患者自身的意思，而仅仅是"他人决定"。所以，将其作为医疗中止的合法化根据难以获得认同。此外，也有学说认为治疗中止的合法化根据在于"治疗义务的界限"。起初，"治疗义务的界限"只是作为针对意识不清的晚期患者的治疗中止的容许根据而被提出，主张只要医师是为了患者的最佳利益而作出的判断，就可以否定其治疗义务。现今，其已发展为以下两种观点：① 患者的自我决定权与治疗义务的界限是用来判断患者最佳利益的两个要素；② 治疗义务的界限具有单独容许治疗中止的效果。当然，"治疗义务的界限"不通过患者的自我决定权而对医疗中止起到正当化效果，只能限定于那些治疗本身已经是"有害"或"无意义"的情形。而且，能够适用的只能是那些非常晚期阶段的状况，不能被广泛适用，否则在解释论上说不通。随着我国人口高龄化社会的到来，此问题必将越来越突出，值得深入探讨。

案例 79 吗 啡 案①

一、基本案情

2015年2月6日,原告之母张某某被检查出患有胃印戒细胞癌。3月9日,张某某在中国人民解放军陆军总医院(以下简称"陆军总医院")普外科接受腹腔镜探查,胃癌根治术(全胃切除空肠代胃术)。术后,张某某出现不全肠梗阻,继续接受对症治疗。4月初,张某某出现胸闷、喘憋等症状,查胸片提示肺部感染及胸腔积液,医院给予抗感染治疗但效果不佳。为进一步诊治,张某某于5月4日再次至陆军总医院进行住院治疗。此时,张某某被诊断为肿瘤晚期,全身多发转移,合并肺部间质性肺炎,预后极差。5月12日,陆军总医院为明确胸水性质,缓解症状,向张某某及家属交代穿刺的必要性及危险性,家属表示理解,并同意此操作。张某某在局麻下行胸穿,穿刺过程顺利。当日下午,张某某发现左上肢青紫,左上肢深静脉内未见明显血流通过,双上肢动脉流速明显减低。血管外科会诊建议低分子肝素钙0.4 ml皮下注射1/12 h。5月13日,张某某仍有胸闷、喘憋症状,左上肢青紫症状明显好转。9时40分心率增至200次/分,心电图示快速房颤,予西地兰0.2 mg静点,吗啡10 mg壶入,盐酸胺碘酮备用。2015年5月14日3时及17时,予吗啡10 mg皮下注射。张某某日间喘憋明显,伴烦躁不安,考虑心功能衰竭、呼吸衰竭,予以西地兰0.2 g,呋塞米20 mg静脉壶入及消心痛5 mg口含,症状无缓解,于22时35分出现意识丧失,心率下降、呼吸减慢,给予尼可刹米375 mg、洛贝林2 mg静脉注入,呼吸无改善,心率、呼吸继续减慢,反复予以心三联、呼吸兴奋剂药物治疗,生命体征无缓解,于22时42分心率、呼吸均为0,心电图呈直线,双侧瞳孔散大固定,张某某死亡。

二、诉讼过程及裁判理由

鉴定意见认为:陆军总医院在对张某某的诊疗过程中存在用药过错,该过错与张某某死亡的损害后果有轻微因果关系。该鉴定意见书分析说明中记载:张某某经救治无效死亡后,因未作尸检不能确定确切死因,综合考虑,张某某死于循环、呼吸功能衰竭。张某某病情加重,明显缺氧,同时,没有给予呼吸机辅助呼吸的情况下,医方施用吗啡可能对张某某的病情发展产生不利影响,医方存在过错。张某某所患疾病的性质、进展程度是导致损害后果的根本原因,医方用药的过错对张某某的损害后果作用轻微。

经审理北京市东城区人民法院认为,首先,张某某具有使用吗啡的指征。张某某系癌症晚期患者,其已出现呼吸困难、烦躁不安等症状,而吗啡不仅有镇痛作用,同时还有镇静作用,对心衰病人使用吗啡可减少其心脏负荷。其次,在使用吗啡时无需辅助呼吸

---

① 裁判法院:北京市东城区人民法院。案号:(2016)京0101民初字第1404号。

机支持,并且呼吸机的使用是一个过程,而本例患者病情发展迅速,医方当务之急应先使用吗啡让患者症状缓解。另外,呼吸机的使用也同样可能造成感染,综合考虑本例患者的身体情况亦不宜使用呼吸机。最后,张某某不存在使用吗啡的禁忌。张某某出现的"甲床紫绀"并非吗啡药品说明书中提到的"呼吸抑制已显示紫绀",而属于心功能衰竭导致甲床紫绀。

而且,从吗啡的用法与用量来看,吗啡的使用为每 4—6 小时一次,每次用量 5—15 mg。原则上应从小剂量开始使用,在第一次使用后,要严格监测患者是否出现呼吸减慢等,如无不良反应,则考虑之后使用同等计量。本例中,张某某的几次吗啡用量以及间隔时长均符合要求,且其在第一次用药后并无不良反应,而随后的两次用药均为皮下注射,且张某某亦未出现不良反应。张某某出现意识丧失,心率下降、呼吸减慢直至死亡,已经是距离其最后一次使用吗啡 5 个多小时之后出现的情况,该情况与吗啡的使用并无因果关系。陆军总医院在对张某某使用吗啡的过程中方法、用量亦无不妥。概言之,陆军总医院对张某某实施了诊疗行为,但其诊疗行为中不存在医疗过错。故,法院对雷某提出的要求陆军总医院承担相应赔偿责任的主张不予支持。最终法院判决:驳回原告雷某的全部诉讼请求。

三、关联法条

《中华人民共和国侵权责任法》

第五十四条　患者在诊疗活动中受到损害,医疗机构及其医务人员有过错的,由医疗机构承担赔偿责任。

四、争议问题

间接安乐死行为是否合法?

五、简要评价

吗啡案被评为 2017 年北京法院十大案件。正如北京市东城区法院芦院长所言:"吗啡案的亮点在于法院没有就案办案,没有简单地适用司法鉴定的结论,而是从临床的医学实操出发,从广大患者利益角度审视案件,通过法律手段厘清是非。"

本案从侵权法角度分析,并非有损害就必有赔偿,构成侵权责任须具备违法行为、损害事实、因果关系以及故意(过失)四个要件,缺少其中之一都不能构成侵权责任。本案中医疗机构及其医务人员对张某某没有任何违规之处,没有过失,治疗与其死亡之间没有因果关系。合理适当地使用吗啡既不会导致呼吸抑制,也不会缩短患者的生存期,更不会加速患者的死亡。相反,吗啡在晚期癌症患者的疼痛及呼吸困难的症状缓解治疗中十分重要。

本案中医生的行为是正常医疗行为还是实施间接安乐死行为呢?首先,间接安乐死是指医生的行为是为了减轻病人的痛苦,但同时作为附带结果也导致患者提前死亡。即间接安乐死即使实施,医生的行为也只是诸多导致病人死亡因素中的一个,而并非唯一原因。间接安乐死从表面上看是一种主动杀人行为,但它是行为人非故意的、又不可避免会加快病人死亡而采取的一种措施。间接安乐死行为符合故意杀人罪的构成要件,但可以通过刑法学上的义务冲突这一阻却违法性事由予以出罪。

正当医疗行为与间接安乐死并不容易区分。本案中的医生给病人施加药物吗啡的行为其实并不构成间接安乐死。也许社会公众对于吗啡药物存在偏见,但是医疗行为是一种专业性极强的行为,在医疗领域,吗啡被普遍地认为并适用于临床解决癌痛和呼吸困难症状。并且,根据法院查明的事实,医生注射吗啡药物完全符合用法、用量的相关规定与标准。所以,该行为符合医学正当性,仍属于正当医疗行为。因此,本案中的医生并没有被追究刑事责任。

此外,与本案关联紧密的问题是安宁疗护(临终关怀)。安宁疗护主要是对濒死期的患者不以治愈为目的,重点进行诊疗护理与人文关怀服务。欧美国家由于姑息安宁治疗专业的发展较为成熟,在癌痛患者治疗中适用吗啡制剂是非常普遍的。安宁疗护的"目的是使病笃难愈无可救治的患者,在现代医学理念的指导下得到尽可能周到的综合医疗护理,死亡时'身无痛苦,人有尊严;心无牵挂,灵有归宿',即所谓'优逝'"。"在安宁疗护的临床实践中,医生所面对的是一个个身患痼疾、在生死线上痛苦挣扎的特殊个体。此时,拯救或延长生命已经不是一个可取的医疗原则,及时转换到'最大限度地减轻痛苦,最大化地维护人格尊严'才是明智的选择。"①

正如本案的主审法官所言,"案件面临的关键问题是,如果要求医院对救治行为承担过度责任,会不会导致医护人员为规避风险而采取'谨慎'行为,从而在医疗过程中'怠于'救治"。判决还关系到今后如何应用吗啡、医生在临床实践中可能要承担的风险等等。医疗机构及其医务人员肩负救死扶伤的使命,而维护医务人员的合法权益,不仅是保护他们自己,更重要的是能够让他们有更好的行医环境和法律保障,能够让他们更好地履行职责。医生如何使用吗啡,能否使临终患者得到安宁,直接关系到在不能让患者完全脱离癌痛时,能否让他们走得更安心。本案的意义深远,我国也应当大力发展临终关怀,让医师可以正当地将德国医师史怀哲所倡导的"使患者在死前享有片刻的安宁将是医生神圣而崭新的使命"付诸实践。

---

① 刘端祺、张建伟:《这起医疗纠纷案终于洗脱吗啡污名,还医生清白》,http://www.sohu.com/a/169086452_162422,2018年7月15日访问。

第五节 医疗产品

案例80 山东疫苗案[①]

一、基本案情

2016年3月,山东警方破获案值5.7亿元的非法疫苗案,涉案疫苗未经严格冷链存储运输销往24个省市。这批疫苗共含有25种儿童、成人用二类疫苗。被告人庞某某曾因非法经营疫苗被以非法经营罪判处有期徒刑3年,缓刑5年。在缓刑考验期限内,庞某某在未取得药品经营许可证等资质、不具备经营条件的情况下,违反国家规定,开始再次非法经营疫苗等药品。2013年6月至2015年4月间,庞某某先后在山东省聊城市、济南市天桥区等地雇佣人员、租赁仓库,从国内多地购进冻干人用狂犬病疫苗等多种药品,存放在不符合疫苗等药品冷藏要求的仓库内,向本省及国内多地买家销售,并以"保健品"等名义通过不符合冷藏要求的运输方式发送疫苗等药品,销售金额合计74 970 966元。被告人孙某在明知其母亲庞某某非法经营疫苗等药品的情况下,参与从事记账、收发药品、办理银行转账等经营活动,参与的销售金额合计42 666 272元。

二、诉讼过程及裁判理由

济南市人民检察院指控被告人庞某某、孙某非法经营罪一案,原审被告人庞某某、孙某不服,分别提出上诉。二审法院受理后,依法组成合议庭,经过阅卷,讯问上诉人,听取辩护人的意见,认为事实清楚,决定不开庭审理。

一审法院认为,被告人庞某某、孙某违反国家规定,未经许可经营疫苗等药品,严重扰乱药品市场秩序,情节特别严重,其行为均已构成非法经营罪。庞某某因非法经营疫苗被判处刑罚后,在缓刑考验期限内再次非法经营疫苗等药品,主观恶性深,社会危害性大,应依法惩处。庞某某在共同犯罪中全面负责联系、出资购买、销售疫苗,起主要作用,系主犯,应按照其组织的全部犯罪处罚,并应与济南市中级人民法院(2016)鲁01刑再字第7号刑事判决判处的其前罪刑罚并罚。孙某在庞某某的安排下,从事记账、收发药品、办理银行转账等犯罪活动,在共同犯罪中起次要、辅助作用,系从犯,依法予以从轻处罚。综上,依照《中华人民共和国刑法》第二百二十五条第(一)项、第二十五条第一款、第二十六条第一款和第四款、第二十七条、第六十四条、第六十九条及《最高人民法院、最高人民检察院关于办理危害药品安全刑事案件适用法律若干问题的解释》第七条之规定,以非法经营罪判处被告人庞某某有期徒刑15年,并处没收个人全部财产,与(2016)鲁01刑

[①] 裁判法院:山东省高级人民法院。案号:(2017)鲁刑终字第57号。

再字第 7 号刑事判决以非法经营罪判处庞某某有期徒刑 6 年,并处没收个人财产 50 万元并罚,决定执行有期徒刑 19 年,并处没收个人全部财产;以非法经营罪判处被告人孙某有期徒刑 6 年,并处没收个人财产。

三、关联法条

《中华人民共和国刑法》

第二百二十五条　违反国家规定,有下列非法经营行为之一,扰乱市场秩序,情节严重的,处五年以下有期徒刑或者拘役,并处或者单处违法所得一倍以上五倍以下罚金;情节特别严重的,处五年以上有期徒刑,并处违法所得一倍以上五倍以下罚金或者没收财产:

(一)未经许可经营法律、行政法规规定的专营、专卖物品或者其他限制买卖的物品的;

(二)买卖进出口许可证、进出口原产地证明以及其他法律、行政法规规定的经营许可证或者批准文件的;

(三)未经国家有关主管部门批准非法经营证券、期货、保险业务的,或者非法从事资金支付结算业务的;

(四)其他严重扰乱市场秩序的非法经营行为。

《最高人民法院、最高人民检察院关于办理危害药品安全刑事案件适用法律若干问题的解释》

第七条　违反国家药品管理法律法规,未取得或者使用伪造、变造的药品经营许可证,非法经营药品,情节严重的,依照刑法第二百二十五条的规定以非法经营罪定罪处罚。

以提供给他人生产、销售药品为目的,违反国家规定,生产、销售不符合药用要求的非药品原料、辅料,情节严重的,依照刑法第二百二十五条的规定以非法经营罪定罪处罚。

实施前两款行为,非法经营数额在十万元以上,或者违法所得数额在五万元以上的,应当认定为刑法第二百二十五条规定的"情节严重";非法经营数额在五十万元以上,或者违法所得数额在二十五万元以上的,应当认定为刑法第二百二十五条规定的"情节特别严重"。

实施本条第二款行为,同时又构成生产、销售伪劣产品罪、以危险方法危害公共安全罪等犯罪的,依照处罚较重的规定定罪处罚。

四、争议问题

1. 本案中的被告行为是否构成非法经营罪?
2. 非法经营罪与生产、销售假药罪、生产销售劣药罪的界限?

五、简要评析

2017年3月19日,最高人民检察院在工作报告中披露,庞某某等人非法经营疫苗案曝光后,山东、河南、河北等地检察机关批准逮捕355人,起诉291人,立案查处失职渎职等职务犯罪174人,波及24个省市,涉案金额高达5.7亿元,时间长度达到6年,由于其空前的规模,被认为是中华人民共和国成立后最大的疫苗卫生事故。疫苗卫生事件其实并不少见,其成因多数为:生产厂商违规生产;流通商与地方政府有利益勾结;监管部门管理不到位;运输、流通过程中的技术问题等。想要避免此类案件的发生,严格的制度与法律规制不可或缺,但更需要生产部门、监管部门秉持对生命的尊重,自发地保障食品药品安全问题,减少食品药品行业的被动性与商业性,不让疫苗产品过度商业化。

"山东疫苗案"之所以在全国范围内产生强烈影响,就在于疫苗本身的特殊性,疫苗的使用对人体的生命健康有着重要影响,其对于保存、运输等的要求也较高,根据《疫苗流通和预防接种管理条例》的第十条规定,只有经过批准的企业才有资格经营疫苗业务,且经营疫苗必须有从事疫苗管理的专业技术人员,保证疫苗质量的冷藏设施、设备和冷藏运输工具,符合疫苗的储存、运输管理规范的管理制度。另外,根据《中华人民共和国药品管理法实施条例》《中华人民共和国药品管理法》,只有经过申请,得到批准的企业方可经营药品。而本案中,庞某某、孙某未经专营许可,以营利目的从事法律所禁止的买卖疫苗行为显然违反了前述法律法规中对于疫苗经营者资质的规定,二人的行为严重扰乱药品市场秩序,同时涉案金额巨大,情节特别严重,均已构成非法经营罪。在量刑方面,由于两被告为共同犯罪,庞某某全面负责联系、出资购买、销售疫苗,系主犯,孙某在庞某某的安排下,实行记账等帮助行为,系从犯,依法应予以从轻处罚。因此,法院的定罪量刑是妥当的。

需要注意的是,本案中的疫苗并非《中华人民共和国药品管理法》中所指的假药以及劣药。本案所贩卖的疫苗由正规厂家生产,但被告人庞某某未按照规定进行冷链存储与运输,使得疫苗在流通过程中存在过期、变质的风险,这从本质上与假药[1]、劣药[2]有所区别。因此,尽管疫苗存在着因为运输管理中的不当而转换成假药或者劣药的风险,但其本身是符合国家药品标准的,不能作为假药或者劣药论,因此被告人的行为并未构成生产销售假药、劣药罪。

---

[1] 《中华人民共和国药品管理法》第四十八条第二款、第三款:"有下列情形之一的,为假药:(一) 药品所含成分与国家药品标准规定的成分不符的;(二) 以非药品冒充药品或者以他种药品冒充此种药品的。有下列情形之一的药品,按假药论处:(一) 国务院药品监督管理部门规定禁止使用的;(二) 依照本法必须批准而未经批准生产、进口,或者依照本法必须检验而未经检验即销售的;(三) 变质的;(四) 被污染的;(五) 使用依照本法必须取得批准文号而未取得批准文号的原料药生产的;(六) 所标明的适应证或者功能主治超出规定范围的。"

[2] 《中华人民共和国药品管理法》第四十九条第二款、第三款:"药品成分的含量不符合国家药品标准的,为劣药。有下列情形之一的药品,按劣药论处:(一) 未标明有效期或者更改有效期的;(二) 不注明或者更改生产批号的;(三) 超过有效期的;(四) 直接接触药品的包装材料和容器未经批准的;(五) 擅自添加着色剂、防腐剂、香料、矫味剂及辅料的;(六) 其他不符合药品标准规定的。"

案例 81　郭某甲等生产、销售不符合标准的医用器材案[①]

一、基本案情

2016年2月起,郭某甲、郭某乙将由江苏省苏州市松康医用器材有限公司非法生产的带囊电极导管的电极头更换为假冒上海淞行实业有限公司注册商标的电极头,而后加价销售给被告人梁某某、韦某。被告人梁某某、韦某将上述带囊电极导管经翻包加工,更换为有上海淞行实业有限公司标识的包装后,再加价销售给颜某某(另案处理),颜某某将5箱共计600支带囊电极导管销售给北京市军都医院。2016年8月10日,被告人郭某甲等被警方抓获。

二、诉讼过程及裁判理由

一审法院认为,被告人郭某甲、郭某乙、梁某某、韦某分别结伙,明知是不符合保障人体健康的医疗器械仍予以生产、销售,足以严重危害人体健康,其行为均已构成生产、销售不符合标准的医用器材罪。4名被告人均能如实供述自己的罪行,依法可从轻处罚。关于辩护人庭审中提出对被告人郭某甲、郭某乙适用缓刑的辩护意见,法院认为本案被告人的行为涉及患者的治疗效果及身体健康的安全,具有较大的社会危害性,不宜适用缓刑,故该辩护意见未被法院采纳。为维护国家对医疗器械、医用卫生材料的管理制度,保护公民的生命、健康安全,法院认定被告人郭某甲、郭某乙、梁某某、韦某犯生产、销售不符合标准的医用器材罪,分别判处拘役4个月,并处罚金2万元,并将不符合标准的医用器材予以没收。

三、关联法条

《中华人民共和国刑法》

第一百四十五条　生产不符合保障人体健康的国家标准、行业标准的医疗器械、医用卫生材料,或者销售明知是不符合保障人体健康的国家标准、行业标准的医疗器械、医用卫生材料,足以严重危害人体健康的,处三年以下有期徒刑或者拘役,并处销售金额百分之五十以上二倍以下罚金;对人体健康造成严重危害的,处三年以上十年以下有期徒刑,并处销售金额百分之五十以上二倍以下罚金;后果特别严重的,处十年以上有期徒刑或者无期徒刑,并处销售金额百分之五十以上二倍以下罚金或没收财产。

四、争议问题

1. 被告人存在从轻处罚的情形,在量刑时该如何予以考虑?

[①] 裁判法院:上海市虹口区人民法院。案号:(2016)沪0109刑初字第874号。

2. 购买并使用不符合医用标准的器材的医院是否也应承担相应责任?

五、简要评析

生产、销售不符合标准的医用器材罪有以下构成要件:首先,行为人在主观上应属故意。其次,客观上具有生产不符合保障人体健康的国家标准、行业标准的医疗器材、医用卫生材料的行为,或者明知是不符合人体健康的国家标准、行业标准的医疗器材、医用卫生材料,而仍然予以销售的行为。最后,需要具有足以严重危害人体健康的具体危险。本案中的被告行为显然符合以上构成要件,应当构成本罪。

对被告人进行量刑时,法院认为被告行为的社会危害性较大,没有适用被告人如实供述、认罪态度良好等法定从轻处罚情节的规定。此种判决有重刑主义的倾向,虽有利于打击犯罪,却牺牲了被告人应有的权利,有量刑过重之嫌。

根据《最高人民法院、最高人民检察院关于办理生产、销售伪劣商品刑事案件具体应用法律若干问题的解释》第六条第四款规定,医疗机构或者个人,知道或者应当知道是不符合保障人体健康的国家标准、行业标准的医疗器材、医用卫生材料而购买、使用,对人体健康造成严重危害的,以销售不符合标准的医用器材罪定罪处罚。因此,如果医疗机构知道或应当知道购入的医疗器材或医用卫生用品不符合标准,仍然购买、使用,造成人体健康遭受严重危害的,即构成本罪。本案中,北京市军都医院购入被告人生产的不符合标准的带囊电极导管,基于医院本身的专业性,如果其属于应当知道该批带囊电极导管是不符合国家或者行业标准的情形,则检察院也应当将北京市军都医院列为被告。

案例 82 熊某与王某生产、销售网红减肥药案[①]

一、基本案情

2018年4月21日,江苏宿迁警方查获一起涉嫌生产、销售有毒、有害食品案,案涉10万颗假减肥胶囊。今年4月份,宿迁警方接到投诉,说有网友在微信朋友圈等网络平台上买卖各类"减肥药",但是吃了这类"减肥药"会出现不适,有人拉肚子,有人恶心,有人甚至到医院就诊,警方"顺藤摸瓜",对此案展开了进一步的调查。调查结果显示,"一粒瘦减肥胶囊"在朋友圈热销,80元一粒号称最多可瘦8斤,由供货人熊某在自家房间用果蔬粉和利尿剂合成。所谓减重就是强行排出人体水分,成本仅5元。短短两年,非法获利300多万元。经查,警方还发现一个用于生产、销售有毒物品的家庭小作坊,4月21日,警方赶赴该小作坊调查,当晚便查获了以熊某、王某为首的四名犯罪嫌疑人。目前,该四名犯罪嫌疑人已被刑事拘留。

---

① 本案来源于社会新闻,因时效性较强,其裁判结果及文书尚未在中国裁判文书网上公布,但鉴于其示例意义,置于此以分析假药与劣药的区别,以及分析生产、销售假药、劣药罪与生产、销售有毒、有害食品罪的相关问题。

二、关联法条

《中华人民共和国刑法》

第一百四十一条 生产、销售假药的,处三年以下有期徒刑或者拘役,并处罚金;对人体健康造成严重危害或者有其他严重情节的,处三年以上十年以下有期徒刑,并处罚金;致人死亡或者有其他特别严重情节的,处十年以上有期徒刑、无期徒刑或者死刑,并处罚金或者没收财产。

本条所称假药,是指依照《中华人民共和国药品管理法》的规定属于假药和按假药处理的药品、非药品。

第一百四十二条 生产、销售劣药,对人体健康造成严重危害的,处三年以上十年以下有期徒刑,并处销售金额百分之五十以上二倍以下罚金;后果特别严重的,处十年以上有期徒刑或者无期徒刑,并处销售金额百分之五十以上二倍以下罚金或者没收财产。

本条所称劣药,是指依照《中华人民共和国药品管理法》的规定属于劣药的药品。

第一百四十四条 在生产、销售的食品中掺入有毒、有害的非食品原料的,或者销售明知掺有有毒、有害的非食品原料的食品的,处五年以下有期徒刑,并处罚金;对人体健康造成严重危害或者有其他严重情节的,处五年以上十年以下有期徒刑,并处罚金;致人死亡或者有其他特别严重情节的,依照本法第一百四十一条的规定处罚。

第二百二十五条 违反国家规定,有下列非法经营行为之一,扰乱市场秩序,情节严重的,处五年以下有期徒刑或者拘役,并处或者单处违法所得一倍以上五倍以下罚金;情节特别严重的,处五年以上有期徒刑,并处违法所得一倍以上五倍以下罚金或者没收财产:

(一)未经许可经营法律、行政法规规定的专营、专卖物品或者其他限制买卖的物品的;

(二)买卖进出口许可证、进出口原产地证明以及其他法律、行政法规规定的经营许可证或者批准文件的;

(三)未经国家有关主管部门批准非法经营证券、期货、保险业务的,或者非法从事资金支付结算业务的;

(四)其他严重扰乱市场秩序的非法经营行为。

三、争议问题

1. 生产、销售假药罪与生产、销售劣药罪的区别?
2. 生产、销售假药、劣药罪与生产、销售有毒、有害食品罪的区别?

四、简要评析

本案中的被告行为可能触犯到生产、销售假药罪,生产、销售劣药罪以及生产、销售有毒、有害食品罪三个罪名。生产、销售假药罪与生产、销售劣药罪的区别,首先体现在行为对象上,一个是假药,一个是劣药,二者的界定标准参见《中华人民共和国药品管理法》。其次,二者在行为性质上也存在一定区别。生产、销售假药罪属于抽象危险犯,《中华人民共和国刑法修正案(八)》将本罪中第一款做了修改,删除了"足以危害人体健康"的规定,所以该罪现在属于抽象的危险犯:只要生产、销售假药,原则上即可成立本罪。而生产、销售劣药罪属于侵害犯,只有"对人体健康造成严重危害的"才成立本罪。假药相对于劣药来说,假药的社会危害程度以及生产、销售假药的行为应受非难程度都高于劣药,假药总是能够被包容评价为劣药的,所以当行为人对于假药与劣药发生认识错误的,应当在主客观重合的范围内,认定成立生产、销售劣药罪。

生产、销售有毒、有害食品罪,是指生产者、销售者违反国家食品卫生管理法规,故意在生产、销售的食品中掺入有毒、有害的非食品原料的或者销售明知掺有有毒、有害的非食品原料的食品的行为。本罪是选择性罪名,不仅指行为方式(生产、销售)选择,也包括犯罪对象(有毒、有害食品)选择。在司法实践中,把握生产、销售有毒、有害食品罪与非罪的界限应当注意以下几点:① 是否违反食品卫生法规,尤其注意是否违反《中华人民共和国食品卫生法》。违反食品卫生法规是构成本罪的前提,否则就不构成犯罪。② 生产销售的食品是否是有毒、有害的食品。判断食品是否有毒、有害,要由专业的食品卫生监督机关进行鉴定。如果无毒、无害或者毒性很小,危险性也很小,则不构成犯罪。③ 行为人主观上是否出于故意。如果行为人出于过失,不知道生产销售的食品是有毒、有害的食品且没有造成严重后果,则不构成犯罪。

本案中,熊某与王某在未取得药品生产以及销售许可的情况下,擅自生产、销售减肥药,而该减肥药并不是《中华人民共和国药品管理法》所规定的假药和劣药,其并不属于"药物"的范畴,本质上属于一种减肥食品。两被告人故意在生产加工该减肥药的过程中添加国家明令禁止的化学物质西布曲明、呋塞米(利尿剂)等,且经过专业机构检测鉴定此种物质具有毒性,长期食用含有前述化学物质的减肥药,将对人体造成严重危害,容易引起心脑血管疾病,严重的话可能会导致人猝死。此外,考虑到涉案金额巨大(300万元左右),且给食用者造成了一定的健康损害,如果以上内容完全属实,则本案应以生产、销售有毒、有害食品罪进行定罪量刑。

案例83 李某某非法经营案[①]

一、基本案情

2015年10月左右,被告人李某某在未取得药品经营许可证的情况下,大量从他人手中收购药品,欲非法出售从中获利。经天津市红桥区价格认证中心鉴定:被告人李某

[①] 裁判法院:天津市第一中级人民法院。案号:(2016)津01刑终字第441号。

某非法收购并用于出售的"理㳘王牌血塞通软胶囊""先农坛牌双环醇片(百赛诺)"、百令牌百令胶囊等42品种规格药品11 334盒,共计价值474 179.6元。根据天津市红桥区市场和质量监督管理局出具的证明:本案被扣押的39个产品,通过实际查看产品包装上标注的通用名称、生产企业、批准文号等要素,符合《中华人民共和国药品管理法》药品的定义,综合判定上述产品是药品。2015年10月15日,公安机关对被告人李某某租住的天津市红桥区某小区某室内进行搜查,查获药品及医疗用具11 334盒。

二、诉讼过程及裁判理由

经审理,法院认为被告人李某某违反国家有关规定,未经许可而非法经营药品及医疗器械,扰乱市场秩序,情节严重,其行为已构成非法经营罪,公诉机关指控的事实及罪名成立。由于被告人李某某到案后认罪态度较好,在归案后能如实供述主要犯罪事实,有悔罪表现,依法可从轻处罚。鉴于大量药品尚未出售即被公安机关查获,未流入市场造成其他严重后果,对该情节量刑时应酌情予以考虑。但被告曾因同类犯罪受过刑事处罚,于缓刑考验期满后不久又犯非法经营罪,应酌情从重处罚。综上,判处被告人李某某犯非法经营罪,判处有期徒刑4年,并处罚金10万元。涉案查获的药品、医疗器械及作案工具,由公安机关依法予以没收。

三、关联法条

《中华人民共和国刑法》

第二百二十五条 违反国家规定,有下列非法经营行为之一,扰乱市场秩序,情节严重的,处五年以下有期徒刑或者拘役,并处或者单处违法所得一倍以上五倍以下罚金;情节特别严重的,处五年以上有期徒刑,并处违法所得一倍以上五倍以下罚金或者没收财产:

(一)未经许可经营法律、行政法规规定的专营、专卖物品或者其他限制买卖的物品的;

(二)买卖进出口许可证、进出口原产地证明以及其他法律、行政法规规定的经营许可证或者批准文件的;

(三)未经国家有关主管部门批准非法经营证券、期货或者非法从事资金支付结算业务的;

(四)其他严重扰乱市场秩序的非法经营行为。

《中华人民共和国药品管理法》

第十五条 开办药品经营企业必须具备以下条件:

(一)具有依法经过资格认定的药学技术人员;

(二)具有与所经营药品相适应的营业场所、设备、仓储设施、卫生环境;

(三)具有与所经营药品相适应的质量管理机构或者人员;

（四）具有保证所经营药品质量的规章制度。

四、争议问题

本案中的被告行为是否构成非法经营罪？

五、简要评析

非法经营罪侵犯的客体主要是国家限制买卖物品和经营许可证的市场管理制度。本罪在客观方面表现为未经许可经营专营、专卖物品或者其他限制买卖的物品、买卖进出口许可证、进出口原产地证明以及其他法律、行政法规规定的经营许可证或者批准文件，以及从事其他非法经营活动，扰乱市场秩序，情节严重的行为。主要有以下几种行为方式：① 未经许可经营法律、行政法规规定的专营、专卖物品或者其他限制买卖的物品；② 买卖进出口许可证、进出口原产地证明以及其他法律、行政法规规定的经营许可证或者批准证件；③ 未经国家有关主管部门批准，非法经营证券、期货或者非法从事资金支付结算业务；④ 其他严重扰乱市场秩序的非法经营行为，如非法从事传销活动等。本罪的主体为一般主体，即一切具有行为能力的自然人以及单位，主观方面为故意，且具有谋取违法利润的目的。

本案中，李某某在未取得药品经营资质的情况下，擅自收购并出售多种药品，违反了《中华人民共和国药品管理法》对于开办药品经营企业主体资质的禁止性规范，其主观上明知自己不具有销售药品的资质，仍然从事销售活动，严重扰乱了药品监管秩序，已构成非法经营罪。在量刑方面，由于李某某曾经因犯同类罪行而受到刑事处罚，构成再犯，其主观恶性较大，因此，为了更好地维护市场监管秩序，防止同类事件再次发生，法院依法酌情从重处罚的做法亦是刑法惩罚犯罪的功能的体现。

案例84　张某甲生产、销售不符合卫生标准的化妆品案[①]

一、基本案情

2010年5月，被告人张某甲开始使用"张某乙"的虚假身份从巢湖××美容院购买美容美白修颜晚霜等美容产品，并于2010年10月使用其朋友李某的身份证租用芜湖市新都花园开设了"××"美容会所，将上述美容产品销售给陶某某、吴某某等人，致使陶某某、吴某某等人出现了汞中毒的不良反应。后经鉴定，陶某某汞中毒并致继发性癫痫与其使用的美容产品之间有因果关系，其损伤程度为轻伤。2011年12月22日，被告人张某甲被公安机关在本市××网吧被抓获。

---

① 裁判法院：安徽省芜湖市镜湖区人民法院。案号：（2012）镜刑初字第00218号。

二、诉讼过程及裁判理由

法院经审理认为,被告人张某甲销售明知是不符合卫生标准的化妆品,已造成严重后果,其行为已构成销售不符合卫生标准的化妆品罪。公诉机关指控的犯罪成立。鉴于被告人张某甲能积极赔偿被害人经济损失,并获得了被害人的谅解,对被告人张某甲予以酌情从轻处罚。被告人张某甲在案发后能认罪、悔罪,且没有再犯的危险,对其宣告缓刑。据此法院判决被告人张某甲有期徒刑 1 年,宣告缓刑 1 年,并处罚金 85 000 元。

三、关联法条

《中华人民共和国刑法》

第一百四十八条　生产不符合卫生标准的化妆品,或者销售明知是不符合卫生标准的化妆品,造成严重后果的,处三年以下有期徒刑或者拘役,并处或者单处销售金额百分之五十以上二倍以下罚金。

《化妆品卫生监督条例》

第八条　生产化妆品所需的原料、辅助材料以及直接接触化妆品的容器和包装材料必须符合国家卫生标准。

第十一条　生产企业在化妆品投放市场前,必须按照国家《化妆品卫生标准》对产品进行卫生质量检验,对质量合格的产品应当附有合格标记。未经检验或者不符合卫生标准的产品不得出厂。

四、争议问题

本案是否成立生产、销售不符合卫生标准的化妆品罪?

五、简要评析

生产、销售不符合卫生标准的化妆品罪是指行为人实施了生产、销售不符合卫生标准的化妆品的行为,并造成了严重的后果。行为人为一般主体,且出于故意,过失不构成本罪。虽然犯罪人多以谋取利益为目的,但是本罪并不要求以谋取利益为构成要件。对于虽有生产、销售行为,但没有造成实际危害后果或者虽然造成危害后果但不属于严重后果,或者虽属严重后果但不是因为生产、销售的行为所引起如被害人使用不当等,则都不能构成本罪,构成犯罪的,亦应以他罪如生产、销售伪劣产品罪等论处。造成"严重后果"是指根据《最高人民检察院、公安部关于公安机关管辖的刑事案件立案追诉标准的规定(一)》第二十四条的规定,生产不符合卫生标准的化妆品,或者销售明知是不符合卫生标准的化妆品,涉嫌下列情形之一的,应予立案追诉:① 造成他人容貌毁损或者皮肤严重损伤的;② 造成他人器官组织损伤导致严重功能障碍的;③ 致使他人精神失常或者自杀、自残造成重伤、死亡的;④ 其他造成严重后果的情形。

生产、销售不符合卫生标准的化妆品罪属于结果犯,即需要造成"严重后果",而对于"严重后果"的界定主要是针对人身性质的损害,主要集中在对容貌、器官组织以及被害人精神方面的伤害。本案中的被害人因为使用张某甲销售的化妆品而引发继发性癫痫,尽管鉴定为轻伤级别,但从一般角度理解,此种损害仍对被害人的精神造成了较大损害,因此法院判处被告人张某甲1年有期徒刑,并判处罚金85 000元是合理的。

案例85 钱某某、李某某等非法组织卖血案①

一、基本案情

被告人钱某甲、李某甲、张某甲、张某乙等人充当"血头",伙同被告人钱某乙、石某、何某甲、胡某乙、徐某甲等人以非法牟利为目的,在本市浙一医院、浙二医院、红会医院、省立同德医院、下沙东方医院等各大医院散发印制"互助献血"信息的广告卡片,招揽需要用血的患者。

后由被告人尹某、胡某甲、胡某乙、张某丙等人通过网络发布信息,以支付营养费的名义招募并组织社会不特定人员在本市下城区血液中心等地献血,并取得互助献血单。嗣后,被告人钱某甲、李某甲、张某甲、张某乙等人从被告人尹某、胡某甲、胡某乙、张某丙等人处收购互助献血单,再以高价出售给需要用血的患者,从中牟取暴利。

二、诉讼过程及裁判理由

受理法院认为,被告人钱某甲、李某甲、张某甲、张某乙、钱某乙、张某丙、尹某、胡某甲、胡某乙、何某甲、石某、徐某甲非法组织他人出卖血液,其行为已构成非法组织卖血罪,且系共同犯罪。公诉机关指控的罪名成立。

被告人钱某甲、李某甲、张某甲、张某乙从被告人尹某、胡某甲、胡某乙、张某丙等人处寻找献血者,联系病人或家属,组织卖血,其中被告人钱某乙为被告人钱某甲,被告人何某甲、石某为被告人李某甲,被告人徐某甲为被告人张某甲发卡片、送单子等参与犯罪,被告人钱某甲、李某甲、张某甲、张某乙,在共同犯罪中起主要作用,系主犯;被告人尹某、胡某甲、胡某乙、张某丙、钱某乙、何某甲、石某、徐某甲在共同犯罪中起次要作用,系从犯。

三、关联法条

《中华人民共和国刑法》

第三百三十三条 非法组织他人出卖血液的,处五年以下有期徒刑,并处罚金;以暴力、威胁方法强迫他人出卖血液的,处五年以上十年以下有期徒刑,并处罚金。

---

① 裁判法院:浙江省杭州市下城区人民法院。案号:(2015)杭下刑初字第00408号。

有前款行为,对他人造成伤害的,依照本法第二百三十四条的规定定罪处罚。

四、争议问题

本案被告的行为是否构成非法组织卖血罪?

五、简要评析

《中华人民共和国刑法》第三百三十三条是关于非法组织卖血罪、强迫卖血罪及其规定,其中"非法组织他人出卖血液"是指以非法牟利为目的,"血头"未经卫生行政部门委托或批准,擅自组织他人采集血液的行为。即使组织者本人没有出卖血液,也构成非法组织卖血罪既遂。依据《最高人民检察院、公安部关于公安机关管辖的刑事案件立案追诉标准的规定(一)》第五十二条,非法组织他人出卖血液,涉嫌下列情形之一的,应予立案追诉:组织卖血三人次以上的;组织卖血非法获利两千元以上的;组织未成年人卖血的;被组织卖血的人的血液含有艾滋病病毒、乙型肝炎病毒、丙型肝炎病毒、梅毒螺旋体等病原微生物的;其他非法组织卖血应予以追究刑事责任的情形。

为斩断非法卖血的利益链,需要正确辨识"互助献血"与"组织卖血"的区别。触犯非法组织卖血罪的行为人散发的互助献血卡片,往往以"互助献血"的文字表述为掩饰,但常人不难从字面理解出其"卖血"的意思。互助献血是献血相关法律、法规认定的无偿献血的形式之一。与个人和团体无偿献血相比,互助献血的指向性、目的性更明确,献血者与用血者之间通常具备直接的亲戚、朋友、同事、邻居等关系,或者间接的某些社会关系。该献血者通常被视为紧急招募的献血者。当无偿献血者严重匮乏时,互助献血可以起到迅速动员献血者的作用,从而缓解供血不足的状况。"互助献血"需要去病人所在医院开具登记表,要求登记与患者的关系,但除了亲属、同事外,"朋友、其他志愿者"这两个身份关系难以核查,只能由患者或献血者口头说明,这就为违规献血提供了可能。同时,献血记录查询和违规献血信息登记方面,都存在一定的管理缺陷。这为"黄牛"大规模组织献血者违规卖血提供了可供钻营的漏洞,威胁了用血安全,也大大增加了司法机关调查取证难度。

本案中李某甲派人散发的互助献血卡片,内容是:"专业献血、献全血、献血小板、专业代替病人家属献血,联系人杨某,手机187×××venue1826。"(杨某为李某甲对外自称)"专业"二字表明了犯罪人从中起着牵线搭桥的作用,并从中抽取提成——从献血者那里低价买进献血互助单,再高价卖给需要用血的病人,犯罪者、献血者主观上并非为了公益而是为了私利,显然不属于"互助献血"。因此,法院判决本案中被告的行为构成非法组织卖血罪,且系共同犯罪并无不妥。

案例 86 输血感染艾滋病案①

一、基本案情

1997年11月,被告人孙某某未取得医疗机构执业许可证而在本住宅非法开办烧伤所。1993年3月3日,被害人于某某和王某某因烧伤住进该所,被告人孙某某与其妻王某以需要输血为由,通过被告人曹某某多次给两名被害人输入不合格血液,致使二人被确认为HIV病毒携带者。经查,被告人曹某某自1995年以来靠卖血为生,分别在太康县公疗医院、血栓病医院以及孙某某烧伤科诊所等单位多次组织他人卖血,造成多人感染HIV病毒。

二、诉讼过程及裁判理由

法院审理认为,被告人孙某某伙同其妻王某,在未取得医师执业资格证的情况下开办烧伤诊所,为病人采集输入不符合国家卫生规定标准的血液,致使被害人感染上HIV病毒,对人体健康造成了严重危害。

被告人孙某某行为构成非法采集、供应血液罪和非法行医罪,数罪并罚;被告人王某构成非法采集、供应血液罪;曹某某构成非法组织卖血罪。法院判决,被告孙某某犯非法采集、供应血液罪,判处有期徒刑10年,并处罚金3万元;犯非法行医罪,判处有期徒刑6年,并处罚金1万元;合并决定执行有期徒刑15年,并处罚金4万元。被告人王某犯非法采集、供应血液罪,判处有期徒刑5年,并处罚金1万元。被告人曹某某犯非法组织卖血罪,判处有期徒刑5年,并处罚金1万元;犯故意伤害罪,判处有期徒刑10年;合并决定执行有期徒刑14年,并处罚金1万元。

三、关联法条

《中华人民共和国刑法》

第三百三十三条 非法组织他人卖血的,处五年以下有期徒刑,并处罚金;以暴力、威胁方法强迫他人出卖血液的,处五年以上十年以下有期徒刑,并处罚金。

有前款行为,对他人造成伤害的,依照本法第二百三十四条的规定定罪处罚。

第三百三十四条 非法采集、供应血液或者制作、供应血液制品,不符合国家规定的标准,足以危害人体健康的,处五年以下有期徒刑或者拘役,并处罚金;对人体健康造成严重危害的,处五年以上十年以下有期徒刑,并处罚金;造成特别严重后果的,处十年以上有期徒刑或者无期徒刑,并处罚金或者没收财产。

---

① 《非法行医罪典型案例、非法采集、供应血液罪案例分析》,http://www.lawtime.cn/info/xingfa/xingfanli/20081020/35601.html,2018年7月15日访问。

经国家主管部门批准采集、供应血液或者制作、供应血液制品的部门，不依照规定进行检测或者违背其他操作规定，造成危害他人身体健康后果的，对单位判处罚金，并对其直接负责的主管人员和其他直接责任人员，处五年以下有期徒刑或者拘役。

四、争议问题

本案被告孙某某的行为属于"足以危害人体健康的""对人体健康造成严重危害的"还是"造成特别严重后果的"？

五、简要评析

本案虽然涉及《中华人民共和国刑法》第三百三十六条非法行医罪、第三百三十四条非法采集、供应血液罪以及第三百三十三条非法组织卖血罪的认定。但其主要争议问题在于被告孙某某通过被告人曹某某多次给两名被害人输入不合格血液，致使二人被确认为 HIV 病毒携带者的行为，究竟是属于"足以危害人体健康的""对人体健康造成严重危害的"还是"造成特别严重后果的"。

依照《最高人民法院、最高人民检察院关于办理非法采供血液等刑事案件具体应用法律若干问题的解释》第二条的规定，对非法采集、供应血液或者制作、供应血液制品，具有下列情形之一的，应认定为刑法第三百三十四条第一款规定的"不符合国家规定的标准，足以危害人体健康"：① 采集、供应的血液含有艾滋病病毒、乙型肝炎病毒、丙型肝炎病毒、梅毒螺旋体等病原微生物的；② 制作、供应的血液制品含有艾滋病病毒、乙型肝炎病毒、丙型肝炎病毒、梅毒螺旋体等病原微生物，或者将含有上述病原微生物的血液用于制作血液制品的；③ 使用不符合国家规定的药品、诊断试剂、卫生器材，或者重复使用一次性采血器材采集血液，造成传染病传播危险的；④ 违反规定对献血者、供血浆者超量、频繁采集血液、血浆，足以危害人体健康的；⑤ 其他不符合国家有关采集、供应血液或者制作、供应血液制品的规定标准，足以危害人体健康的。

依照上述司法解释第三条的规定，应当被认定为"对人体健康造成严重危害"的情形有：① 造成献血者、供血浆者、受血者感染乙型肝炎病毒、丙型肝炎病毒、梅毒螺旋体或者其他经血液传播的病原微生物的；② 造成献血者、供血浆者、受血者重度贫血、造血功能障碍或者其他器官组织损伤导致功能障碍等身体严重危害的；③ 对人体健康造成其他严重危害的。依照该司法解释第四条的规定，具有以下情形之一的，应当认定为"造成特别严重后果的"：① 因血液传播疾病导致人员死亡或者感染艾滋病病毒的；② 造成五人以上感染乙型肝炎病毒、丙型肝炎病毒、梅毒螺旋体或者其他经血液传播的病原微生物的；③ 造成五人以上重度贫血、造血功能障碍或者其他器官组织损伤导致功能障碍等身体严重危害的；④ 造成其他特别严重后果的。

因此，本案被告孙某某在不符合国家规定的标准的情况下，擅自多次给患者输入不合格血液致使两名患者感染 HIV 病毒，依照上述司法解释，显然属于"造成特别严重后果",因此,法院针对其非法采集、供应血液的犯罪行为判处10年有期徒刑并无不妥。

案例87 虚假广告罪——投放虚假医药广告罪首案①

一、基本案情

2009年至2011年,被告单位重庆市万州区广播电视台违反国家规定,多次在该台的综合频道、旅游频道等多个频道播发多个虚假药品(如清苏肺宁胶囊、扫日劳清肺止咳胶囊)广告,两次受到重庆市工商局万州分局的处罚。随后,该台继续播放虚假广告。2009年至2010年间,被告人徐某作为广告主,多次在重庆市万州区广播电视台投放虚假广告,同时在万州区对广告商品进行销售;被告单位重庆市万州区广播电视台违反国家规定,利用广告进行虚假宣传,谋取非法利益179万元,情节严重;广告主徐某谋取非法利益91万多元。

二、关联法条

《中华人民共和国刑法》

第二百二十二条 广告主、广告经营者、广告发布者违反国家规定,利用广告对商品或者服务作虚假宣传,情节严重的,处二年以下有期徒刑或者拘役,并处或者单处罚金。

三、争议问题

1. 虚假广告罪的罪与非罪的界限。
2. 本罪与诈骗罪,生产、销售伪劣产品罪的区别。

四、简要评析

虚假广告罪侵犯的客体是社会主义市场经济条件下商品正当的交易活动和竞争活动。根据《中华人民共和国反不正当竞争法》第二条规定,商品经营者在市场交易中,遵循自愿、平等、公平、诚实信用原则的正当活动是受法律保护的;《中华人民共和国广告法》第五条规定:广告主、广告经营者、广告发布者应当遵循公平、诚实信用的原则。然而随着广告业突飞猛进的发展,虚假广告却层出不穷,严重干扰了国家对广告的管理秩序,侵犯其他商品生产者、经营者和消费者的利益。

罪与非罪区分的关键是看利用虚假广告欺骗用户和消费者的行为是否情节严重。属于情节严重的则构成犯罪,如果情节尚属一般不应以犯罪论处,可以适用民事或者行政处罚措施。根据最高人民检察院、公安部所公布的立案追诉标准,涉嫌以下情形之一

---

① 洪克非:《电视台播放虚假医药广告 首度被刑事指控》,http://zqb.cyol.com/html/2012-06/28/nw.D110000zgqnb_20120628_1-08.htm,2018年7月15日访问。由于本案判决尚未在网上公布,其具体诉讼过程及裁判结果予以省略,具体案情参见上述网址。

的,应予以立案追诉:① 违法所得数额在 10 万元以上的;② 给单个消费者造成直接经济损失数额在 5 万元以上的,或者给多个消费者造成直接经济损失在 20 万元以上的;③ 假借预防、控制突发事件的名义,利用广告作虚假宣传,致使多人上当受骗,违法所得数额在 3 万元以上的;④ 虽未达到上述数额标准,但两年内因利用广告作虚假宣传,受过行政处罚 2 次以上,又利用广告作虚假宣传的;⑤ 造成人身伤残的以及其他情节严重的情形之一的。

诈骗罪是指以非法占有为目的,用虚构事实或隐瞒真相的方法骗取数额较大的公私财物的行为。正确区分虚假广告罪与诈骗罪的界限:一是侵犯的客体不同。前者侵犯的是广告市场管理制度和不特定消费者的合法权益,而后者则是侵犯公私财物的所有权。二是客观方面不同。前者是采用利用广告作虚假宣传的特定手段,而后者则是采用隐瞒真相和虚构事实的欺骗方法。三是犯罪主体不同。前者是广告主、广告经营者和广告发布者,而后者则是一般主体。在实务中,经常有生产者、销售者在商品中掺杂、掺假,以假充真、以次充好或者以不合格产品冒充合格产品,同时又以虚假广告的方法对商品质量作引人误解的欺骗宣传。在此情况下只能定生产、销售伪劣商品罪,不能再定虚假广告罪。因为凡是生产、销售伪劣产品的,通常都有以虚假广告作欺骗宣传的行为,这符合牵连犯的规定,故择一重罪处罚,而不适用数罪并罚的原则。

本案作为虚假广告罪中首例涉及医药产品的案件,具有典型意义。基于药品本身的特殊性,药品直接与个人的健康权与生命权相关联,因此无论是《中华人民共和国广告法》还是《中华人民共和国刑法》对于涉及药品生产、销售的行为规制相较于一般产品,其标准都要严格许多。本案中,被告人作为广告主,已经因为投放虚假广告被给予多次行政处罚而不改正,仍然投放虚假药品广告,且获利数额较大,考虑到其行为的严重性,应认定为"情节严重",且其行为同时触犯生产、销售假药罪,鉴于两罪之间不具有类型化的牵连关系,应认定为被告人同时触犯销售假药罪以及虚假广告罪,数罪并罚;被告单位重庆市万州区广播电视台作为发布广告的主体,违反国家规定,为被告人徐某提供平台发布虚假广告,谋取非法利益 179 万元,情节严重,成立虚假广告罪的单位犯罪。应当对该单位以及直接负责的主管人员和其他直接责任人员进行双罚。

第六节 医疗暴力犯罪

案例 88 连某某故意杀人案[①]

一、基本案情

2012 年 3 月,被告人连某某因鼻部疾病,在浙江省温岭市第一人民医院就诊时接受

---

① 裁判法院:浙江省高级人民法院。案号:(2014)浙刑一终字第 50 号。

了该医院耳鼻喉科医生蔡某甲的手术治疗。此后,连某某认为手术后效果不佳,多次到该医院复查、投诉未果。为此,连某某对医生蔡某甲、耳鼻喉科医生王某甲及为其进行CT检查的医生林某某心生怨恨,预谋报复杀人。2013年10月25日8时20分许,连某某携带事先准备的木柄铁锤、尖刀来到医院,进入王某甲的诊室,站在王某甲背后持铁锤击打王某甲头部,并连续捅刺王某甲胸腹部、背部等处,还持刀捅刺劝阻其行凶的该医院医生王某乙右腋下一刀,在摆脱王某乙阻拦后再次捅刺王某甲胸部。随后,连某某又持刀来到该医院放射科一楼CT室操作间寻找林某某,误将该CT室医生江某甲认作林某某,随即持刀上前捅刺江某甲胸腹部三刀,在得知其捅刺的并非林某某时即停止了行凶。连某某随即被在场人员及闻讯赶来的保安当场抓获。王某甲因被刺致心脏、肺动脉及肺破裂,经抢救无效于当日死亡;江某甲的损伤构成重伤;王某乙的损伤未达轻伤。

二、诉讼过程及裁判理由

一审,浙江省台州市中级人民法院审理台州市人民检察院指控被告人连某某犯故意杀人罪一案,于2014年1月26日认定被告人连某某犯故意杀人罪,判处死刑,剥夺政治权利终身。宣判后,连某某提出上诉。二审,浙江省高级人民法院依法开庭审理,于2014年3月28日裁定,驳回上诉,维持原判,并依法报请最高人民法院核准。

死刑复核期间,被告人连某某的辩护律师提出,连某某作案时刑事责任能力有问题,申请重新鉴定;医院在诊治连某某疾病及处理投诉过程中存在过失。经审查认为,连某某预谋犯罪,有现实的作案动机、明确的作案对象,知道杀错人后能及时中止,并有明显的自我保护意识,在作案过程中存在辨认能力和控制能力,具有完全刑事责任能力。司法鉴定所出具的鉴定意见,鉴定程序合法,论证合理,结论客观准确。各被害人在医疗过程中并无过错。

最高人民法院认为,被告人连某某因对浙江省温岭市第一人民医院的治疗效果和投诉处理事宜不满,到医院持械行凶,故意非法剥夺医生生命,致一人死亡、一人重伤、一人受伤,其行为构成故意杀人罪。犯罪性质特别恶劣,手段特别残忍,情节、后果特别严重,应依法惩处。第一审判决、第二审裁定认定的事实清楚,证据确实、充分,定罪准确,量刑适当,审判程序合法。裁定核准浙江省高级人民法院维持第一审以故意杀人罪判处被告人连某某死刑,剥夺政治权利终身的刑事裁定。

三、关联法条

《中华人民共和国刑法》

第十八条第一款 精神病人在不能辨认或者不能控制自己行为的时候造成危害结果,经法定程序鉴定确认的,不负刑事责任,但是应当责令他的家属或者监护人严加看管和医疗;在必要的时候,由政府强制医疗。

第二百三十二条 故意杀人的,处死刑、无期徒刑或者十年以上有期徒刑;情节较轻的,处三年以上十年以下有期徒刑。

四、争议问题

限制行为能力人在杀医事件中所需承担的责任。

五、简要评析

本案的发生无疑是一件令人深感悲痛的事件,引起了社会各界广泛的关注,成为一个医疗暴力犯罪的"标本性"案件,入选了2014年人民法院十大刑事案件和最高人民检察院通报的9例典型"医闹"案。这是一起发生在遭受病痛折磨的患者和救死扶伤的医务人员之间的案件,可以说医务人员和患者的利益追求是近乎一致的,即治愈疾病,可为什么利益追求一致的医患双方会发生如此激烈的暴力冲突,甚至到了杀人复仇的地步?

本案中最直观的法律问题,也就是辩护律师所提出的,连某某作案时缺乏刑事责任能力。一直以来,法律所要求承担责任的主体一直只限于有相应行为能力的人,因而,即使不完全行为能力人违反了法律,甚至是刑法,也可免除一定的法律责任。但这既是法律公正的体现,也随时可能挑战公正。因此,刑法上一定要审慎地判断一个人的行为能力,尤其是对一个已经实施了犯罪行为的人。同时需要注意的是,对于限制行为能力人的行为能力判定并非恒定,需要在具体情境下结合该人的行为予以判断。

在本案中,连某某因长期病痛及其他原因出现精神疾病,且曾由上海市精神卫生中心医生诊断为"持久的妄想性障碍"。在审判时,法院对连某某进行法医精神病鉴定,认为连某某患有疑病症,但作案时意识清晰,作案动机现实,辨认和控制能力存在,有完全刑事责任能力。连某某对此没有异议。从作案过程看,连某某作案前准备了工具,作案对象明确,当发现他捅刺的对象错误后,即停止继续捅刺,反映出连某某具有清晰的辨认判断自己行为性质的能力,对自己的行为能够自由控制,能明显证明其具有一般人的行为能力,不属于刑法所规定的"免责范围"内。因此,尽管被告具有精神鉴定书,但是根据其在案发时的行为举止,应当认定其具有行为能力,依法惩处,符合刑法的正义。

在伤医案件中,当行为实施者为病患时,我们往往需要考虑到这一群体的特殊性,因其本身患病,比普通人更加可能存在"行为能力缺陷"的情形。但是在发生了伤医结果进行审判时,又应当结合案情进行综合的具体认定与判断,做出与罪刑相适应的判决。特别是在本案中,连某某患有"空鼻症",至少从其个人感受来说长期饱受折磨。有学者将这种症状描述为"鼻部术后主观症状和客观体征严重分离,伴有精神心理障碍的原因不明的鼻部症候群",这也是连某某被诊断为"持久的妄想性障碍"的原因之一。在接受中央电视台采访时,被判处死刑的连某某表示"医师串通好要谋害他"、王云杰"自作孽不可活,他咎由自取",这也表明了长期的疾病折磨和人格因素导致了其对医务人员极端的不信任。连某某固然有值得社会同情的地方,但是,"空鼻症"不能成为其杀害医务人员的理由。该案件提醒着广大医务工作者要完善医院管理措施,遵守好诊疗执业规范,也提醒着司法工作人员要正确处理好医疗暴力案件的法律适用,探明如何更好发挥刑法的机能。

案例89 李某某杀医案①

一、基本案情

2012年3月23日9时许,被告人李某某与其祖父李某到哈尔滨医科大学附属第一医院(以下简称"哈医大一院")五号楼五楼风湿免疫科治疗李某某所患强直性脊柱炎。因李某某还患有继发性肺结核,故医生建议先治愈肺结核,再治疗强直性脊柱炎,李某对此表示理解,但李某某对治疗方案产生误解,认为医生故意刁难不给其看病,遂产生杀人之念。当日16时许,李某某在哈医大一院住院处附近的平安仓购买了一把水果刀,来到该院风湿免疫科医生办公室,持刀刺该科实习医生被害人王甲(男,殁年28岁)颈部一刀,刺医生被害人王乙(男,32岁)头面部及左腕部数刀,刺实习医生被害人于某某(女,25岁)头部一刀,刺医生被害人郑某某(女,30岁)面部一刀、右耳部一刀。王甲因颈部被刺致右颈静脉损伤,失血死亡;王乙头部损伤构成重伤、九级残,右眼部损伤构成轻伤、十级残,左腕部损伤构成轻微伤;郑某某面部损伤构成轻伤,右耳郭损伤构成轻微伤;于某某头部损伤构成轻微伤。案发后于某某报警,公安人员立即赶到案发现场,确认犯罪嫌疑人系李某某。17时许,公安人员将作案后逃离现场,后与其祖父李某到哈医大一院门诊包扎治疗的李某某抓获。

二、诉讼过程及裁判理由

一审,哈尔滨市中级人民法院认为,被告人李某某故意非法剥夺他人生命,杀死一人,并致一人重伤、一人轻伤、一人轻微伤,其行为已构成故意杀人罪。李某某因对医生的治疗建议产生误解,为发泄不满事先购买尖刀,连续刺杀多名医务人员,造成严重伤亡后果,主观恶性深,社会危害大,应依法惩处,对辩护人所提医院存在过错,应对李某某从轻处罚意见不予采纳。李某某作案后逃离现场,回到入住的旅店,后与其祖父到哈医大一院门诊包扎自身伤口,其间既无主动投案的意思表示,亦未委托他人代为投案;被害人于某某报案后公安人员赶赴哈医大一院,李某某对此并不知情,且其被抓获地点亦非其作案现场,故不能认定李某某自动投案,对辩护人所提李某某系自动投案进而构成自首的意见不予支持。李某某犯罪时未满18周岁,依法不适用死刑,辩护人就此所提辩护意见成立。

二审,黑龙江省高级人民法院对李某某故意杀人案进行二审公开宣判。法院经审理

---

① 李婧:《哈医大杀人案判决书披露嫌犯因未成年未适用死刑》,http://legal.people.com.cn/n/2012/1019/c42510-19322619-1.html,2018年7月15日访问。

认为,哈尔滨市中级人民法院一审判决认定的事实清楚、证据确实、充分,定罪准确,量刑适当,审判程序合法。依照《中华人民共和国刑事诉讼法》的规定,裁定驳回李某某的上诉,维持原判对被告人李某某的无期徒刑判决。

三、关联法条

《中华人民共和国刑法》

第十七条 已满十六周岁的人犯罪,应当负刑事责任。

已满十四周岁不满十六周岁的人,犯故意杀人、故意伤害致人重伤或者死亡、强奸、抢劫、贩卖毒品、放火、爆炸、投毒罪的,应当负刑事责任。

已满十四周岁不满十八周岁的人犯罪,应当从轻或者减轻处罚。

因不满十六周岁不予刑事处罚的,责令他的家长或者监护人加以管教;在必要的时候,也可以由政府收容教养。

第六十七条 犯罪以后自动投案,如实供述自己的罪行的,是自首。对于自首的犯罪分子可以从轻或者减轻处罚。其中,犯罪较轻的,可以免除处罚。

被采取强制措施的犯罪嫌疑人、被告人和正在服刑的罪犯,如实供述司法机关还未掌握的本人其他罪行的,以自首论。

第二百三十二条 故意杀人的,处死刑、无期徒刑或者十年以上有期徒刑;情节较轻的,处三年以上十年以下有期徒刑。

四、争议问题

刑法该如何规制"医闹"伤医行为?

五、简要评析

本案以犯罪者造成的严重后果以及犯罪者与被害人两个家庭的悲剧引起巨大社会反响。不同于一般医患家属与医方的直接纠纷,此案主要涉及的是一位限制刑事责任能力的病患与非诊治医生之间的冲突。

经一审、二审审判,本案事实清楚,被告故意非法剥夺他人生命,法院决定判处李某某无期徒刑并无不妥。本案并非医患恶性冲突事件的首例,但是这起伤人事件却引发了医学界强烈的抗议和媒体、公众前所未有的关注,究其背后的原因,第一就是事件自身后果的恶劣性。更值得关注的是,该事件报道文章后"心情调查"数据结果显示,参与调查的 6161 位网友中,在读完该篇报道文章后,感到高兴的达 4 018 人,占总数的 65% 以上,而感到愤怒和难过的却分别只有 879 人和 419 人。类似的调查在 2011 年 1 月 31 日的"上海新华医院群体伤害医务人员事件"和同年 9 月 15 日"北京同仁医院徐某被刺案"的网络评论调查中,"医院责任论"的评价最多——为 938 条,占 40.36%;批评"医闹论"的最少——为 63 条,占 2.71%。这些调查所反映出的冷漠,甚至是幸灾乐祸的情绪,让受害者家属及整个医务系统工作者感到心寒,同时也反映出当前社会中的医患关系确实已经处于高度紧张状态。

本案判决有理有据,结果本身不存在问题。但是对于医患矛盾的解决以及刑法功能的实现可能却是收效甚微,甚至可以说是一种"无奈"的判决。根据刑法新古典主义的观点,刑罚之目的在于"预防或减少犯罪",且对于犯罪者个人而言,惩罚方式最有可能预防或减少犯罪,即运用刑法规制应当是在必要的情形下能够起到预防作用。在医疗纠纷中,若是如本案的情形,发生在未满18周岁的严重患病者与医生之间,刑法应当通过怎样程度的惩罚手段才能有效达到预防犯罪的目的?放眼整个社会,这样的惩罚效力实际上也会进一步影响到刑法对社会中医患矛盾的规制效力。当然,医患纠纷实际上是一种具有社会综合因素的社会问题。刑法具有谦抑性,仅仅依靠刑法难以消除医患矛盾。在现有的条件下,有效预防医患双方矛盾及其升级的方法应当是在努力提高医疗水准以及社会保障的基础上,一方面改善医疗场所的治安环境,另一方面加强促进医患双方的沟通与信赖。当然,对医患纠纷中的犯罪行为,刑法应当依法予以坚决惩处。

案例90 王某寻衅滋事案[1]

一、基本案情

被告人王某在某美容整形医院进行鼻部整形术失败后,前往湖北省武汉市"华中科技大学同济医学院附属同济医院"(以下简称"同济医院")整形美容外科,于2008年5月、2009年11月两次接受了鼻部整形修复重建术。术后,王某不满手术效果,多次到该科室纠缠、吵闹,用红色油漆在门诊室墙壁、门上乱涂乱画,书写侮辱性文字,打砸办公用品及门窗、天花板。2012年3月,经人民调解委员会调解,双方达成调解协议,同济医院补偿王某3万元,并约定王某不得再以任何理由到医院扰乱正常医疗秩序,骚扰相关医护人员。但此后王某仍多次到该科室打砸打印机、电脑等办公物品,造成经济损失1万余元。同年5月20日早晨,王某又指使他人在该科室医生徐某上班途中对徐某拳打脚踢,打碎徐某的眼镜,致其轻微伤。王某还多次给该科室医生叶某某发送大量侮辱、威胁性质短信,并跟踪至叶某某家中,扬言欲伤害叶某某的家人。

二、诉讼过程及裁判理由

一审,湖北省武汉市硚口区人民法院认为,被告人王某为发泄心中不满,多次到医院打砸,随意毁坏公共财产,殴打、恐吓他人,扰乱公共秩序,情节恶劣,其行为已构成寻衅滋事罪。审理期间其自愿认罪,具有酌定从轻处罚的情节。王某多次打砸医院且致一人轻微伤,具有酌定从重处罚的情节。依照《中华人民共和国刑法》第二百九十三条第一款

---

[1] 裁判法院:湖北省武汉市中级人民法院。案号:(2014)鄂武汉中刑终字第00745号。

第(三)项、第(四)项之规定,认定被告人王某犯寻衅滋事罪,判处有期徒刑4年。

二审,湖北省武汉市中级人民法院认为,上诉人王某为发泄心中不满,多次到医院打砸,随意毁坏公共财产,情节严重,殴打、恐吓他人,扰乱公共秩序,情节恶劣,其行为已构成寻衅滋事罪。原审认定事实清楚,证据确实、充分,定罪准确,审判程序合法。原审根据上诉人王某犯罪的事实、情节,在法定刑幅度内对其量刑适当,对其诉称原判量刑过重的上诉理由不予采纳。二审裁判驳回上诉,维持原判。

三、关联法条

《中华人民共和国刑法》

第二百九十三条 有下列寻衅滋事行为之一,破坏社会秩序的,处五年以下有期徒刑、拘役或者管制:

(一)随意殴打他人,情节恶劣的;

(二)追逐、拦截、辱骂、恐吓他人,情节恶劣的;

(三)强拿硬要或者任意损毁、占用公私财物,情节严重的;

(四)在公共场所起哄闹事,造成公共场所秩序严重混乱的。

纠集他人多次实施前款行为,严重破坏社会秩序的,处五年以上十年以下有期徒刑,可以并处罚金。

四、争议问题

1. 涉医犯罪中寻衅滋事罪的典型表现有哪些?
2. 寻衅滋事罪与聚众扰乱公共场所秩序罪的界限是什么?

五、简要评析

本案是最高人民检察院公布的9起检察机关惩处涉医违法犯罪典型案例之一,最高人民检察院表示要贯彻依法从重从快的方针和坚决执行"稳、准、狠"打击涉医犯罪的要求,表明了对涉医违法犯罪(即医疗暴力犯罪)的"零容忍"态度,保障医务人员"在执业活动中,人格尊严、人身安全不受侵犯"的权利。

涉医违法犯罪不是一个具体的犯罪手段或罪名,而是一些危害医务人员人身安全和医疗秩序等犯罪的统称,具体可能涉及寻衅滋事罪、聚众扰乱社会秩序罪、故意伤害罪、故意损坏财物罪、非法拘禁罪等罪名,应就个案作具体分析。本案中,王某的行为则符合寻衅滋事罪的构成要件。寻衅滋事罪共有四种行为类型,符合其中一种即可构成寻衅滋事罪,在本案中王某则实施了多种犯罪行为。

第一,对王某指示他人随意殴打医务人员的评价。根据《最高人民法院、最高人民检察院关于办理寻衅滋事刑事案件适用法律若干问题的解释》(以下简称《司法解释》)第二条,刑法第二百九十三条第一款第(一)项规定的"情节恶劣"包括:致一人以上轻伤或者二人以上轻微伤的;引起他人精神失常、自杀等严重后果的;多次随意殴打他人的;持凶器随意殴打他人的;随意殴打精神病人、残疾人、流浪乞讨人员、老年人、孕妇、未成年人,造成恶劣社会影响的;在公共场所随意殴打他人,造成公共场所秩序严重混乱的;其他情节恶劣的情形。王某指使他人随意殴打医务人员,致1人轻微伤,不构成"情节严重"。

第二,对王某辱骂、恐吓他人行为的评价。王某多次辱骂、恐吓医务人员,多次在门诊室墙壁、门上书写侮辱性文字,且多次给该科室医生叶某某发送大量侮辱、威胁性质短信,并跟踪至叶某某家中,扬言欲伤害叶某某的家人的行为符合《司法解释》第三条①第(一)项和第(五)项的规定,即多次辱骂、恐吓他人,造成恶劣社会影响,且严重影响他人的工作、生活和经营,应当认定为情节恶劣。

第三,对王某任意毁损公私财物的行为的评价。王某多次到医院任意打砸电脑、打印机等办公物品及门窗、天花板,造成经济损失达2000元以上,造成恶劣社会影响,应当认定为情节严重。

第四,对王某破坏公共场所秩序行为的评价。根据《司法解释》第五条规定,王某在医院起哄闹事,确实造成医院秩序严重混乱。

因此,王某的行为符合寻衅滋事罪的典型表现,且具有严重的社会危害性,符合《中华人民共和国刑法》第二百九十三条的规定,足以定罪,故应当依法认定被告人王某的行为构成寻衅滋事罪。

寻衅滋事罪在刑法中长期以"口袋罪"的角色与刑法中其他众多涉及社会秩序的罪名发生竞合。而在刑法处理"医闹"事件上,最明显的是与在《中华人民共和国刑法修正案(九)》中涉及"医闹"的改动——聚众扰乱社会秩序罪的竞合。其与聚众扰乱社会秩序罪的区别主要在于:第一,主观目的不同。《司法解释》第一条规定:寻衅滋事的目的为"寻求刺激、发泄情绪、逞强耍横等,无事生非",而聚众扰乱社会秩序罪的行为人往往是为了利益或者报复,用聚众闹事的方式给医院施加压力②。第二,实施主体不同。聚众扰乱社会秩序罪要求是"聚众",即3人以上,而寻衅滋事对主体的数量并无要求。结合本案,被告人王某没有"聚众",主要是为了发泄不满,不是为了利益用聚众闹事的方式给医院施加压力,因此判处其行为构成寻衅滋事罪是妥当的。

---

① 《最高人民法院、最高人民检察院关于办理寻衅滋事刑事案件适用法律若干问题的解释》第三条规定:追逐、拦截、辱骂、恐吓他人,破坏社会秩序,具有下列情形之一的,应当认定为刑法第二百九十三条第一款第(二)项规定的"情节恶劣":(一)多次追逐、拦截、辱骂、恐吓他人,造成恶劣社会影响的;(二)持凶器追逐、拦截、辱骂、恐吓他人的;(三)追逐、拦截、辱骂、恐吓精神病人、残疾人、流浪乞讨人员、老年人、孕妇、未成年人,造成恶劣社会影响的;(四)引起他人精神失常、自杀等严重后果的;(五)严重影响他人的工作、生活、生产、经营的;(六)其他情节恶劣的情形。

② 荣光存、杨芳:《刑法治理"医闹"的有限性及"医闹"的治本之策》,《医学与法学》2016年8月第5期,第27页。

案例 91　陈某某聚众扰乱社会秩序案

一、基本案情

经审理查明，2014 年 5 月 2 日凌晨 0 时许，被告人陈某某等人将患者陈某丙（系陈某某之弟）送至福建省安溪县中医院（以下简称"中医院"）五楼住院部就诊治疗。同日凌晨 5 时许，被告人陈某甲（系陈某某之妹）等人怀疑陈某丙病情恶化是医院的责任所致，遂动手殴打值班医务人员梁某某、孙某某等人，并从医生陈某丁手里抢走患者病历。在院方上午 8 时左右向患者家属宣布抢救陈某丙无效死亡后，被告人陈某某即用手机拨打电话等方式召集其亲戚朋友前来县中医院，因情绪激动而发生打砸事件。上午 9 时许，被告人陈某某、陈某甲、陈某乙（系陈某丙前妻）、朱某某（系陈某丙之妹夫，陈某甲之夫）等人随后在中医院五楼，对医生办公室、护士站、治疗室进行打砸，致中医院的大量医用器具、器械、药品及电脑、打印机等物品被损坏，且随意殴打陈某丁等医务人员及在场执勤的凤城派出所协勤人员柯某甲、王某甲，并强行将该两名执勤协勤人员拉至死者陈某丙旁看尸体。被告人陈某某、陈某甲、朱某某、陈某乙等人后又将死者陈某丙的尸体从病房中移出，强行拉至中医院一楼入口大厅处，设灵堂、烧纸钱、拉横幅、堵大门、围堵电梯出入口，用水将收费室窗口工作台凹槽注满，并对中药房、急诊科医生办公室、护士站、治疗室等进行打砸，并随意殴打周某甲、黄某甲等医务人员及凤城派出所出警民警柯某乙。4 被告人的行为造成医务人员周某甲轻伤、黄某甲、孙某某、周某乙、许某甲、陈某丁、高某某、许某乙轻微伤，医院总价值 36 645 元的医用器具、器械、药品等财物被损毁，导致医院医疗工作无法正常进行，在院病人无法得到及时治疗。被告人陈某某、陈某甲、朱某某、陈某乙归案后在审理过程中均能如实供述自己的罪行。

在审理过程中，被害单位安溪县中医院及被害人的委托代理人发表了"三不应该"代理意见：一是不应该殴打医护人员；二是不应该打砸医院的公共财物；三是不应该侵害其他病人的正常就医权利。故应当以聚众扰乱社会秩序罪追究其刑事责任。被告人陈某甲的辩护人向法院提交了本案 4 被告人在案发后主动与被害单位安溪县中医院及相应被害人达成的赔偿协议，即赔偿医院物质损毁损失 36 645 元，赔偿被害人周某甲、许某甲等 9 名医护人员的医疗费、护理费、营养费等经济损失计 33 525.92 元，合计 70 170.92 元。被告人朱某某的辩护人向法院提交了 2014 年 7 月 24 日朱某某代表其 4 被告人通过安溪县电视台刊发的《致歉信》，对其自身行为表示后悔和歉意。

二、诉讼过程及裁判理由

被告人陈某某、陈某甲、朱某某、陈某乙采取聚众围、堵、打、砸等方式扰乱医疗单位

---

① 裁判法院：福建省安溪县人民法院。案号：（2014）安刑初字第 692 号。

正常的工作秩序,致使医院医疗工作无法进行,造成多名医务人员受伤,医用器具、药品等财物被损坏,在院病人延误治疗等严重损失,情节严重,其中,被告人陈某某属首要分子,被告人陈某甲、朱某某、陈某乙属其他积极参加者,其行为均已构成聚众扰乱社会秩序罪,属共同犯罪。4被告人归案后,均能如实供述自己的罪行,均可以从轻处罚。又4被告人能积极主动赔偿被害方的经济损失,均予以酌情从轻处罚。采纳4被告人的辩护人关于被告方之所以走上犯罪道路,是因为其家属患病在医院治疗期间死亡,造成被告人情绪激动、失控并导致医院正常工作秩序被破坏,归案后,4被告人均能如实供述自己的犯罪事实,积极赔偿被害方的经济损失,有悔罪表现,建议予以从轻处罚,并对被告人陈某甲、朱某某、陈某乙适用缓刑的辩护意见。为维护社会秩序和医疗单位的公共秩序,保护公民的人身权利不受侵犯,根据4被告人的犯罪事实、情节及其社会危害性,依法对被告人陈某某判处有期徒刑3年;对被告人陈某甲判处有期徒刑1年3个月,缓刑1年3个月;对被告人朱某某、陈某乙判处有期徒刑1年,缓刑1年3个月。

三、关联法条

《中华人民共和国刑法》

第二百九十条第一款 聚众扰乱社会秩序,情节严重,致使工作、生产、营业和教学、科研无法进行,造成严重损失的,对首要分子,处三年以上七年以下有期徒刑;对其他积极参加的,处三年以下有期徒刑、拘役、管制或者剥夺政治权利。

四、争议问题

本案中的医疗暴力行为是否构成聚众扰乱社会秩序罪?

五、简要评析

近年来,医疗暴力事件频繁发生,根据中国医院协会研究调查,医务人员躯体受到攻击、造成明显损伤事件的次数逐年增加,发生医院的比例从2008年的47.7%上升至2012年的63.7%。[①] 医疗暴力发生总体呈上升趋势,2013年达到顶峰。[②] 其中包括出现了许多恶性医闹事件,甚至是职业医闹事件。对此,2015年颁布的《中华人民共和国刑法修正案(九)》第三十一条将刑法第二百九十条第一款修改为:"聚众扰乱社会秩序,情节严重,致使工作、生产、营业和教学、科研、医疗无法进行,造成严重损失的,对首要分子,处三年以上七年以下有期徒刑;对其他积极参加的,处三年以下有期徒刑、拘役、管制或者剥夺政治权利。"尽管在《中华人民共和国刑法修正案(九)》出台前,就有很多医闹犯

---

① 贾晓莉、周洪柱、赵越、郑莉丽、魏琪、郑雪倩:《2003—2012年全国医院场所暴力伤医情况调查研究》,《中国医院》2014年第3期,第1页。

② 赵敏、姜错明、杨灵灵、屈万勇:《暴力伤医事件大数据研究——基于2000—2015年媒体报道》,《医学与哲学(A)》2017年第1期,第90页。

罪行为以聚众扰乱社会秩序罪论处,但这次将"医疗秩序"明确纳入本罪的社会秩序之内,媒体称之为"医闹入刑",具有一定宣誓作用。据贝卡利亚在《论犯罪与刑罚》一书中所述:"刑罚的目的仅仅在于:阻止罪犯再重新侵害公民,并规诫其他人不要重蹈覆辙。"可以说"医闹"入刑,是为通过惩戒当前破坏医疗公共秩序的私人报复活动从而警戒其他企图实施"医闹"的人以维护医疗秩序。本案所涉及的犯罪者行为就是"医闹"的典型行为。

根据《中华人民共和国刑法》第二百九十条第一款,聚众扰乱社会秩序罪的行为方式主要表现在聚众扰乱社会秩序,行为结果要求情节严重,致使工作、生产、营业和教学、科研无法进行,造成严重损失。聚众是指首要分子纠集多人于同一地点而成为可以从事共同讨论行为的一群人或利用已经聚集的多人从事共同扰乱行为。① 本案中,陈某某用打电话的方式召集了其他3个亲戚朋友,4人对医院进行了打砸行为符合了聚众的要件。4人采用打砸物品、设灵堂、烧纸钱、拉横幅、堵大门、围堵电梯出入口,用水将收费室窗口工作台凹槽注满等方式,损害了医院公私财产,造成了医疗秩序从稳定变成了混乱,导致患者无法正常就医,符合了扰乱社会秩序的构成要件。4人殴打医务人员,致1人轻伤,7人轻微伤,毁损医院财物,造成医院经济损失3万余元,并导致医院医疗工作无法正常进行,符合情节严重的要求,足以造成医疗活动无法进行。因此4人的行为符合聚众扰乱社会秩序罪的构成要件,应当认定为本罪。

另一个需要注意的问题是聚众扰乱社会秩序罪和寻衅滋事罪的区别。从构成要件上看,两罪的区别在于:第一,犯罪主体人数上的区别。聚众扰乱社会秩序罪要求聚众,而寻衅滋事罪没有人数限制,但当行为人聚众闹事时,是否聚众则不再成为两罪的区别。第二,在于犯罪场所的区别。医疗机构只有候诊室属于公共场所,而聚众扰乱社会秩序则不限于候诊室。因此,聚众在医疗机构候诊室起哄闹事、扰乱秩序,既属于扰乱公共场所秩序,也属于扰乱社会秩序,也不再构成两罪之区别。因此,当案件既符合聚众扰乱社会秩序罪的犯罪构成,又符合寻衅滋事罪的犯罪构成,属于想象竞合犯,从一重罪处罚。

本案中,陈某某等人聚众实施地对医生办公室、护士站、治疗室进行打砸,将死者尸体从病房中移至医院入口大厅处,设灵堂、烧纸钱、拉横幅、堵大门、围堵电梯出入口及殴打医务人员、派出所人员等行为,同时符合寻衅滋事罪和聚众扰乱社会秩序罪的犯罪构成,属于想象竞合,从一重罪处罚。

---

① 张明楷:《刑法学(下)》,法律出版社,2016年,第1055页。

第七节 人体由来物质的利用

案例92 李某某出卖人体器官案①

一、基本案情

2010年3月至2012年3月5日间,被告人李某某雇请被告人沈某某、杨某某,被告人张某某雇请"吐鲁番"等分别通过互联网发布收买人体肾脏的信息。其以每只肾脏4万元的价格与供体(卖肾者)谈妥后,对供体进行集中管理,并组织体检,后将体检信息交给谢某某,由谢某某对供体与受体的体检信息进行对比配型。配型成功后,谢某某让受体(人)往其指定银行账号汇入7万—7.5万元的中介费和4.5万元的手术费后,组织被告人丁某某、黄某某、何某某等医生先后在漳州市龙文区仁和医院、被告人曾某某与杨某某签订承租的漳州市芗城区浦南镇浦林村租房等地对供体、受体进行肾脏移植手术。至案发时,李某某、张某某、丁某某、何某某、黄某某等被查获的组织非法肾脏移植手术达19例,后被告人陈某某主动到龙海市公安局投案。

二、诉讼过程及判决理由

一审法院审理认为:被告人李某某、张某某以牟利为目的,雇请他人在互联网上发布需求肾源信息,招募自愿出卖肾脏的人员,集中管理,并安排体检、配型;被告人曾某某、沈某某、杨某某、陈某某分别为被告人李某某、张某某等人招募、管理、接送供体和受体;被告人丁某某、何某某、黄某某受他人纠集跟随手术,为多名供体摘除了肾脏并出卖,组织肾脏移植手术,情节严重,9被告人的行为均已构成组织出卖人体器官罪。被告人李某某、张某某在共同犯罪中均起主要作用,都是主犯,应当按照其所参与的全部犯罪处罚。被告人丁某某均参与每一例手术,且占有租赁漳州市金峰医院病房10%的股份,在共同犯罪中也起主要作用,是主犯,应当按照其所参与的全部犯罪处罚。被告人曾某某、沈某某、杨某某、何某某、黄某某、陈某某在共同犯罪中均起次要作用,都是从犯,应当从轻或减轻处罚。被告人曾某某在缓刑考验期限内又犯新罪,应当撤销缓刑,数罪并罚。案发后,被告人陈某某能自动投案,如实供述自己的罪行,是自首,依法可以从轻处罚。被告人李某某、张某某、曾某某、沈某某、杨某某、丁某某、何某某、黄某某均能如实供述自己的罪行,可以从轻处罚。

李某某上诉称没有强迫或诱惑卖肾人,供体都是自愿的,没有对社会造成危害,不能被认定为组织出卖人体器官情节严重,请求二审改判较轻刑罚。上诉人丁某某及其辩护

---

① 裁判法院:福建省漳州市中级人民法院。案号:(2014)漳刑终字第86号。

人的诉辩理由：上诉人丁某某打麻醉只是"协助"行为，丁某某不构成组织出卖人体器官罪；上诉人犯罪情节不属情节严重，丁某某应被认定为从犯，请求二审从轻、减轻处罚并适用缓刑。

经审理二审法院认为，原判认定事实清楚，证据确实充分，上诉人及其辩护人的诉辩意见不予采纳。据此驳回上诉，维持原判。

三、关联法条

《中华人民共和国刑法》

第二百三十四条之一 组织他人出卖人体器官的，处五年以下有期徒刑，并处罚金；情节严重的，处五年以上有期徒刑，并处罚金或者没收财产。

未经本人同意摘取其器官，或者摘取不满十八周岁的人的器官，或者强迫、欺骗他人捐献器官的，依照本法第二百三十四条、第二百三十二条的规定定罪处罚。

违背本人生前意愿摘取其尸体器官，或者本人生前未表示同意，违反国家规定，违背其近亲属意愿摘取其尸体器官的，依照本法第三百零二条的规定定罪处罚。

四、争议问题

1. 组织出卖人体器官罪以获得被害人同意为构成要件是否合理？
2. 组织出卖人体器官罪的主犯、从犯应如何界定？

五、简要评析

本案中的犯罪行为是非常典型的组织出卖人体器官行为。组织出卖人体器官罪，是指在征得被害人同意或者承诺的基础上，组织出卖人体器官以获得非法利益的行为。未经被害人同意，或者摘取不满18周岁的人的器官，或者强迫、欺骗他人捐献器官的，则构成故意杀人罪或故意伤害罪。本罪名为行为犯，不以损害结果的发生为既遂标准。

此案中的被害人承诺是否构成违法阻却事由？被害人承诺的有效要件之一是被害人对侵害的法益具有处分权限，不得超出法律所认可的承诺范围。按照刑法学通说的观点，对于危及生命以及重伤害的承诺无效。此外，关于器官捐献，只有通过《人体器官移植条例》所规定的法定程序和要件，该承诺才具有合法性，即被害人是在为了保护另一重大法益而做出承诺的情况下，法律才尊重被害人作为法益主体的支配权，认可其对器官这个重大健康法益的处分。本案中犯罪人与卖肾者达成了买卖肾脏的合意，不符合法定捐献器官的程序，卖肾者表面上做出了承诺，但并不属于刑法上能够阻却违法性的被害人承诺。首先，在非法律所认可的医疗机构取肾行为具有严重危及生命的危险，超过了承诺范围。其次，卖肾人的承诺未经法定捐献程序，是一种非法的承诺。因此，卖身人的承诺并不能构成本罪的违法阻却事由。而且，取得了出卖人同意或承诺是本罪的构成要件之一，只有取得被害人同意才有可能构成本罪，未取得被害人同意的则依照故意伤害或故意杀人罪论处。这也说明本罪侧重保护的法益是国家有关器官移植的医疗管理秩序,同时兼顾出卖者的身体健康权,目的是促进医疗的公平性,防止作为法律主体的自然人的物化。

本案还需要注意的一点是丁某某应当被认定为主犯还是从犯?根据《中华人民共和国刑法》规定,共同犯罪是指 2 人以上共同故意犯罪,组织、领导犯罪集团进行犯罪活动的或者在共同犯罪中起主要作用的是主犯,在共同犯罪中起次要或者辅助作用的是从犯。本案中,丁某某明知李某某非法买卖人体器官违反法律,仍以"麻醉"等手段采集器官协助李某某,主观上积极追求犯罪结果的发生,构成直接故意,不管是否以营利为目的,都构成本罪。丁某某受他人纠集跟随手术,参与每一例手术,并为多名供体摘除了肾脏并出卖,组织肾脏移植手术,虽然其行为可以定性为一种"帮助"行为,但在犯罪中起到了主要作用,应当认定为组织出卖人体器官的主犯。

案例 93　高某某摘取眼角膜案①

一、基本案情

1998 年 10 月 13 日,北京市人民医院眼科博士高某某为第二天手术做准备时发现,冰箱里储存的角膜因长时间保存已经坏死,如果找不到新的角膜,一位烧碱烫伤的病人眼球就很快会腐烂失明,丧失复明希望。出于挽救病人的目的,高某某到太平间,未经死者家属同意,用随身携带的剪刀和镊子取出了一具新鲜尸体的眼球,并于第二天移植到病人身上,使其恢复了视力。这一事件被死者家属发现并报案,要求追究高某某刑事责任并赔偿精神损失费 50 万元。

二、诉讼过程

1999 年 3 月,经过调查,北京市西城区人民检察院对高某某擅自摘取眼球一案做出了不予起诉的决定。

三、关联法条

《中华人民共和国刑法》

第二百三十四条之一第三款　违背本人生前意愿摘取其尸体器官,或者本人生前未表示同意,违反国家规定,违背其近亲属意愿摘取其尸体器官的,依照本法第三百零二条的规定定罪处罚。

第三百零二条　盗窃、侮辱、故意毁坏尸体、尸骨、骨灰的,处三年以下有期徒刑、拘

---

① 梁宏达:《遗体,捐还是不捐》,https://mp.weixin.qq.com/s?_biz=MzA3NjEyMjEzNQ%3D%3D&idx=1&mid=2650400969&sn=a6f5f03d5a747b9950388f5a8433da23,2018 年 7 月 15 日访问。

役或者管制。

四、争议问题

1. 医师以治疗为目的未经家属许可摘取尸体器官的行为该如何定性？
2. 医师的行为是否构成紧急避险？

五、简要评析

本案发生在1998年,按行为时的《中华人民共和国刑法》第三百零二条"盗窃、侮辱尸体的,处三年以下有期徒刑、拘役或者管制"。高某某的行为既非对尸体整体的一个盗窃行为,不构成盗窃尸体罪,又未贬低死者人格,难以认定构成侮辱尸体罪。因此,根据罪刑法定原则,法律没有明文规定为犯罪行为的,不得定罪量刑,难以追究高某某的刑事责任,仅能提起民事的损害赔偿之诉。

2011年通过的《中华人民共和国刑法修正案(八)》第三十七条增设了"违背本人生前意愿摘取其尸体器官,或者本人生前未表示同意,违反国家规定,违背其近亲属意愿摘取其尸体器官的,依照本法第三百零二条的规定定罪处罚"。这就引发了一个疑问,如果高某某的行为发生在《中华人民共和国刑法修正案(八)》生效之后,是否应当按《中华人民共和国刑法》第二百三十四条之一定罪处罚？

首先,涉案角膜是否属于尸体器官？依据《人体器官移植条例》第二条,"在中华人民共和国境内从事人体器官移植,适用本条例;从事人体细胞和角膜、骨髓等人体组织移植,不适用本条例。本条例所称人体器官移植,是指摘取人体器官捐献人具有特定功能的心脏、肺脏、肝脏、肾脏或者胰腺等器官的全部或者部分,将其植入接受人身体以代替其病损器官的过程",本罪的器官应该是指具有特定功能的人体组织,可以将其植入接受人身体以代替其病损器官。当然,本条的目的应该是限定在以移植为目的摘取器官,不以移植为目的摘取器官行为应该判断是否符合《中华人民共和国刑法》第二百三十四条之一的构成要件,从而定罪处罚。因此,《中华人民共和国刑法》二百三十四条之一中的器官应当包括《人体器官移植条例》中所称之器官,也包括眼角膜、皮肤、骨骼等。本案摘取眼球(包括角膜)的行为应该属于本罪规定的器官范围之内。

其次,摘取的行为是否违背本人生前意愿、本人生前未表示同意或违反国家规定,违背其近亲属意愿？人体器官捐献应当遵循自愿、无偿的原则,本案中,死者并未作出是否捐献器官的意愿,医师也未经过死者近亲属同意,属于违背本人生前意愿或本人生前未表示同意,违反国家规定,违背其近亲属意愿摘取其尸体器官等情形。

从构成要件符合性看,高某某的行为符合《中华人民共和国刑法》第二百三十四条之一第三款的构成要件,但是否存在紧急避险的违法阻却事由,是能否构成犯罪的关键。紧急避险是指为了使国家、公共利益、本人或者他人的人身、财产和其他权利免受正在发生的危险,不得已采取的紧急避险行为造成损害的,不负刑事责任。紧急避险超过必要限度造成不应有的损害的,应当负刑事责任,但是应当减轻或者免除处罚。有学者认为,从尸体上摘取器官用于治疗患者应成立紧急避险,阻却不法性;有学者认为虽然摘取尸体器官用于治疗患者具有公益性和利他性,但合法化可能造成我国器官捐献制度由自愿捐献向义务捐献的异化,侵犯家属知情权,藐视死者人格尊严。本文倾向于保护死者生前的自主决定权和家属的意见,未经许可的尸体器官摘取不构成紧急避险。理由是:① 难以衡量公民个人生命健康法益与社会秩序法益谁为优先;② 这类情况未必足够危急,如本案高某某手术前一天发现待移植的角膜坏死,有征求死者家属意见的可能性而未询问;③ 不允许这类所谓的紧急避险,有利于确保我国器官捐献制度得到落实。

第八节 其 他

案例94 周某故意传播艾滋病案[①]

一、基本案情

2006年10月,周某到丽水市区某献血站献血,被丽水市疾病控制中心确诊为艾滋病病毒携带者。此后周某一直隐瞒这事,未将病情告知任何人。2009年6月,周某欺骗小玲称自己未婚并与之发生了性关系。2009年12月,周某通过QQ群认识了小雪(化名),两人渐渐熟悉也发生了性关系。后来这两名女子都到医院进行检查,结果显示都没有染上艾滋病。2009年10月16日晚上7时左右,周某与岳父发生争执。周某赤手将岳父家的轿车后挡风玻璃砸碎,满手是血。围观者报警后,派出所两个民警和当地电视台的记者赶到现场。周某故意将自己的血液涂抹到民警、记者等人身上,试图传播艾滋病病毒。2010年3月29日,周某再次用艾滋病威胁他人,被当地公安局以涉嫌以危险方法危害公共安全监视居住。

二、诉讼过程及判决结果

2010年3月30日,经丽水市莲都区人民检察院批准,周某被依法逮捕。2010年4月26日,丽水市莲都区人民法院依法受理了这起由莲都区人民检察院提起公诉的犯罪案件,周某被指控涉嫌以危险方法危害公共安全罪、妨害公务罪、故意毁坏财物罪3项罪名。公诉机关认为,周某在明知自己是艾滋病病毒携带者的前提下,多次向不特定人员以扬言传播病毒、涂抹血液传播病毒给他人的方式对他人进行威胁、恐吓,以及故意隐瞒病情与他人发生性关系,其行为已构成以危险方法危害公共安全罪。

---

① 盛伟:《男子因故意传播艾滋病毒被诉危害公共安全罪》,https://news.qq.com/a/20100428/000420.htm, 2018年7月15日访问。

三、关联法条

《中华人民共和国刑法》

第一百一十四条　放火、决水、爆炸以及投放毒害性、放射性、传染病病原体等物质或者以其他危险方法危害公共安全,尚未造成严重后果的,处三年以上十年以下有期徒刑。

第一百一十五条第一款　放火、决水、爆炸以及投放毒害性、放射性、传染病病原体等物质或者以其他危险方法致人重伤、死亡或者使公私财产遭受重大损失的,处十年以上有期徒刑、无期徒刑或者死刑。

第二百三十四条　故意伤害他人身体的,处三年以下有期徒刑、拘役或者管制。

犯前款罪,致人重伤的,处三年以上十年以下有期徒刑;致人死亡或者以特别残忍手段致人重伤造成严重残疾的,处十年以上有期徒刑、无期徒刑或者死刑。本法另有规定的,依照规定。

第三百六十条　明知自己患有梅毒、淋病等严重性病卖淫、嫖娼的,处五年以下有期徒刑、拘役或者管制,并处罚金。

四、争议问题

1. 周某明知自己患有艾滋病而故意隐瞒并且故意传播的行为如何定性?
2. 本罪与故意伤害罪以及传播性病罪的区别?

五、简要评析

第一,就客体而言,周某患有艾滋病,《中华人民共和国传染病防治条例》将艾滋病规定为一种乙类传染病,并要求各级人民政府应当加强艾滋病的防治工作,采取预防、控制措施,防止艾滋病的传播。周某通过发生性行为、涂抹血液等方式试图把艾滋病毒传播给不特定的多数人,具有传播艾滋病的高度的具体危险性,对不特定的多数人的生命安全造成了危险,这与危害公共安全罪所侵犯的客体——社会的公共安全是相同的。第二,从客观方面来看,以危险方法危害公共安全罪的"其他危险方法"要求与"放火、决水、爆炸以及投放毒害性、放射性、传染病病原体"具有相当性。周某没有采取任何措施,与不特定的多人发生性行为,或让不特定的多数人沾染自己的血液,已实施了危害或足以危害公共安全的行为。其行为虽然没有造成艾滋病病毒被扩散的事实,但有严重的具体危险,这与危害公共安全罪的客观要件也是一致的,周某的行为该当本罪。第三,从主观方面而言,周某主观上对艾滋病病毒被扩散的事实或造成的严重传播危险具有故意,即明知自己患有艾滋病,在没告知他人也未采取任何措施的情况下仍为以上行为。作为一个精神正常的成年人,对艾滋病病毒被扩散的危险应是相当清楚的,但出于报复社会等心理,希望或放任这种危险的存在,符合危害公共安全罪的主观条件。所以,周某的行为应当认定为以危险方式危害公共安全罪。

此外,一般认为,如果某种行为符合其他犯罪的犯罪构成,以其他犯罪论处符合罪刑相适应原则,应尽量认定为其他犯罪,不宜认定为本罪。① 因此,在确定罪名时还应该考虑是否符合其他犯罪的构成要件,特别是故意伤害罪和传播性病罪。故意伤害罪要求造成他人伤害达到轻伤程度才构成既遂,属于结果犯。本案中,周某虽有传播艾滋病的故意,造成了具体危险,但两女子、岳父、民警等人均未感染艾滋病,未对法益造成实际损害结果,因此不构成故意伤害罪。传播性病罪在构成要件上要求行为主体必须患有严重的性病,客观上实施了卖淫或者嫖娼的行为。本案中,虽然周某患有艾滋病,依据《性病防治管理办法》属于"其他严重性病",但周某并未进行卖淫、嫖娼行为。卖淫、嫖娼要求支付一定金钱或其他财物,而周某欺骗他人从而与他人性交在文义解释上并不属于卖淫、嫖娼行为,因此不构成传播性病罪。

案例 95　周某某传染病防治失职案②

一、基本案情

2013 年 2 月,巴马瑶族自治县(以下简称"巴马县")人民医院、巴马瑶族自治县疾病预防控制中心(以下简称"县疾控中心")分别通过中国疾病预防控制信息系统网络直报两例麻疹疑似病例,一例订正为风疹、其他,一例经实验室检验确诊为麻疹病。

2013 年 3 月 15 日,县疾控中心免疫规划科科长周某某又接到巴马县人民医院报告收治一例麻疹疑似病例,当日其在外出差,就向中心主任李某汇报。李某发短信给中心免疫规划科副科长韦某甲,指示调查核实并技术处理,不得再上报。韦某甲收到短信后到巴马县人民医院进行流行病学个案调查及采样,并依其理解的"技术处理"让医院的医生在病历上将"麻疹"更改为"肺炎""支气管炎"等,并根据李某"不得再上报"的指示,要求医院不能进行网络直报。调查、采样回来后,李某也没有依照规定要求中心工作人员进行网络直报,而是将采样标本存放该中心冻库保存。周某某出差回来后,韦某甲向其报告该例麻疹疑似病例的处理情况,周某某对此没有提出反对意见,对瞒报麻疹疫情表示认可。

2013 年 3 月 29 日,百色市右江民族医学院附属医院通过中国疾病预防控制信息系统网络直报在该医院确诊的巴马县一例麻疹病例。依据麻疹暴发定义,巴马县甲篆乡甲篆村金边屯在 10 天发生 2 例,已达到麻疹暴发的标准。

2013 年 4 月 10 日上午,巴马县卫生局召开疫情防控协调会,分管疾控工作的副局长黎某强调在医院救治记录上不要出现"麻疹"字样,不能进行网络直报。巴马县人民医

---

① 张明楷:《刑法学(下)》,法律出版社,2016 年,第 695 页。
② 裁判法院:广西壮族自治区巴马瑶族自治县人民法院。案号:(2014)巴刑初字第 64 号。

院儿科医生在被告人周某某等人的指使下先后更改10多份麻疹病历。

从2013年3月15日至4月14日,医疗机构发现的每一例麻疹病例均按巴马县疾控中心等单位的要求,不进行网络直报,而是报告给被告人周某某,后周某某汇报给李某,并进行流行病学个案调查和采样,先后共采样27份,采样标本均存放中心冻库,没有及时送检。

2013年4月14日晚,自治区、市卫生(厅)局及疾病预防控制中心领导、专家组到巴马县调查核实麻疹疫情,发现巴马县有瞒报行为,要求巴马县按规定网络直报,及时将采集标本送检。当晚,县疾病预防控制中心将采集的27例瞒报麻疹标本送市疾病预防控制中心专家,专家直接在该县疾病预防控制中心进行实验室检测。广西壮族自治区疾病预防控制中心发布的《广西巴马县麻疹暴发疫情处理情况(续报)》、河池市人民政府下发的《河池市人民政府关于巴马县瞒报假报麻疹疫情的通报》、广西壮族自治区卫生厅下发的《自治区卫生厅关于巴马县麻疹暴发疫情的情况通报》,都指出巴马县疫情暴发原因之一是瞒报迟报疫情,错过最佳处置时机,导致传染病麻疹传播和流行,造成500余人感染麻疹病和1人医治无效死亡的严重后果。

二、审理过程及判决结果

法院审理认为,被告人周某某身为依法从事传染病防治的国家工作人员,在履行传染病防治职责过程中,严重不负责任,对麻疹疫情瞒报迟报,使上级有关部门没有及时掌握疫情动态,致使麻疹疫情错过最佳防控时机,导致传染病麻疹传播和流行,造成528人感染麻疹病和1人医治无效死亡的严重后果,情节严重,其行为已触犯刑律,构成了传染病防治失职罪。公诉机关指控被告人周某某犯传染病防治失职罪的罪名成立。被告人的行为符合传染病防治失职罪的构成要件,其因为工作失职受到党纪严重警告处分,并不影响对其的刑事处罚,故被告人关于其已受到党纪严重警告处分,不应该认定为犯罪的辩解本院不予采纳。根据专家的分析及自治区卫生厅的通报,造成巴马县麻疹疫情暴发的原因有多种:一是当地免疫规划基础工作严重滑坡、接种率低下;二是乡、村两级防保网络破溃,导致预防接种服务无法做到全面覆盖;三是瞒报迟报疫情错过最佳处置时机,导致疫情蔓延扩散;四是没有认真贯彻落实自治区卫生厅的文件精神,未成立独立的防保组,且专职防保人员不足,没有落实免疫规划工作经费。据此,被告人周某某的瞒报迟报行为与造成麻疹疫情暴发的后果虽有刑法上的因果关系,但属一果多因,被告人的责任较轻。麻疹疫情扑灭后,被告人于2013年8月15日在接受河池市人民检察院对事件调查时主动交代其全部犯罪事实,2014年1月20日,巴马县人民检察院对被告人涉嫌犯罪立案侦查,被告人的上述行为属自首,依法可以从轻或者减轻处罚,判决被告人周某某犯传染病防治失职罪,免予刑事处罚。

三、关联法条

《中华人民共和国刑法》

第四百零九条 从事传染病防治的政府卫生行政部门的工作人员严重不负责任,导致传染病传播或者流行,情节严重的,处三年以下有期徒刑或者拘役。

四、争议问题

传染病防治失职罪如何认定?

五、简要评析

传染病防治失职罪,是指从事传染病防治的政府卫生行政部门的工作人员严重不负责任,导致传染病传播或者流行,情节严重的行为。

本罪犯罪主体是特殊主体,要求是政府卫生行政部门工作人员。周某某作为疾控中心免疫规划科科长,具有按时按程序据实报告的义务,符合本罪的主体要件。

本罪要求政府卫生部门工作人员具有严重不负责任的行为,造成了传染病传播或者流行,情节严重的才构成犯罪。传染病是指各种病原体能在人与人、人与动物之间互相传染的疾病。就传染病的范围而言,《中华人民共和国传染病防治法》规定了法定的传染病类型,包括甲类传染病、乙类传染病和丙类传染病三种。甲类传染病属于传染性强、传播途径容易实现、传播速度快、人群普遍易感的烈性传染病,一旦流行病暴发,死亡率极高,包括鼠疫、霍乱。这是国际检疫传染病,一经发现,必须立即向世界卫生组织通报。乙类传染病是与甲类传染病比较,其传染性、传播途径、传播速度、易感人群较次的一类,包括传染性非典型肺炎(严重急性呼吸综合征)、艾滋病、病毒性肝炎、脊髓灰质炎、人感染高致病性禽流感、麻疹、流行性出血热、狂犬病、流行性乙型脑炎、登革热、炭疽、细菌性和阿米巴性痢疾、肺结核、伤寒和副伤寒、流行性脑脊髓膜炎、百日咳、白喉、新生儿破伤风、猩红热、布鲁氏菌病、淋病、梅毒、钩端螺旋体病、血吸虫病、疟疾。丙类传染病是根据其可能发生和流行的范围,通过确定疾病监测区和实验室进行监测管理的传染病,包括甲型H1N1流感、流行性感冒、流行性腮腺炎、风疹、急性出血性结膜炎、麻风病、流行性和地方性斑疹伤寒、黑热病、包虫病、丝虫病,除霍乱、细菌性和阿米巴性痢疾、伤寒和副伤寒以外的感染性腹泻病、手足口病。本案中暴发的麻疹即属于乙类传染病。《中华人民共和国传染病防治法》规定,疾病预防控制机构、医疗机构和采供血机构及其执行职务的人员发现本法规定的传染病疫情或者发现其他传染病暴发、流行以及突发原因不明的传染病时,应当遵循疫情报告属地管理原则,按照国务院规定的或者国务院卫生行政部门规定的内容、程序、方式和时限报告。本案中,周某某等人虽然尽到了主动收集、分析、调查、核实传染病疫情信息的义务,但作为负有报告职责的人民政府有关部门、疾病预防控制机构的工作人员,违背了"不得隐瞒、谎报、缓报传染病疫情"的义务。周某某等人造成了隐瞒不报的行为,指示医务人员篡改病历,构成了刑法上的严重不负责任,依照《最高人民法院、最高人民检察院关于办理妨害预防、控制突发传染病疫情等灾害的刑事案件具体应用法律若干问题的解释》第十六条第二款第(二)项,"隐瞒、缓报、谎报或者授意、指使、强令他人隐瞒、缓报、谎报疫情、灾情,造成传染范围扩大或者疫情、灾情加重的",属于《中华人民共和国刑法》第四百零九条规定的"情节严重"。"情节严重"的情形还包括"对发生突发传染病疫情等灾害的地区或者突发传染病病人、病原携带者、疑似突发传染病病人,未按照预防、控制突发传染病疫情等灾害工作规范的要求做好防疫、检疫、隔离、防护、救治等工作,或者采取的预防、控制措施不当,造成传染范围扩大或者疫情、灾情加重的","拒不执行突发传染病疫情等灾害应急处理指挥机构的决定、命令,造成传染范围扩大或者疫情、灾情加重的","具有其他严重情节的"。因此周某某的行为该当本罪的构成要件,应当以传染病防治失职罪定罪处罚。

案例96 杨某等非法提供公民个人信息案①

一、基本案情

2011年至2013年9月,被告人郑某、杨某分别担任D(中国)有限公司(以下简称"D公司")西北区婴儿营养部市务经理、兰州分公司婴儿营养部甘肃区域经理期间,为了抢占市场份额,授意该公司兰州分公司婴儿营养部员工被告人杨某甲、李某某、杜某某、孙某通过拉关系、支付好处费等手段,多次从兰州多家医院医务人员手中非法获取公民个人信息。同时,担任兰州大学第一附属医院妇产科护师的被告人王某、担任兰州兰石医院妇产科护师的被告人杨某乙和担任兰州军区总医院妇产科护师的被告人丁某某利用其在医院任职的便利,通过安排人员定期向婴儿家长免费发放某牌的奶粉,每发一盒,登记一个家长信息,信息内容包括家长姓名、联系电话、宝宝出生年月等数据,并将其收集的信息非法提供给被告人李某某、杜某某,并收取好处费。

二、诉讼过程及裁判理由

法院审理认为,被告人D公司婴儿营养部员工郑某、杨某、杨某甲、李某某、杜某某、孙某以非法方法获取公民个人信息,情节严重,其在明知法律法规以及公司禁止性规定的情况下,为完成工作业绩而置法律规范、公司规范于不顾,违规操作进而贿买医务人员,获取公民个人信息,此行为并非D公司的单位意志体现,故本案不属于单位犯罪;被告人王某、杨某乙、丁某某违反国家规定,将在本单位履行职责或者提供服务期间获得的公民个人信息,出售或者非法提供给他人,情节严重,公诉机关指控各被告人犯罪事实成立。关于被告人王某非法获利的数额,本院依据被告人王某、杨某甲的供述、转账凭证,

---

① 裁判法院:甘肃省兰州市城关区人民法院。案号:(2016)甘0102刑初字第605号。

以有利于被告人的原则认定被告人王某非法获利数额为13 610元。经查,本案依据实际查获电脑硬盘中存储的信息汇总后认定被告人非法获取公民个人信息的数量客观准确。且根据国家相关规定,无论销售者、医务人员均不得向孕产妇赠送奶粉,医务人员亦不得为生产、经营企业推销产品而获利,那么,以赠送奶粉、贿买医务人员的方式获得公民个人信息的方式就属非法获取。故对各被告人、辩护人提出馈赠奶粉获取公民个人信息属合法获取的辩护观点,不予采信。关于辩护人提出电话号码不属于刑法保护的公民个人信息的辩护意见,公民个人信息应当是与公民个人密切相关的、不愿被特定人群以外的其他人群所知悉的信息,公民的个人电话号码具有上述公民个人隐私的特征,应属侵犯公民个人信息罪保护的范畴,故对该辩护意见不予采信。

根据各被告人的犯罪事实、性质、情节及对社会的危害程度,法院判决被告人杨某甲犯侵犯公民个人信息罪,判处有期徒刑1年,缓刑1年,罚金3 000元;被告人王某犯侵犯公民个人信息罪,判处拘役6个月,缓刑10个月,罚金1 000元;被告人李某某犯侵犯公民个人信息罪,判处有期徒刑10个月,缓刑1年,罚金2 000元;被告人杜某某犯侵犯公民个人信息罪,判处有期徒刑8个月,缓刑1年,罚金2 000元;被告人孙某犯侵犯公民个人信息罪,免予刑事处罚;被告人丁某某犯侵犯公民个人信息罪,判处拘役5个月,缓刑6个月,罚金1 000元;被告人杨某乙犯侵犯公民个人信息罪,判处拘役4个月,缓刑6个月,罚金1 000元。

三、关联法条

《中华人民共和国刑法》

第二百五十三条之一 违反国家有关规定,向他人出售或者提供公民个人信息,情节严重的,处三年以下有期徒刑或者拘役,并处或者单处罚金;情节特别严重的,处三年以上七年以下有期徒刑,并处罚金。

违反国家有关规定,将在履行职责或者提供服务过程中获得的公民个人信息,出售或者提供给他人的,依照前款的规定从重处罚。

窃取或者以其他方法非法获取公民个人信息的,依照第一款的规定处罚。

单位犯前三款罪的,对单位判处罚金,并对其直接负责的主管人员和其他直接责任人员,依照各该款的规定处罚。

四、争议问题

医务人员的保密义务及其保密范畴应如何界定?

五、简要评析

为了保证医疗行为的效果,患者需要如实向医师透露关于个人的私密信息,因此,医疗行为的私密性要求医师为患者保守秘密。早在希波克拉底实验中就要医师有保密义务的精神，"凡我所见所闻，无论有无业务关系，我愿保守秘密"。现代法治社会则将医师的治疗义务作为一种法定义务。从合同角度看，《中华人民共和国合同法》第六十条规定了当事人应遵循诚实信用原则保守秘密；从医疗行为看，《中华人民共和国侵权责任法》第六十二条规定"医疗机构及其医务人员应当对患者的隐私保密。泄露患者隐私或者未经患者同意公开其病历资料，造成患者损害的，应当承担侵权责任"；严重的则可能触及《中华人民共和国刑法》第二百五十三条。

随着技术的发展，医师应承担更广泛的保守患者个人信息的义务。我国当前还没有制定专门保护公民个人信息的法律法规，但我国相关法律和司法解释有关于个人信息的界定。2017年《最高人民法院、最高人民检察院关于办理侵犯公民个人信息刑事案件适用法律若干问题的解释》第一条规定"刑法第二百五十三条之一规定的'公民个人信息'，是指以电子或者其他方式记录的能够单独或者与其他信息结合识别特定自然人身份或者反映特定自然人活动情况的各种信息，包括姓名、身份证件号码、通信通讯联系方式、住址、账号密码、财产状况、行踪轨迹等"。《中华人民共和国网络安全法》第七十六条第（五）项也做出了相同的界定。信息时代的发展直接影响着对公民个人信息的保护范围，传统意义上的个人信息范畴也应当得到发展，不能再仅仅局限于姓名，家庭住址，身份证号等一些显而易见具有个人隐私性的信息。但凡是涉及公民人身的并且与公民个人密切相关的、不愿被特定人群以外的其他人群所知悉的信息并能够根据一定的信息将某一个特定的个体从群体中区别出来的，都可以认定为是公民个人信息。上述案例中的"电话号码"就是一个很好的例子。电话号码往往能够暴露出公民个人的人际关系，甚至可以识别公民身份，以及能够借此直接影响到公民个人的生活，因此应当被界定为"公民个人信息"，本案的裁判法院也对此予以了认可。

《中华人民共和国刑法修正案（七）》规定出售、非法提供公民个人信息罪的主体包括国家机关或者金融、电信、交通、教育、医疗等单位的工作人员以及单位。《中华人民共和国刑法修正案（九）》则将本罪主体由特殊主体扩大至一般主体。医疗单位及其工作人员作为医疗服务的提供者，可以获得大量的公民健康、医疗状况的信息，医疗机构及其工作人员由此对患者的个人信息负有保密的法定义务，若其违反相关规定，将公民的健康、医疗信息出售或者非法提供给他人，情节严重的，就构成出售、非法提供公民个人信息罪。当然，医务人员如果获得患者本人的同意而对外提供患者信息，或者依照法律向有关卫生行政管理部门汇报传染疫情的可以通过刑法学的被害人同意法理以及法令行为等阻却违法性事由实现正当化。至于为了保护第三人的法益而违反守密义务对外提供患者的个人信息，只要符合成立紧急避险的要件也可实现正当化。本案中的被告不存在阻却违法性事由，法院判其有罪是正确的。被告在辩护时提出杨某乙、孙某是在王某不在场的情况下拍照获取的信息，应从被告人王某的涉案数额中扣减，法院之所以未予支持，是因为王某作为医务人员，具有为患者保密的法定职业义务，所以即使被告人王某不在场，杨某乙、孙某拍照获取孕产妇信息，也是得到被告人王某的默许，王某的行为同样构成犯罪。

附　　录

本书案例所涉相关法律的施行及最新修订时间,参考如下:

一、法律

1.《中华人民共和国民法总则》自 2017 年 10 月 1 日施行。

2.《中华人民共和国民法通则》自 1987 年 1 月 1 日施行,最新修订于 2009 年 8 月 27 日。

3.《中华人民共和国合同法》自 1999 年 10 月 1 日施行。

4.《中华人民共和国侵权责任法》自 2010 年 7 月 1 日施行。

5.《中华人民共和国民事诉讼法》自 1991 年 4 月 9 日施行,最新修订于 2017 年 7 月 1 日。

6.《中华人民共和国刑法》自 1980 年 1 月 1 日施行,最新修订于 2017 年 11 月 4 日。

7.《中华人民共和国刑事诉讼法》自 1980 年 1 月 1 日施行,最新修订于 2018 年 10 月 26 日。

8.《中华人民共和国行政许可法》自 2004 年 7 月 1 日施行。

9.《中华人民共和国行政诉讼法》自 1990 年 10 月 1 日施行,最新修订于 2017 年 7 月 1 日。

10.《中华人民共和国社会保险法》自 2011 年 7 月 1 日施行,最新修订于 2018 年 12 月 29 日。

11.《中华人民共和国产品质量法》自 1993 年 9 月 1 日施行,最新修订于 2018 年 12 月 29 日。

12.《中华人民共和国广告法》自 1995 年 2 月 1 日施行,最新修订于 2018 年 10 月 26 日。

13.《中华人民共和国精神卫生法》自 2013 年 5 月 1 日施行,最新修订于 2018 年 4 月 27 日。

14.《中华人民共和国母婴保健法》自 1995 年 6 月 1 日施行,最新修订于 2017 年 11 月 5 日。

15.《中华人民共和国人口与计划生育法》自 2002 年 9 月 1 日施行,最新修订于 2016 年 1 月 1 日。

16.《中华人民共和国药品管理法》自 1985 年 7 月 1 日施行,最新修订于 2015 年 4 月 24 日。

17.《中华人民共和国消费者权益保护法》自 1994 年 1 月 1 日施行,最新修订于 2014 年 3 月 15 日。

18.《中华人民共和国传染病防治法》自 1989 年 9 月 1 日施行,最新修订于 2013 年 6 月 29 日。

19.《中华人民共和国国家赔偿法》自 1995 年 1 月 1 日施行,最新修订于 2013 年 1 月 1 日。

20.《中华人民共和国治安管理处罚法》自 1987 年 1 月 1 日施行,最新修订于 2013 年 1 月 1 日。

21.《中华人民共和国执业医师法》自 1999 年 5 月 1 日施行,最新修订于 2009 年 8 月 27 日。

22.《中华人民共和国婚姻法》自 1981 年 1 月 1 日施行,最新修订于 2001 年 4 月 28 日。

二、行政法规

1.《中华人民共和国医疗器械监督管理条例》自 2000 年 4 月 1 日施行,最新修订于 2017 年 5 月 4 日。

2.《中华人民共和国医疗机构管理条例》自 1994 年 9 月 1 日施行,最新修订于 2016 年 2 月 6 日。

3.《中华人民共和国医疗事故处理条例》自 2002 年 9 月 1 日施行。

4.《中华人民共和国化妆品卫生监督条例》自 1990 年 1 月 1 日施行。

5.《中华人民共和国艾滋病防治条例》自 2006 年 3 月 1 日施行。

三、部门规章

1.《医师执业注册管理办法》自 2017 年 4 月 1 日施行。

2.《医疗机构管理条例实施细则》自 1994 年 9 月 1 日施行,最新修订于 2017 年 4 月 1 日。

3.《司法鉴定程序通则》自 2016 年 5 月 1 日施行。

4.《健康体检管理暂行规定》自 2009 年 9 月 1 日施行。

5.《药品注册管理办法》自 2005 年 5 月 1 日施行,最新修订于 2007 年 10 月 1 日。

6.《医疗美容服务管理办法》自 2002 年 5 月 1 日施行,最新修订于 2016 年 1 月 19 日。

7.《医疗广告管理办法》自 1993 年 12 月 1 日施行,最新修订于 2007 年 1 月 1 日。

8.《人类辅助生殖技术管理办法》自 2001 年 8 月 1 日施行。

9.《医师执业注册暂行办法》自 1999 年 7 月 16 日施行。

四、司法解释

1.《最高人民法院关于适用〈中华人民共和国行政诉讼法〉的解释》自 2018 年 2 月 8 日施行。

2.《最高人民法院关于审理非法行医刑事案件具体应用法律若干问题的解释》自 2008 年 5 月 9 日施行,最新修订于 2016 年 12 月 20 日。

3.《最高人民法院关于适用〈中华人民共和国侵权责任法〉若干问题的通知》,2010 年 6 月 30 日发布。

4.《最高人民法院关于民事诉讼证据的若干规定》自 2002 年 4 月 1 日施行,最新修订于 2008 年 12 月 31 日。

5.《最高人民法院关于审理民事案件适用诉讼时效制度若干问题的规定》自 2008 年 9 月 1 日施行。

6.《最高人民法院关于审理人身损害赔偿案件适用法律若干问题的解释》自 2004 年 5 月 1 日施行。

7.《最高人民法院关于确定民事侵权精神损害赔偿责任若干问题的解释》自 2001 年 3 月 10 日施行。

8.《精神疾病司法鉴定暂行规定》自 1989 年 8 月 1 日施行。

9.《最高人民法院关于执行〈中华人民共和国行政诉讼法〉若干问题的解释》自 2000 年 3 月 10 日施行,失效于 2018 年 2 月 8 日。

10.《最高人民法院关于参照〈医疗事故处理条例〉审理医疗纠纷民事案件的通知》自 2003 年 1 月 6 日施行,失效于 2013 年 4 月 8 日。